現代日本の
宗教と多文化共生

移民と地域社会の関係性を探る

編著

高橋典史／白波瀬達也／星野 壮

岡井宏文／荻 翔一／徳田 剛
永田貴聖／野上恵美／山本崇記

明石書店

まえがき

　いわゆる「ニューカマー」たちの到来にともない、日本において在留外国人の増加が注目されるようになって久しい。移民の人口規模が大きい欧米諸国と比べるならば、日本の受け入れのスケールは非常に小さい。とはいえ、法務省が公表している「在留外国人統計」によれば、中長期在留者と特別永住者を合わせた在留外国人の数は2017年6月末には約247万人に達している。現在に至るまで政府は移民政策をとらないことを強調しているとはいえ、少子高齢化の深刻化にともなう人口減少社会を迎えている日本においては、少なくとも技能実習生制度や留学生などを流用して不足する労働力を補おうとする流れは今後も続いていくだろう。

　もちろん、日本で暮らす外国にルーツを持つ人々（以下、ここでは便宜的に「移民」と表記する）との「共生」について考えるうえでは、在日コリアンらの「オールドカマー（タイマー）」の存在は重要であり、近年のニューカマーを中心とした動向のみに着目すべきではないことは言うまでもない。地域住民として長きにわたって生活してきたオールドカマーをはじめとする海外にルーツを持つ移民たちが、日本の社会や文化を豊かなものにしてきたのである。これらの移民たちは日本に新たな宗教文化をもたらしてきただけでなく、既存の日本の宗教文化をも変容させてきた。このような日本の宗教文化の豊穣化については、近年、研究成果が提出されるようになっており、編者たちもそうした動向のなかで研究を進めてきた。

　そして、編者たちが移民たちの宗教の実態把握だけでなく、地域社会における「多文化共生」の取り組みと宗教との関係性にも関心を持ち、その研究成果

をこのように多くの執筆者たちによる論集という形でまとめるに至ったのには、いくつかの背景がある。

　まずは、2008年秋に発生したリーマン・ショックに端を発した世界的経済不況による、国内の外国人労働者の大量失業（リストラ）という事態があった。当時、編者3名[1]は移民たちが集住する都市での調査を行っていたため、不況下で生活に困窮する移民たちを支援する宗教関係者たちの姿をリアルタイムで目にすることとなった。平常時には必ずしも目立つものではなかった移民たちに対する生活支援が、非常時において地域社会のなかで可視化されていったことにより、その社会的な重要性に気づかされたのである。

　また、東日本大震災の被災者へのケアや復興支援においては、宗教組織や宗教関係者たちが大きな役割を果たしてきた。東日本大震災の被災地域では外国からの移民が少数であったこともあり、そうした人々への支援自体がクローズアップされたわけではない。しかし、今から振り返ってみると、地域社会の人々の暮らしの一端を支える宗教の役割について、多くの研究者たちがあらためて考えるようになったエポックであったといえるだろう。宗教団体や宗教者たちによる社会活動が大震災後に広範に展開していった事実［稲場・黒崎編著2013］は、移民たちとの共生に向けた宗教の取り組みも、そのような問題系に関わるものであることを編者たちに意識させるきっかけとなった。さらに、こうした取り組みは、「ポスト世俗化」［ハーバーマス・ラッツィンガー 2007］や「公共宗教」［カサノヴァ 1997］などの宗教研究上の諸議論にも連なるものであることを、編者たちは自覚するようになった。

　このような社会状況の影響もあり、編者たちは2012年6月から「宗教と社会」学会公認の「現代社会における移民と宗教」プロジェクトを発足させ、宗教社会学だけではなく、地域社会学・都市社会学・文化人類学などの関連分野の研究者たちとともに研究会を開催してきた。さらに、平成26-28年度科学研究費補助金（挑戦的萌芽研究）「日本のカトリック教会による移住・移動者支援の実証的研究」（JSPS科研費 26580010、研究代表者：白波瀬達也、研究分担者：高橋典史、星野壮）、平成29-31年度科学研究費補助金（基盤研究（C））「多文化共生社会の構築における宗教の社会的役割に関する実証的研究」（JSPS科研費 17K02239、研究代表者：白波瀬達也、研究分担者：岡井宏文、高橋典史、徳田剛、星野壮）などの研究助成も獲得して、共同研究を進めることができた。本書は

それらの研究成果の一部でもある。

　前述したように、宗教組織や宗教関係者による移民たちに対する支援は、社会的な認知度が低いだけでなく、そもそも彼／彼女らが関わる宗教自体が、一般社会からはみえにくい存在となっている。また、宗教に対する警戒感もしくは無関心、法律上の政教分離原則による行政や公教育の現場での宗教の取り扱いの難しさといった、日本特有の諸問題もある。こうした社会環境において、宗教と深く結びついた移民が自分たちの活動を積極的に可視化させ、さらには社会の他の諸アクターとの協働を広範に展開させることには困難があるだろう。このような壁を乗り越えるために、研究者の立場から何らかの形で寄与していきたいという思いが本書を刊行する動機となっている。本書を通じて、地域社会における当事者たちの経験についての調査研究から得られた知見を、社会へ発信・還元できればと考えている。

　本書全体をざっと眺めれば分かるように、各章で取り上げられている地域社会における「宗教と多文化共生」をめぐる諸事例は、日本の一般社会の側からみれば、多文化／多民族化への対応の先行事例ともいえる。多文化共生社会の実現を希求する読者たちにとっては、そこから学びうるものは決して少なくないと自負している。

高橋　典史

注

1) 編者の1人である高橋は、特定非営利活動法人「移住者と連帯する全国ネットワーク」（移住連）の機関誌『Mネット』の編集に関わっており、同誌に「移住者と宗教」というコーナーを設けて、多くの方々に事例報告のコラムを寄稿してもらってきた。

参考文献

カサノヴァ, J., 1997（1994）『近代世界の公共宗教』津城寛文訳，玉川大学出版部.
ハーバーマス, J.・J. ラッツィンガー, 2007（2005）『ポスト世俗化時代の哲学と宗教』三島憲一訳，岩波書店.
稲場圭信・黒崎浩行編著, 2013『叢書 宗教とソーシャル・キャピタル4　震災復興と宗教』明石書店.

現代日本の宗教と多文化共生
―移民と地域社会の関係性を探る―

目次

まえがき——— 003

序 章「宗教と多文化共生」研究が目指すもの

白波瀬 達也・高橋 典史

1. はじめに——— 011
2. 欧米社会における移民と宗教の関係性 ——— 013
3. 多文化共生の問題からみる日本の宗教状況——— 015
4. 本書の目的と概要——— 018

第1章 カトリックにおける重層的な移民支援

白波瀬 達也

1. はじめに——— 025
2. 進行するマルチエスニック化——— 026
3. 組織理念としての移民との共生——— 028
4. 多文化共生の拠点としてのカトリック教会——— 030
5. 移民支援の系譜——— 031
6. 重層的な移民支援——— 034
7. おわりに——— 038

第2章 カトリック教会による宗教組織内〈多文化共生〉を目指す試み—在日ブラジル人の場合—

星野 壮

1. はじめに——— 045
2. 在日ブラジル人社会における宗教——— 047
3. 在日ブラジル人に関わるカトリック教会——— 051
4. 長崎巡礼と移民 100 周年祭のインパクト——— 054
5. エスニックなイベントの両義性？——— 057
6. 不況のなかでの宗教組織外〈多文化共生〉——— 060
7. おわりに——— 061

目次

第3章 日本におけるインドシナ難民の
地域定住と宗教の関わり—ベトナム難民の事例を中心に—

高橋 典史

1. はじめに——— 067
2. 冷戦下の西側諸国におけるインドシナ難民の受け入れ——— 068
3. 日本のインドシナ難民の受け入れと宗教界——— 071
4. ベトナム難民の地域定住における宗教の役割——— 077
5. おわりに——— 084

第4章 異文化をつなぐ
カトリックの媒介力—神戸市・たかとり教会の事例から—

野上 恵美

1. はじめに——— 089
2. 国内外におけるベトナム系移住者の宗教——— 091
3. カトリックたかとり教会の概要——— 095
4. 教会にキリスト像が設置された経緯——— 098
5. 地域社会とつながるカトリック教会——— 101
6. おわりに——— 103

第5章 高齢化問題に取り組む
韓国系キリスト教会—大阪市・在日コリアン集住地域を事例に—

荻 翔一

1. はじめに——— 109
2. 在日コリアンの歴史と宗教——— 111
3. 調査対象の地域および教会の概要——— 114
4. 地域社会に向けた教会の福祉活動——— 121
5. おわりに——— 128

第6章 被差別部落／在日朝鮮人コミュニティに
おけるキリスト者の実践—「地域化」と「内部化」という相互作用—

山本 崇記

1. はじめに——スラム・貧困地域と社会福祉事業——— 135
2. スラム／同和対策から多文化共生事業への「離陸」——— 136

3.「地域化」の段階的展開 ——— 139

4.「地域化」という戦略の評価——— 146

5. おわりに——「地域化」後の今——— 148

第7章 宗教関連施設を通じたフィリピン人
移住者たちのネットワーク—京都市・希望の家を事例に—

永田 貴聖

1. はじめに——— 155

2. フィリピン人の社会関係の広がり——— 157

3. カトリック教会を基盤とした活動から地域社会へ——— 163

4. おわりに——— 173

第8章 ムスリム・コミュニティと地域社会
—イスラーム団体の活動から「多文化共生」を再考する—

岡井 宏文

1. はじめに——— 181

2. 日本のムスリムとモスク——— 182

3. イスラーム団体と周辺社会——— 186

4. イスラーム団体の活動と「多文化共生」——— 189

5. おわりに——— 198

第9章 地域政策理念としての
「多文化共生」と宗教セクターの役割

徳田 剛

1. はじめに——— 205

2.「多文化共生」概念の成立過程と意味変容——— 208

3. 意味変容の背景要因——— 211

4. 行財政のスリム化がもたらす諸セクターの隘路——— 215

5. 宗教セクターの相対的自立性——— 219

6. おわりに——— 221

あとがき——— 229

編著者・執筆者略歴——— 233

序章
「宗教と多文化共生」研究が目指すもの

白波瀬 達也・高橋 典史

1. はじめに

　グローバリゼーションが進んだ現代は国際移民（以下、「移民」）の時代だ。国連によれば移民の数は過去50年で約3倍に増加しており、2010年の時点で世界には2億1,400万人の移民（人口比3.1%）が暮らしている［Kivisto 2014］。
　移民の移住先として他国を圧倒しているのがアメリカ合衆国で、その数は2015年の時点で約5,000万人となっている。ドイツ、フランス、イギリス、カナダなどの欧米諸国も1,000万人程度の移民を抱える。一方、日本は先進国のなかでは移民の数が少ない。日本政府は日本国籍を持たない移民のことを「在留外国人」と呼んでいるが、その数は2015年の時点で約220万人となっている。
　2016年における日本の全人口に占める移民の割合は2%弱で、OECD諸国のなかでは低い水準である。移民受け入れ国として有名なオーストラリアやカナダは20%を超えているし、アメリカ合衆国、ドイツ、フランス、イギリスといった先進主要国も10%を超える。これらの国と比較すると、まだまだ日

本における移民の存在感は小さいが、1959年の調査開始以来、最多を記録している。国籍別にみると、中国が最も多く約67万人。以下、韓国が約46万人、フィリピンが約23万人、ブラジルが約17万人、ベトナムが約15万人となっている。在留資格等別にみると、永住者が約70万人で最多。次いで特別永住者が約35万人、留学生が約25万人、技能実習生が約19万人、定住者が約16万人となっている。

　第二次世界大戦以降、日本の移民の中心は旧植民地出身者であり、韓国・朝鮮籍が大半を占めていた。しかし、1980年代に入るとパブやスナックで就労するフィリピン人女性が増加した。また建設・製造業の労働力不足を補うべく、パキスタン、イラン、バングラデシュといった国々の男性が増加した。さらに結婚難に悩む農村では男性の配偶者としての中国人やフィリピン人の外国人花嫁が増加した［佐竹編 2011］。このように新しいタイプの移民の割合が上昇し、今日のように出身国が多様化した。

　日本における1980年代以降の移民の増加は、宗教状況にも変化をもたらした。社会学者の三木英と櫻井義秀は、ニューカマーと呼ばれる移民の宗教の広がりが「宗教多元化」をもたらしていると指摘した［三木・櫻井編 2012］。ただし、ニューカマーは「顔の見えない定住化」［梶田・丹野・樋口 2005］を経験していることが少なくない。そのため、彼／彼女らが宗教とどのように結びついているのか、一般的には知られていない。つまり、「見知らぬ隣人の宗教」［三木・櫻井編 2012］とみなされがちなのだ。一方、宗教と関わりの深い組織が日本における難民支援・移民支援を担ってきたという事実もある。とりわけ、市民団体による活動が成熟する前の段階において果たした役割は大きい。このように日本において移民と宗教が強く結びつくことが、ある場合には主流社会と距離のある飛び地のような空間（ethnic enclave）を生み出し、またある場合には多文化共生社会の推進力となる。ただし、これまでの国内の研究において、移民が関わる宗教の果たす機能を論じたものはほとんどない。したがって、以下では欧米の研究の動向を一瞥し、論点の整理を試みる。

序章 「宗教と多文化共生」研究が目指すもの

2. 欧米社会における移民と宗教の関係性

　移民が必ずしも熱心な宗教生活を送っているとは限らないが、多くの場合、母国での信仰を移住先でも継続しようと試みる。移住先で宗教と強く結びついた状態はホスト社会における社会統合にどのように影響するだろうか。ナンシー・フォナーとリチャード・アルバは、米国では宗教が包摂の「橋」（bridge）とみなされるのに対して、ヨーロッパでは「壁」（barrier）とみなされる傾向があると指摘している［Foner and Alba 2008］。以下で両者の特徴の違いを概観しよう。

2.1. 米国の移民宗教

　チャールズ・ハーシュマンは米国の移民宗教が果たす役割を「三つのR」（＝Refuge、Respectability、Resources）として提起した［Hirschman 2004］。移民にとって教会や寺院は、親しみやすい文化的環境のなかで、親睦と友好の機会となり、移住先でのストレス、挫折、生活上の困難に対して慰めと避難場所を提供する。これが一つ目のRとしてのRefuge（避難所）である。また、宗教団体は、移住の結果、米国で否定的に認知されたり、職業上の下降移動を経験したと感じている人にとってとくに重要性を持つ。良いクリスチャン、ムスリム（イスラム教徒）、仏教徒等であることは、宗教の（そしてより広範な民族の）コミュニティ内で尊敬される。これが二つ目のRとしてのRespectability（体面の維持）である。さらに、宗教団体は雇用、住居、ビジネス機会、英語クラスなど、ニューカマーに複数のサービスを提供している。これが三つ目のRとしてのResources（資源）である。

　宗教は移民の民族的アイデンティティに大きな影響力を与える。エバとチャフェツによれば、教会や寺院は移民たちが母語で礼拝したり、彼／彼女らの故郷の儀式、音楽、祭りを楽しんだり、祖国の話を共有したり、宗教や文化遺産を次世代に継承することができる場所となっている［Ebaugh and Chafetz 2000］。

　米国では移民の宗教団体において、英語クラスや祖国の文化の継承が行われるため、移民第二世代の上昇移動を促進するという研究もある。加えてフォレイとホージは移民の宗教が公的空間におけるコミュニケーションスキルを高め

013

たり、イベント企画などの機会を提供したりすることから、市民参加を促すと指摘している［Foley and Hoge 2007］。

このように米国では移民の宗教が単に避難所として機能するだけではない。社会的地位を確保したり、社会階層を上昇させたり、市民としてのスキルを高めたりと、様々な正の機能を果たしている。国民の大多数が信仰を持ち、宗教に対する信頼度も高い米国では、信仰活動や、宗教にちなんだコミュニティ活動に参加することで移民が「アメリカ人になる」という側面があるのだ[1]。

2.2. ヨーロッパ諸国の移民宗教

一方、ヨーロッパ諸国では、米国とは異なり、移民が関わる宗教は解決（solution）ではなく問題（problem）だとみなされる傾向がある。ヨーロッパ諸国の移民の多くはムスリムであり、移民の宗教に関する研究もイスラーム（イスラム教）に偏重している。そしてムスリムが、社会統合への障壁や挑戦、主流の制度や慣行との葛藤の源泉と分析されることが少なくないのだ。ヨーロッパ諸国では移民の宗教が既存の価値や社会統合を脅かすものとみなされ、差別や偏見も強い。イスラムフォビアや第二世代の労働市場における下層化はその最たるものだ。また、地域社会における古くからの住民とニューカマーであるムスリムとの軋轢も顕在化している。

移民の宗教を対象にした米国の研究は、宗教的アイデンティティがメインストリームへの社会統合に積極的な役割を果たすと捉えがちだ。それに対してヨーロッパの研究は、ムスリムのアイデンティティが差別をどのように反映しているか、また周縁化とセグリゲーションをどのように強化しているのかを強調する傾向がある。つまり、米国では宗教が社会的包摂の「橋」とみなされやすく、ヨーロッパ諸国では「壁」とみなされやすいのだ。

ヨーロッパ諸国の移民宗教の研究が問題や葛藤を訴え、米国の研究が明るい見通しを示すのは、実際の社会動態の反映でもある。米国では古くはヨーロッパからの移民が多く、近年はメキシコからの移民が圧倒的に多い。このように米国における移民の送り出し国はキリスト教が主流宗教となっている。したがってホスト社会における宗教上の葛藤が相対的に小さいのだ。対して、ヨーロッパ諸国の移民はムスリムが多く、ホスト社会における主流宗教との交わりが乏しい。また、米国に比べて世俗化が進んでいる。米国では宗教的であること

が主流価値と一致する［Fischer and Hout 2006］。 しかし、ヨーロッパ諸国では信仰者は少数派で、世俗的な考え方が支配的だ。したがって、宗教に基づく主張は、米国に比べると受け入れられにくく、それが正当であるとの承認を得づらい。そのことが強い葛藤を引き起こすと考えられている［Foner and Alba 2008］。

3. 多文化共生の問題からみる日本の宗教状況 [2]

　前節でも紹介した欧米社会における移民の受け入れは、多様なマイノリティたちの立場を承認して彼／彼女らの政治・社会参加を促そうとする「多文化主義」や、ホスト国による移民の包摂や移民たちの当該社会への適応を重視する「社会統合」といった立場から取り組まれてきた。他方、日本においては、第二次大戦後、在日コリアンを中心とするオールドカマー（タイマー）たちによる権利獲得運動が展開した。さらに1980年代以降に増加するニューカマーたちのホスト社会側による受け入れは、主に「多文化共生」という特有の理念のもとで議論・実践されてきた。日本独特な「多文化共生」という概念の特徴とそれが抱える諸問題については、第9章で詳しく論じられるが、ここでも手短に説明しておきたい。

　そもそも「多文化共生」とは、1990年代以降、しばしば用いられるようになってきた比較的新しい言葉である。とりわけ1995年1月に発生した阪神・淡路大震災が大きなきっかけとなり、社会に広まっていったとされている。その後、ニューカマーの外国人住民が数多く暮らす自治体が増えていった結果、「外国人集住都市会議」（2001年発足）のような政策提言の取り組みも行われてきた［塩原 2013：180-181］。

　「国籍や民族などの異なる人々が、互いの文化的ちがいを認め合い、対等な関係を築こうとしながら、地域社会の構成員として共に生きていくこと」［総務省 2006］という総務省による説明からも分かるように、行政サイドでは「地域社会」を多文化共生の主な舞台とみなしてきた。そして、移民とその子女たちが集住する各地の自治体では、彼／彼女らの生活や言語の面における支援や文化交流の促進などが取り組まれてきたのである。ただし、行政において提唱されている「多文化共生」は、やや理想化されたスローガンになっている傾向

がみられ、その具体的な施策内容には地域差も大きいのが実情である。

　こうした行政主導の多文化共生の取り組みに関しては、研究者側からも批判がなされてきた。たとえば移民とホスト社会の人々との間の政治経済的な格差の問題を看過していること［梶田・丹野・樋口 2005］、同化主義的傾向性が存在していること［広田 2006］、そして、多文化共生の理念のもとで語られる「文化」の内容の貧しさ（ファッション（Fashion）・フード（Food）・フェスティバル（Festival）といったいわゆる「3F」が中心）、ニューカマー中心で、彼／彼女らの言語の問題に偏重してきたこと［竹沢 2009］、などである。

　また、1990 年代においては、オールドカマー（タイマー）をはじめとするマイノリティに対する差別・抑圧構造を解消するべく、マジョリティ側の変革も視野に入れた「実践概念」であった多文化共生が、2000 年代に入るとニューカマー中心の外国人支援や日本語教育を主とする「官製概念」へと変容していったとする指摘もある［山根 2017］。

　第 9 章において詳述されているように、学術研究の立場で日本の多文化共生の問題を取り上げる際には、こうした現場の実践が抱えている諸課題を念頭に置く必要がある。

　次に本書における「宗教」と「多文化共生」との関係性についても整理しておこう。前節でも触れたように、そもそも移民たちにとって宗教という存在は、狭い意味で信仰上の救済をもたらすだけでなく、アイデンティティやエスニシティの構築の基盤になったり、異国での生活における互助を促す資源となったりもする。また、宗教者や宗教組織が難民・移民支援の担い手になることもある。とくに欧米社会と比較して、移民政策や地域社会における多文化ソーシャルワーク等が未発達の日本では、社会的排除にさらされ、生活上の困難を抱えがちな移民たちにとって、宗教組織や宗教者が果たす役割はきわめて大きい。

　そうした日本における移民の宗教の諸事例を広範に取り上げたものとしては、いくつかの先駆的な研究成果がある［吉原・クネヒト編 2001：三木・櫻井編 2012：三木編 2017 など］。こうした研究においては、オールドカマーの華僑の宗教、ニューカマーのブラジル人・ペルー人・フィリピン人・ベトナム人らが集うカトリック教会、南米系や韓国系のプロテスタント教会（ペンテコステ派教会）、イスラームのモスク、東南アジアや南アジアの上座部仏教、台湾系の仏教教団といった宗教組織などが取り上げられてきた。そうした先行研究は

序章　「宗教と多文化共生」研究が目指すもの

貴重な成果ではあるものの、多様な移民の宗教の事例紹介といった性格が強く、ニューカマーの問題にかなり偏重している傾向もみられる。また、多文化共生（欧米社会でいうならば、多文化主義や社会統合）といった視点から、移民と宗教の関わりの特徴やその間に生まれる諸問題について考察するものではなかった。

　さて、こうした移民が集う宗教組織は、特定のエスニシティの信者たちによってほぼ独占されている「モノエスニックな宗教組織」（いわゆる「エスニック・チャーチ」）と、複数のエスニシティを包含している「マルチエスニックな宗教組織」（カトリック教会、そこに集う信者たちの多国籍性を標榜するプロテスタント教会、様々な国にルーツを持つ人々が集うイスラームのモスクなど）の二つのタイプに大まかに分けることができる［白波瀬 2016：104-105］。当然のことながら、これら二つのタイプでは、他のエスニシティとの共生についての志向性がそれぞれで異なっている。とくに前者については、自分たちをホスト社会やその主流宗教と差別化させようとする志向性や排他性の傾向といった、セクト的特徴の有無に注目することが重要である。

　さらに、行政の政策用語的なものではなく、あくまで学術研究上の理念型としての〈多文化共生〉[3)] の概念を用いて、宗教組織における複数のエスニシティの間の関係性を分類するならば、(1)「宗教組織内〈多文化共生〉」と(2)「宗教組織外〈多文化共生〉」の二つの類型を指摘することができる［高橋 2015］。前者は、同じ信仰を共有しつつも異なる文化的背景を有する諸集団が同一組織内において築く多文化共生である。他方、後者は、宗教組織やそのメンバーを資源として社会の公領域における一般的な多文化共生関連の取り組みに関与するものである。後者には、難民・移民支援に関わる社会活動のみならず、宗教・宗派・教派の壁を超えた対話や交流、平和活動・人権運動などの各種の市民運動に関わるネットワークの構築なども含むことができるだろう。もちろん、実際の宗教組織の現場においては、宗教組織内〈多文化共生〉と宗教組織外〈多文化共生〉を明確に区別することは難しい。また両者が常に同時並行的に進むわけではない（片方だけが進展しているケースも、しばしばみられる）［高橋 2015, 2017］。

　フィールドワークによる研究成果をもとにした本書では、これまで論じてきた多文化共生や移民の宗教をめぐる先行研究が提出してきた知見を積極的に参考にしている。さらに、本書の諸論考は、多文化共生の実践の主要なフィール

017

ドである地域社会において、多様な宗教組織（および宗教関係者たち）が異なるエスニシティの集団とどのような関係性を構築してきたのかについて、行政等の外部の諸アクターとの関わりも視野に入れつつ論じている。

　欧米社会と比べて日本社会は、国家的な難民政策・移民政策が未成熟であり、総人口に占める移民やその子女たちの割合もかなり小さい。しかしながら、ニューカマーの移民たちの数は増加し続けており、地域社会の多文化化は着実に進行している。政策面だけでなく現場での支援も十分には行き届いていない現在の日本社会の状況にあっては、地域社会における「宗教と多文化共生」に着目する本書の社会的意義が大きいことは間違いないだろう。

4. 本書の目的と概要

　オールドカマーたちの長きにわたる歴史が存在し、そのうえで1980年代以降のニューカマーの到来とともに外国にルーツを持つ人々の数が増加してきた日本においては、「多文化共生」という独特な理念もしくはスローガンが社会に広まった。その結果、自治体を中心に関連する取り組みが進められ、それに関する学術研究も相当な積み重ねがなされてきた。一方、現実の地域社会に生きる移民たちにとって、宗教が果たす役割は決して小さくないにもかかわらず、多文化共生に関する実践、討議、研究のいずれにおいても宗教は看過される傾向にあった（詳しくは第9章を参照のこと）。そうした状況を受けて本書では、地域社会の多文化共生に関与する有力なアクターの一つとしての宗教の可能性とその課題について、社会学や文化人類学の立場による社会調査の成果をもとに検討することを目的とした。

　以下、各章の概要について簡単に紹介しておこう。

　第1章「カトリックにおける重層的な移民支援」（白波瀬達也）では、日本において移民支援を先駆的に開始し、かつ最も大がかりに展開してきたカトリックの事例を取り上げて、その活動の背景と支援体制の特徴を解説している。そもそも、ニューカマーのなかにはカトリック信者が多く含まれてきたため、各地のカトリック教会は急速に「マルチエスニック化」を進めてきた。一方、カトリックは世界的な組織の理念としても難民や移民との共生を強調してきた。そうした背景のもと、日本のカトリックでは、全国レベルの連携組織や各教区

レベルでの支援センターの設置、そして各教会（小教区）の地域社会レベルでの支援活動、といった重層的な移民支援の体制を構築してきたことを指摘している。

第2章「カトリック教会による宗教組織内〈多文化共生〉を目指す試み—在日ブラジル人の場合—」（星野壮）においては、各地（とりわけ「外国人集住都市」に含まれる工業都市）の多文化共生の取り組みの主要な対象となってきた在日ブラジル人とカトリックとの関係性を論じている。在日ブラジル人の歴史的背景やブラジルの宗教状況の基礎情報を示したうえで、カトリック教会においては、長崎巡礼、移民100年祭、フェスタ・ジュニーナといった宗教組織内〈多文化共生〉の取り組みが進められてきたことが紹介されている。さらに、2008年に発生したリーマン・ショック後の世界的不況下における困窮する在日ブラジル人たちに対する生活支援のように、宗教組織外〈多文化共生〉の活動も展開してきたことが示されている。

第3章「日本におけるインドシナ難民の地域定住と宗教の関わり—ベトナム難民の事例を中心に—」（高橋典史）は、1970年代後半から90年代初頭にかけて日本が受け入れたインドシナ難民のうち、とくにベトナム難民に注目して、彼／彼女らの受け入れと地域定住のプロセスにおいて宗教が果たした役割について検討している。民間組織が担った各地の一時庇護施設等での支援活動においては、宗教組織が重要な役割を果たした。そして、日本に定住することになった難民たちにとっては、とくに各地のカトリック教会が互助的なコミュニティやネットワークの基盤となり、支援の場にもなってきた。そうしたカトリック教会のあり方を、宗教組織内〈多文化共生〉への尽力に支えられた宗教組織外〈多文化共生〉の取り組みであるとしている。

第4章「異文化をつなぐカトリックの媒介力—神戸市・たかとり教会の事例から—」（野上恵美）は、ベトナム系信者を多く抱えるカトリックたかとり教会（神戸市長田区）における多文化共生の実態を論じたものである。とくに1990年代のベトナム系信者によるキリスト像設置の位置をめぐる、教会内多数派の日本人信者との軋轢の事例を考察している。宗教者（神父）が介在しつつ両者が実に2年間にもわたり議論を続けた経験が、後の阪神淡路大震災において同教会が復興支援の拠点となり、さらには多文化共生のまちづくりの取り組みとして有名となる「たかとりコミュニティセンター」が生まれる背景にあ

ったことが指摘されている。宗教者が媒介することで可能になったベトナム系信者と日本人信者の間の粘り強い対話の努力が、宗教組織内外の多文化共生へと結実していったという。

第5章「高齢化問題に取り組む韓国系キリスト教会―大阪市・在日コリアン集住地域を事例に―」（荻翔一）においては、大阪市生野区に所在する在日大韓基督教会における在日コリアンの高齢者向けの福祉サービスに焦点を当てている。在日コリアンの歴史や宗教の概要、調査対象の地域や教会の基本情報を示したうえで、高齢者向けのサービスである「老人大学」が行われるようになった背景、活動内容、参加者やボランティアたちの属性等が詳しく紹介されている。老人大学は非キリスト教信者も多く利用しており、また行政から財政支援も受けている宗教組織外〈多文化共生〉の取り組みである点が特徴的であると指摘している。

第6章「被差別部落／在日朝鮮人コミュニティにおけるキリスト者の実践―「地域化」と「内部化」という相互作用―」（山本崇記）は、都市のスラムないし貧困地域における福祉事業への宗教の関与について取り上げている。被差別部落と在日コリアンの混住地域である京都市の崇仁地区・東九条エリアにおいて、「よそ者」であったキリスト者たちは、1960年代から現在に至るまで、その時代ごとに地域課題（貧困や差別問題など）に取り組むなかで、社会福祉法人「希望の家」を設立するなどして自分たちの実践を「地域化」していった。その一方で、地域住民側もキリスト者を通じて外部の資源を「内部化」してきたという。本事例は、「多文化共生」という言葉が普及する以前から、それに関連した取り組みが地域社会の草の根レベルで実践されてきたことを示すものとしても重要である。

第7章「宗教関連施設を通じたフィリピン人移住者たちのネットワーク―京都市・希望の家を事例に―」（永田貴聖）では、在日フィリピン人たちが宗教関係組織によって運営されている社会活動に参加することによって、地域社会の国際交流の展開に積極的に関与してきた事例について論じている。在日フィリピン人の歴史と現状やその宗教に関する基本情報を紹介したうえで、京都市内のカトリック教会を基盤にしたフィリピン人コミュニティ（PAG-ASA）が、先述のカトリック系社会福祉法人「希望の家」の国際交流事業への参加を通じて、多様な立場の地域住民と共生を進めてきたことを指摘している。

第8章「ムスリム・コミュニティと地域社会―イスラーム団体の活動から「多文化共生」を再考する―」（岡井宏文）は、近年、日本においても注目を浴びるようになりつつあるイスラーム、とりわけ在日ムスリムたちによるイスラーム団体の活動の実態について取り上げている。日本のムスリムの現状、モスクの設立とそのネットワークや活動内容の概要を解説した後、地域社会との関係性をモスクや多様なイスラーム団体の具体的な諸実践から検討している。そして、しばしば「イスラーム」や「ムスリム」といった大きなカテゴリーのもとで一括して語られる傾向にあった従来の議論の問題点を指摘し、その下位集団の多様性にも目を配ることの必要性を論じている。

第9章「地域政策理念としての「多文化共生」と宗教セクターの役割」（徳田剛）は、本書の各章の事例や議論を踏まえての総論ないし総括的な性格を有している。これまでの地域社会における「多文化共生」に関わる取り組みとそれらが孕んできた諸問題を概観・整理している。そして、「多文化共生」関連の諸施策を実行していくうえで、その担い手として、「公的セクター」と「市民セクター」に加えて「宗教セクター」が有している可能性を論じている。たとえばカトリックのように、あらゆる宗教組織が自前で多文化共生に向けた取り組みを推進する力を持っているわけではないものの、外国人住民との関わりの多い宗教組織が、他の宗教組織と連携・協働していくことの有効性が提起されている点などは注目に値するだろう。

現代日本における「宗教と多文化共生」というテーマのもとに編まれた本書であるが、残念ながら取り上げることができなかった事例や課題は少なくない。とくにカトリックの事例が多いことが気になる読者も少なくないだろう。共同研究の成果である本書において紹介される事例の多くをカトリックが占めたということは、それだけその活動が歴史的にも規模的にも他の組織を圧倒しており、きわめて顕著であったという事実の証左でもある。

また、本書では宗教を媒介とした地域社会における移民たちとの多文化共生に注目した一方で、第二世代以降の言語、文化、そして信仰の継承において宗教組織等が果たしうる役割［オチャンテ・オチャンテ 2017］などの重要課題については検討が不十分である。今後、筆者たちはそうした諸問題についても、着実に研究を進めていく所存である。

とはいえ、これまでの研究状況では、その現場でのプレゼンスとは裏腹に、宗教というアクターが看過される傾向がみられた。それゆえに、本書の社会的・学術的な意義は決して小さくはないだろう。もちろん、筆者たちは「宗教は多文化共生の万能薬である」などと主張する気は毛頭ない。我々が意図するものは、宗教に注目することを通じて、移民たちの生活についての理解を深めることである。宗教のなかにはその組織の内外において多様な人々の共生を模索してきた経験や知識の蓄積がある。今後の地域社会における「多文化共生」の諸実践のさらなる展開に向けて、そこから学ぶべき点が多々ある現実を、学術研究の立場から世に問うていくことが本書の狙いである。

注

1) ロバート・パットナムは宗教を米国の市民社会における重要なセクターであるとし、ソーシャル・キャピタルの集合的蓄積にとって甚大な影響を持つと論じている。また、人々が共に祈る信仰のコミュニティは、米国のソーシャル・キャピタルの蓄積において、唯一最大の重要性を持つとも論じている。パットナムは宗教に関与することで得られる市民的スキルの活用のあり方には、異なる二つのパターンが見られると指摘している。たとえば、福音派の信者は自身の宗教的コミュニティ内部の活動により関与し、外部の広範なコミュニティにはあまり関与しない傾向がある。一方、主流派プロテスタントとカトリックの信者は、幅広いコミュニティにおけるボランティアや奉仕に関与する傾向がある［パットナム 2006］。

2) 本節は［高橋 2015, 2017］の該当個所の内容を下敷きにしつつ、新たな事項を加筆して構成したものである。

3) 社会学の学術研究においては、一般社会に浸透している「多文化共生」とは異なる文脈で、分析概念としての「共生」が用いられてきた。同概念の使用は、シカゴ学派都市社会学の父祖の1人であるロバート・E. パークまでさかのぼる。たとえば日本においては、政治経済等の「制度上の共生」を「システム共生」、人々の主観的な領域を含む「生活上の共生」を「生活共生」といったように、より細かに分類する視角も提出されている［小内 1999］。

参考文献

Ebaugh, H.R. and Janet Saltzman Chafetz, 2000 *Religion and the New Immigrants: Continuities and Adaptations in Immigrant Congregations.* AltaMira Press.

Fischer, Claude.S and Michael Hout, 2006 *Century of Difference: How America Changed in the Last One Hundred Years.* Russell Sage Foundation.

Foley, M.W. and Dean R., Hoge, 2007 *Religion and the New Immigrants: Social Capital, Identity, and Civic Engagement.* Oxford University Press.

Foner, Nancy and Richard Alba, 2008 "Immigrant Religion in the U.S. and Western Europe: Bridge or Barrier to Inclusion?" *International Migration Review* 42 (2): 360-392.

広田康生, 2006「政治理念としての「共生」をめぐる秩序構造研究への序論──「編入」研究から地域社会秩序構造研究へ」奥田道大・松本康監修『先端都市社会学の地平』ハーベスト社: 34-58.

Hirschman, C., 2004 "The Role of Religion in the Origins and Adaptation of Immigrant Groups in the United States" *International Migration Review* 38 (3): 1206-1233.

梶田孝道・丹野清人・樋口直人, 2005『顔の見えない定住化──日系ブラジル人と国家・市場・移民ネットワーク』名古屋大学出版会.

Kivisto, P., 2014 *Religion and Immigration: Migrant Faiths in North America and Western Europe.* Polity Press.

三木 英編, 2017『異教のニューカマーたち──日本における移民と宗教』森話社.

三木 英・櫻井義秀編, 2012『日本に生きる移民たちの宗教生活──ニューカマーのもたらす宗教多元化』ミネルヴァ書房.

オチャンテ・村井・ロサ・メルセデス／オチャンテ・カルロス, 2017「カトリック教会における多言語・多文化環境の実態──三重県伊賀市の事例」『奈良学園大学紀要』7: 167-177.

小内 透, 1999「共生概念の再検討と新たな視点──システム共生と生活共生」『北海道大学教育学部紀要』79: 123-144.

パットナム, R. D., 2006（2000）『孤独なボウリング──米国コミュニティの崩壊と再生』柴内康文訳, 柏書房.

佐竹眞明編, 2011『在日外国人と多文化共生──地域コミュニティの視点から』明石書店.

塩原良和, 2013「日本における多文化共生概念の展開」吉原和男編者代表編『人の移動事典──日本からアジアへ・アジアから日本へ』丸善出版: 180-181.

白波瀬達也, 2016「多文化共生の担い手としてのカトリック──移民支援の重層性に着目して」関西学院大学キリスト教と文化研究センター編『現代文化とキリスト教』キリスト新聞社: 99-133.

総務省, 2006『多文化共生の推進に関する研究会報告書──地域における多文化共生の推進に向けて』総務省.

高橋典史, 2015「現代日本の『多文化共生』と宗教──今後に向けた研究動向の検討」『東洋大学社会学部紀要』52 (2): 73-85.

───, 2017「『多文化共生』と宗教をめぐる研究が切り開く地平」國學院大學研究開発推進センター 編・古沢広祐責任編集『共存学 4 多文化世界の可能性』弘文堂: 149-170.

竹沢泰子, 2009「序──多文化共生の現状と課題」『文化人類学』74 (1): 86-95.

山根俊彦, 2017「「多文化共生」という言葉の生成と意味の変容──「多文化共生」を問い直す手がかりとして」『常盤台人間文化論叢』3 (1): 135-160.

吉原和男／クネヒト・ペトロ編, 2001『アジア移民のエスニシティと宗教』風響社.

第1章
カトリックにおける重層的な移層支援

白波瀬 達也

1. はじめに

　日本に暮らす移民は、ホスト社会の人々に比べて宗教との関わりが活発な傾向があるが、特定のエスニシティで内閉しやすい。また、彼らの宗教活動と日本人とのそれが交わる機会も乏しい［三木 2012］。そのため教会や寺院が多文化共生という観点から論じられることは少ない。しかし、カトリック教会に目を向けると異なる事情がみえてくる。カトリック教会は、多文化共生という概念が登場する前から移民との共生の歴史を持ち、さらに移民支援の先駆者としても活動してきた。その意味において、他の宗教組織と一線を画しているのだ。
　では、カトリック教会は日本社会全体ではどのような位置づけになるのだろうか。『カトリック教会現勢 2016』によれば、カトリック教会は全国に 971 の小教区（一般的には教会と呼ばれる）を持ち、それらは 16 の教区に分類されている。信者の合計は約 44 万人。国民に占めるカトリックの信者率はわずか 0.3 ％だ［カトリック中央協議会 2016a］[1)]。一方、カトリック教会は医療施設、社会福祉施設、教育施設などを数多く有しており、信仰の有無にかかわらず利用

されている。以上のことから信者の数こそ少ないものの、日本社会に溶け込んだ宗教団体と位置づけることができる。

本章はカトリック教会が、なぜ移民支援の積極的な担い手になりえているのかを明らかにする。以下では最初に日本のカトリック教会が多文化化・多国籍化していることについて触れ、次にカトリック教会による移民支援の特徴を整理する。そして最後にカトリック教会と移民との関わりを多文化共生という観点から社会学的に考察する。

2. 進行するマルチエスニック化

序章で論じたように、移民が関わる宗教組織は理念上、同じエスニシティの人々で構成される「モノエスニックな宗教組織」と、複数のエスニシティが一つの宗教組織に混在する「マルチエスニックな宗教組織」とに分類できる。本章で取り上げるカトリック教会は後者の代表例だ。「マルチエスニックな宗教組織」はカトリック教会のほか、イスラームのモスクも該当する。ただし、第8章でも論じているように、こちらは概して日本人の数が少なく、大半が移民とその子弟で信者が構成されている[2]。対してカトリック教会の場合は、設立当初は信者の大多数が日本人によって占められていたものが、その後のグローバル化の進行にともない、移民の割合が徐々に上昇している。教会によってばらつきがあるが、教団という単位でみれば日本国籍の信者と外国籍の信者の割合は、さほど変わらないものとなっている[3]。

日本では移民が移住先で信仰の場を得ようとする際、自前で設立するパターンと、既存の宗教施設を利用するパターンとに大別される。イスラム教徒の場合は前者が多く、カトリック信者の場合は基本的に後者となる。なぜならカトリック教会では世界共通の典礼様式を備えていることから、どこの教会のミサに参加しても、形式面での相違が大きくないからだ。また、司教や司祭といった聖職者も既存の教会で共生することを推奨している。以上のような理由から、当初は基本的に日本人を中心に構成されていた教会が、グローバル化の過程で移民との共存を経験するようになっているのだ。

カトリック中央協議会が2016年に発行した『国籍を越えた神の国をめざして　改訂版』は、日本のカトリック教会の移民（難民を含む）に対する姿勢を

端的に示している。以下にその内容の一部を引用する。

> 日本に在留している外国人は、非正規滞在者を含めておよそ230万人（法務省ホームページより）といわれています。これらの人々のなかにはカトリック教会を訪れる人も多く、カトリック信者は少なくとも41万人以上と推定されます。（中略）教会はあらゆる世代の人々が、地域、生活習慣、文化の違いを超えて、互いの相違を包容していくべき共同体です。互いの違いから生じる摩擦と痛みを体験することにより、共同体として回心の機会が与えられます。この回心を伴うかかわりによって、教会共同体は多様性による豊かさを身につけることができるのです。このように違いをとおして生きようと努力することは、他者に対して自分の生活形態を押しつけるという同化を強いることではなく、共に生きる新しい社会、文化を生み出すことになるでしょう。教会にとって、だれもがキリストにおける兄弟姉妹なのです。日本の教会は、けっして日本人だけの教会ではありません。その意味で難民移住移動者を歓迎するにとどまらず、様々な違いを越えて、ひとつの共同体をつくり上げていく努力によってこそ、普遍的な教会を社会にあかしすることができるのです［カトリック中央協議会 2016b：5-9］。

　この言明が示すとおり、カトリック教会の移民との関わり方は、「国籍や民族などの異なる人々が、互いの文化的ちがいを認め合い、対等な関係を築こうとしながら、地域社会の構成員として共に生きていくこと」［総務省 2006］を目標とする多文化共生の価値との親和性が強い。

　また、カトリック教会が掲げる理念を共有し、現実のものとするために教団・教区という組織の中枢のみならず、末端の小教区（教会）レベルにまで広がるネットワークを有している。このように様々なスケールで具体的な取り組みが行われている点が他の宗教組織にはない特徴といえよう[4]。以下では、多文化共生の拠点としてのカトリック教会に着目し、その具体的な取り組みを記述する。

3. 組織理念としての移民との共生

3.1. 国際カトリック移住委員会（ICMC）

　国内のカトリック教会による移民支援の詳細に触れる前に、まず国外の動向について概観しよう。国際的な移民の広がりに対応しているのがスイスのジュネーヴに本拠を置く国際カトリック移住委員会（ICMC）だ。この組織は移民・難民支援の分野で活動する国際NGOとして知られる。ICMCは、第二次世界大戦によって引き起こされた大規模な人間の移動に対応するため、1951年に設立された。その後、ICMCは移民支援を包括的に担う専門知識を獲得し、世界的な運動を形成するに至った［ICMC 2017］。

　1975年には20年以上にわたってICMCの理事長を務めたジェームス・ノリスがUNHCRの「ナンセン難民賞」を受賞するなど、その功績が広く知られることになった。その後も難民支援や災害支援などの人道支援において大きな役割を果たしてきた。2011年には、全世界の700以上の組織から成る「移住と開発に関するグローバルフォーラム」の市民社会ネットワークの調整を担当する主要組織として選ばれるなど、国際NGOとしての評価も高い。今日、ICMCはカトリック司教協議会の世界的な加盟組織と、政府・非政府組織との協働を通じて、根こぎにされた人々と彼らのコミュニティのニーズに対応している［ICMC 2017］。

　このようにICMCの活動は、市民社会のネットワークを通じて教育、保健、地域社会のエンパワメントなど、幅広い分野の支援を提供し、移民・難民や被災者の苦しみの軽減に尽力している。

3.2. 第二バチカン公会議以降の展開

　ICMCのような国際組織のみならず、各国のカトリック教会でも移民支援が積極的に行われている。カトリック教会の移民に対する基本的態度を決定づけた出来事として第二バチカン公会議（1962～1965年）を挙げることができる[5]。同会議における「教会における司教の司牧任務に関する教令」で、移住者、亡命者、避難民にとくに配慮する必要性が指摘されたのだ。教皇ヨハネ・パウロ二世は、2001年の「世界難民移住移動者の日」に次のようなメッセージを発

した。

　移動はいつも、生まれ故郷から根こそぎにされる結果をもたらし、しば
しば、移住者をどこのだれだか分からなくなる危険にさらしながら、彼に
厳しい孤独の体験を強いることがあります。（中略）教会は司牧活動を通
して、移住者たちに福音の光と支えに事欠くことがないよう努力しなけれ
ばなりません。時代の変遷に従って、祖国をあとにするカトリック者の世
話の必要が増大しました。（中略）第二バチカン公会議は、いろいろな項
目の中で移住の問題に対応しました。移住してきた人、移住する人、難民、
亡命者、外国留学生、その他、国外に在住している人で、通常の司牧ケア
を利用することのできない人々、司牧の観点から見た共同体など。この人
たちは、自分の故郷あるいは祖国の外に居住しているため、同じことばを
話す司祭を通して特別の援助を必要としている信者とされています。（中
略）移住者は、別の共同体に属していた人々です。彼らには、文化遺産の
尊重、共通のことばを話す司祭の必要、恒久的な組織の必要などについて、
故国のそれに似た要素をもつ司牧が適応されなければなりません。緊急の
場合に彼らを助けることのできる、安定した、個別的・共同体的な配慮が
必要です。それは、彼らが地域教会になじむまで、つまりその土地の小教
区で司祭の通常役務を利用できるようになるまで続けられます［カトリッ
ク中央協議会 2001］。

　このようにカトリック教会による移民への司牧ケアは、第二バチカン公会議
以降、対応が進み制度化していった。それは一方で特定の民族的背景を持つ共
同体の信仰様式・文化・言語の保持を支え、他方で彼らが経験する生活上のニ
ーズを埋めるものとなった。
　今日、信者数が多く、彼らの国籍が多様化している都市圏の大規模なカトリ
ック教会では言語別にミサが分けられることが一般的だ。対して、信者数がさ
ほど多くない教会では、国籍を超えて同じ時間・場所で実施されるミサに参加
するケースが目立つ。その場合も多様な言語や文化背景に考慮して、日本語ミ
サに外国語や外国の聖歌を織り交ぜたり、その逆を実施したりもする。すなわ
ち、少数者の立場を考慮した共生が模索されているのだ（**写真 1-1**）。

写真 1-1

東京カテドラルの国際ミサ（筆者撮影）

4. 多文化共生の拠点としてのカトリック教会

　教会や寺院は移民が日常的に関与する宗教施設だ。しかし、それらが多文化共生の拠点とみなされることは一般的ではない。日本人の多くは宗教への所属意識が明確でなく、頻繁に信仰活動を行っていないことから、その重要性が過小評価されがちだと推測される。また、政教分離の原則が行政組織と宗教組織との連携を困難にさせているとも考えられる。

　社会福祉分野では近年、多文化ソーシャルワーク[6]という概念を用いて多文化共生社会の実現の必要性をうったえている。そしてその実践者を養成するテキストでは「教会など宗教に関連する組織」が外国人の相談や日本語教室といったインフォーマルサービスの担い手として位置づけられている。

　しかし、現状では多文化ソーシャルワークを専門的に行う機関と「教会など

宗教に関連する組織」の連携は、一部の先進的な地域を除き、さほど進んでいない。一方、多文化共生という観点から宗教組織（および宗教関連組織）の取り組みを論じた社会学的・宗教学的研究は近年になって増えつつあり、そのうちの大半がカトリック教会の事例を扱っている［星野 2011, 2016；吉野 2012；白波瀬・高橋 2012；徳田 2012, 2014, 2015, 2016；白波瀬 2013, 2016；高崎 2014; 高橋 2015；野上 2016］。このことからもカトリック教会が多文化共生と親和性の強い活動を展開していることがうかがえるのだ。

　では、なぜカトリックは他宗教に比べ、多文化共生に関わる取り組みが目立つのだろうか。第一の理由は、すでに述べたとおりカトリック教会が移民や難民を包摂しようとする指針を明確に持っていることにある。

　第二の理由は、カトリック教会の聖職者に外国籍が多く、移民や難民と関わる前から異なる文化の共生に向けた取り組みを経験している教会が少なくないことが挙げられる。なお、『カトリック教会現勢2016』によれば、聖職者（司教・司祭・助祭）のうち37％が外国籍となっている［カトリック中央協議会 2016a］。

　第三の理由は、近年のカトリックの信者構成の変化にある。急激なグローバル化にともない、今日の日本のカトリックは信者の約半数が外国人で占められ、多文化状況が著しい［谷ほか 2008］。2016年末の国籍別在留外国人で上位5位が中国、韓国、フィリピン、ベトナム、ブラジルとなっているが、このうちフィリピンとブラジルはカトリック信者が国民の多数を占める。また、ベトナムでは大乗仏教が最大規模の宗教だがカトリックはそれに次ぐ規模を持つ。このように移民の広がりのなかでグローバル・サウス出身のカトリック信者が増加しており、今日では外国にルーツを持つ信者の数が日本人信者の数を上回る教区・小教区（教会）も珍しくなくなっている[7]。移民の増加はカトリック教会にコンフリクトを引き起こすこともあるが、日本人信者の高齢化が顕著となるなかで、その維持・存続において欠かせない存在にもなっているのだ。

5. 移民支援の系譜

　では、カトリック教会は異なる言語・文化・習慣を持つ移民と共生するために、また、彼らの困難に対していかなる取り組みを行ってきたのだろうか。本

節では制度的・組織的な特徴を概観してみよう。

5.1. 日本カトリック難民移住移動者委員会の設立過程

　近年の日本のカトリック教会は、新たに来日する「入移民」（immigrant）への対応を中心に行っているが、1960年代は日本政府による南米などへの移住政策に因んだ支援を行うなど、「出移民」（emigrant）への対応が中心だった。第3章でも論じているように、入移民との関わりが本格化したのは1970年代半ばから始まったインドシナ難民への支援がきっかけとされる。その後、「滞日アジア人女性と連帯する会」を設立し、急増するニューカマーにも対応するようになった。同会は1983年、フィリピン司教団の要請により、滞日アジア人女性の人権擁護を目的に「日本カトリック国際協力委員会」を設立。バブル期の1988年には、男性労働者の増加、国籍の多様化、国際結婚による問題等に対応するため、「滞日外国人と連帯する会」に改称し、全国に担当者を配置するようになった。1989年6月の司教総会では、外国人労働者の人権問題への関わりを日本の教会の福音宣教における課題の一つと認め、各教区ですでに始められている取り組みを指導、激励することが承認された。

　1992年に社会司教委員会はメッセージ「国籍を越えた神の国をめざして」を発表し、移住者をキリストにおける兄弟姉妹として迎え入れ、様々な違いと共存できる共同体に変化していく努力を呼びかけた。また、移住者との関わりは日本の教会全体として取り組むべき課題だと明言した。2001年には時代の変化に合わせるために組織の整備を行い、従来の「日本カトリック国際協力委員会」から「日本カトリック難民移住移動者委員会」（以下、難民移住移動者委員会）に改称した［谷ほか 2008］。

5.2. 難民移住移動者委員会の活動内容

　今日、日本のカトリック教会では難民移住移動者委員会[8]が中心となって移民をめぐる課題に対応している。難民移住移動者委員会のホームページに活動目的が次のように記されている［日本カトリック難民移住移動者委員会 2005］。

　　福音に基づき、多民族・多国籍・多文化共生社会をめざし、すべての人が神の子として、平等で基本的人権が尊重され、相互の文化・民族性を尊

第1章　カトリックにおける重層的な移民支援

敬し、ともに兄弟・姉妹として生きることのできる社会の実現のために働
く。そのために難民・移住者・移動者に対する各教区の司牧活動に協働す
る。

そして同委員会の具体的な活動は以下の八つに分類される［日本カトリック
難民移住移動者委員会 2005］。

1. 各教区、各地域で行っている難民・移住者・移動者に関して、全国レ
   ベルで取り扱わねばならない課題を検討し、それに対応する（全国研
   修会、フォローアップセッション等）。
2. 各教区、各地域で行っている難民・移住者・移動者の司牧関係者と連
   帯し、必要な情報収集・伝達、相互間の協力支援を行う。
3. 難民・移住者・移動者の司牧に関して、緊急で人道上の問題が起こっ
   た場合に対応を協議する。
4. 難民・移住者・移動者に関して、調査、研究、政府関係諸庁への要望
   書の提出等を行う。
5. 難民・移住者・移動者に関わるエキュメニカルな団体及び NGO など
   の諸団体との連携を推進する。
6. アジア・南米などの送り出し国との連携、並びに国際会議への代表選
   出を行う。
7. 難民・移住者・移動者の司牧に関して、教皇庁移住・移動者司牧評議
   会及び司教協議会から諮問された事項に取り組む。また、日本での難
   民・移住者・移動者の司牧に関して、教皇庁移住移動者司牧評議会や
   司教協議会に、必要に応じ状況を報告し、検討課題を具申する。
8. 教皇庁移住移動者司牧評議会にある諸部門で、日本でも必要とされる
   関連事項に対応する。

このように、カトリック教会は、ネットワーキング、実態調査、政策提言な
ど様々なアプローチから移民を取り巻く課題の解決を図っている（**写真 1-2**）。

033

写真 1-2

難民移住移動者委員会研修会（星野壮撮影）

6. 重層的な移民支援

　前節では難民移住移動者委員会を取り上げ、移民支援の基本方針を概観したが、本節では個別的な支援の現場において、どのように対応しているのかをみていく。結論を先取りするならば、カトリック教会は「教区」と「小教区（教会）」が一定の役割分担をしながら重層的に移民支援を行っている[9]。以下では各々の取り組みの特徴について、具体的な事例を通じて説明する。

6.1. 教区による移民支援
　難民移住移動者委員会は、全16教区に担当者を配置し、教区単位での移民支援を行っている。なかでも札幌教区、さいたま教区、東京教区（東京大司教区）、横浜教区、名古屋教区、大阪教区（大阪大司教区）、福岡教区は支援セン

ターを置き、専門的対応を行っている[10]。

　たとえば、カトリック大阪大司教区社会活動センター「シナピス」は4人の専従職員と4人のパート職員の計8人体制で移民支援を行っている。2013年度の統計によると1年間に延べ588件・280人の相談に対応している。カトリック教会に基盤を持つ移民支援組織だが信者・非信者にかかわらず相談を受け付けており、相談者の国籍も多様である[11]。相談者の属性も多岐にわたり、日本に定住している「移住者」が70％強と多いが、「難民」は20％弱と少なくなく、わずかではあるが無国籍の移民の支援も行っている。相談内容は入管、行政、医療、教育、労働など幅広く、なかでも仮放免支援、裁判支援、生活保護の手続き支援、病院の付き添い支援の件数が目立つ。

　シナピスの活動範囲は大阪教区（大阪大司教区）に限らない。他教区からの相談を受け付けることがしばしばあり、時にシナピスのスタッフが直接現地に向かって援助することもある。また、自教区のケースを他教区に橋渡しすることもある[12]。より専門的な対応が必要なケースに関しては、他の移民支援・難民支援を行うNGO・NPOや行政・社協などとの協働を積極的に進めながら対応している。

　また、名古屋教区の「共の会」では2014年度に延べ332件の相談を行った。シナピスと同様、信者・非信者にかかわらず相談を受け付けており、相談者の国籍も多様である[13]。女性の相談はフィリピン人が多く、その大半が子育てや離婚といった家族問題・生活問題となっている。実際の支援においては翻訳・通訳の提供が多いという。また、男性はアフリカ諸国の難民が多く、経済的・法的な支援の提供が多い。これらのほか、技能実習生として来日し、その後、非正規滞在者になってしまった者への支援も行っている。

　シナピスの場合は有償スタッフが中核的な活動を担っているが、共の会は無償のボランティア（カトリック信者）がこれらの活動のすべてを担っている。一方、さいたま教区の「オープンハウス」や横浜教区の「ENCOM YOKOHAMA」、福岡教区の「美野島司牧センター」など、司祭やシスターが中心的な支援の担い手になる拠点もある。このように教区による移民支援は一様ではなく、担い手や活動内容には様々なパターンがある（**写真1-3**）。

写真 1-3

大阪カテドラルで開催された国際協力の日（筆者撮影）

6.2. 小教区による移民支援

　教区が広域的・包括的な支援拠点であるのに対し、小教区は移民の暮らしに最も近接した前線だ。一般的には教区が比較的専門性の高い移民支援を担っているが、一部の小教区では本格的な事業を担うこともある。

　たとえばカトリック浜松教会（静岡県浜松市中区富塚町）ではリーマンショック後の南米系移民の生活困難に対し、数年間にわたる大規模で効果的な支援を行った［白波瀬・高橋 2012］。不安定な就労に従事していた浜松在住の南米系移民は、リーマンショックの影響で失業や住居喪失を経験したが、市役所をはじめとする公的機関の対応は遅れがちであった。そうしたなか日常的に南米系移民との関わりを持っていたカトリック浜松教会は、彼らの生活状況を早期に把握し、失業保険をはじめとする各種の手続き支援のほか、育児相談、住宅相談、就職相談などに応じたのだ。これらの活動はカトリック信者であるか否かにかかわらず行われ、実際に普段、カトリック浜松教会と接点を持っていなか

った南米系移民への対応も少なくなかった。

　特筆すべきはカトリック浜松教会が行った食料支援と就学支援である。食料支援に関しては約2年間で500世帯以上を支援した。物資を国内外から集めることができるカトリック教会に特徴的なネットワークの広さと大量の物資を保管する空間の広さが共に備わっていたことで大規模かつ継続的な食料支援が可能になった。また、就学支援に関しては2009年2月から2010年12月にかけて100人を超えるブラジル人子弟に対応した。文科省の補助金を活用した期間もあったが、それがない時も自主財源で授業を行った。結果、約20人が日本の公立学校に入学・編入が決まり、不就学状況を回避できた(**写真1-4**)。

　これらの活動は当事者のニーズを適確に把握するためにポルトガル語やスペイン語の理解が必要であると同時に、各種の公的な制度につなげていくために高度な日本語能力も求められた。そのためカトリック浜松教会に在籍するブラジル人信者・ペルー人信者・日本人信者が協働しながら対応した。カトリック浜松教会では2005年以来、言語別のミサが行われており、異なるエスニシテ

カトリック浜松教会の学習支援（カトリック浜松教会提供）

写真 1-5

浜松教会で実施されたペルー発祥の祭り「奇跡の主」(筆者撮影)

ィの人々との接触機会は限られていたが、リーマンショックを契機にエスニシティを超えた相互交流が活発化し、一体感が向上した[14]。このように小教区では日本人と移民が顔を合わせ、協働する機会が多い。ここに地域社会における多文化共生の具体的な形がみられるのだ(**写真 1-5**)。

7. おわりに

　カトリック教会を多文化共生の担い手として見た時、どのような特徴があるだろうか。高橋典史は、宗教組織の多文化共生を二つのタイプに分類して説明している。その一つは異なるエスニシティの信者たちが共生に向けて宗教組織内の諸制度や諸実践を変化させていく宗教組織内〈多文化共生〉である。そしてもう一つが宗教組織や信者(人的資源)などをベースにしつつ、宗教組織の枠を越えて社会の公的領域における多文化共生に関与する活動を行う宗教組織外〈多文化共生〉である［高橋 2015］[15]。

カトリック教会の取り組みが宗教組織内〈多文化共生〉にとどまっている限りにおいて、それは信者以外には認知されづらく、地域の社会資源とみなされにくい。しかし、宗教組織外〈多文化共生〉を志向する時、多文化共生の担い手であると広く認知される可能性が出てくる。今日、多くのカトリック教会は様々なコンフリクトをはらみながらも、教皇庁の移住・移動者司牧評議会の指針［カトリック中央協議会 2005］や難民移住移動者委員会の諸活動に支えられながら宗教組織内〈多文化共生〉が浸透しつつある。一方、宗教組織外〈多文化共生〉は浜松市など、一部の地域で先駆的な試みが行われているが、全体からすると少数事例といえるだろう。

今後、カトリック教会が多文化共生社会の担い手として成熟していくためには、どのような変革が求められるだろうか。一つは「カトリック教会の支援力の底上げ」が重要だと筆者は考える。冒頭で述べたとおり、カトリック教会の移民支援は他の宗教教団のそれとは比較にならない質と量で展開されている。しかし地域によって対応力の差が大きい。現状では都市規模の大きい移民の集住地域に専門的な支援の拠点が設けられる傾向があるが、非集住地域においても支援のニーズは小さくない。なぜなら、移民の集住地域に専門的な支援を行うNGOやNPOなどが比較的多く存在するのに対し、非集住地域にはそれらが少なく、カトリック教会が果たす役割が相対的に大きいからだ[16]。以上のことから支援の専門性を高めつつ、対応力の地域差を低減していくことがカトリック教会の重要課題だといえよう[17]。

もう一つは、「社会がカトリック教会を多文化共生の担い手と認知すること」だ。そのために行政・国際交流協会・社会福祉協議会・NPOなどがカトリック教会との協働をいっそう促進させ、宗教組織外〈多文化共生〉を作り上げていくことが求められる。カトリックは学校、病院、社会福祉施設などを有しており、それらは多くの場合、地域社会のなかで定着した存在になっている。また、カトリック信者には町内会、自治会、民生委員・児童委員など、地域組織の顔役として活躍している者が少なくないし、複数言語・文化に馴染んだ移民の第二世代も増えてきている。これらの強みを活かした取り組みがもっと進められてしかるべきだろう。

日本において宗教組織外〈多文化共生〉が進みにくい根本的な理由の一つに政教分離の原則がある。筆者はこうした障壁を乗り越える手段として、宗教組

織が移民支援を目的とするアソシエーション[18]を宗教法人以外の法人格で結成することも有意義だと考えている。なぜなら、宗教組織を土台としつつ宗教組織とは異なるアソシエーションを併設させることで、性質の異なるソーシャル・キャピタルを同時に形成することができるからだ[白波瀬 2015]。ロバート・パットナムのソーシャル・キャピタル論を援用するならば、宗教組織は同質性を媒介にして集団内の信頼や互酬性を促し結束を強める「結束型ソーシャル・キャピタル」を形成しやすく、宗教組織内〈多文化共生〉を推進する原動力になりうる。一方、宗教組織に併設されたアソシエーションは異質性を媒介にして多様なメンバーを結びつける外交的な性質を持つ「橋渡し型ソーシャル・キャピタル」を形成しやすく、宗教組織外〈多文化共生〉を促進すると考えられる[パットナム 2001]。これらの特徴を考慮したうえで、カトリック教会が教会自らの組織を再編させていく時、「社会がカトリック教会を多文化共生の担い手と認知すること」は現実味を帯びるだろう。

[付記]

　本章の内容は 2016 年に刊行されたキリスト教と文化研究センター編『現代文化とキリスト教』に収録された拙稿「多文化共生の担い手としてのカトリック──移民支援の重層性に着目して」を大幅に加筆修正したものである。

注

1）ウォール・ストリート・ジャーナルのブライアン・マクギルの記事によれば、米国では
　人口の 25％に相当する約 8,200 万人がカトリックの信仰を持っており、全州のうち 35
　州では最大規模の宗教団体となっている［McGill 2015］。米国の移民はメキシコをはじ
　めカトリック信者の割合が高い中米出身者が多い。そのためカトリック教会はエスニッ
　クコミュニティとして、また移民支援の拠点として大きな役割を担っている。G・クリ
　スティーナ・モラはアメリカ合衆国のメキシコ系移民の第一世代の調査から、カトリッ
　ク教会が二つの再強化メカニズムを有していることを指摘している。一つはネットワー
　ク形成、技能の習得、資源の共有の機会を形成する「小集団」であり、もう一つが国民
　的な論議への感度を高め、市民参加の機会を提供する「組織的なつながり」である［Mora
　2013］

2）ライアン・アレンはアメリカ合衆国オレゴン州ポートランドにおけるカトリック難民と
　ムスリム難民の調査を通じて、前者は結束型と橋渡し型のソーシャル・キャピタルの形
　成を目的に教会を使用する対し、後者は主に結束型のソーシャル・キャピタルの形成を
　目的にモスクを使用することを明らかにしている［Allen 2010］。

3）近年、米国では白人のカトリック信者の減少・高齢化が進む一方でヒスパニックのカト
　リック信者が増加している。ピュー・リサーチセンターのマイケル・リプカによれば、
　米国のカトリック信者に占めるヒスパニックの割合は 2007 年の 29％から 2014 年の 34
　％に上昇しており、こうした傾向は今後さらに進むと予測している［Lipka 2015］。

4）移民支援を行う宗教団体は複数存在するが、教団をあげて全国規模で取り組んでいるケ
　ースはカトリック以外にはない。

5）教皇ヨハネス 23 世（在位 1958 〜 1963 年）により 1962 年に開会し、パウルス 6 世（在
　位 1963 〜 1978 年）に引き継がれて、1965 年に終了した公会議。同会議において四つ
　の憲章と、九つの教令と三つの宣言が公布された。第二バチカン公会議以来、カトリッ
　ク教会は従来の体質を刷新し、「開かれた教会」、「対話の教会」、「貧しい人々の教会」
　として再出発した［山田 2013］。

6）多文化ソーシャルワークは以下の 3 点から定義づけられている。①多様な文化的背景を
　持つクライエントに対して行われるソーシャルワーク ②クライエントとワーカーが異
　なる文化に属する援助関係において行われるソーシャルワーク ③クライエントが自分
　と違う文化と異なる環境に移住、生活することにより生じる心理的・社会的問題に対応
　するソーシャルワーク［社団法人日本社会福祉士会編 2012］。

7）谷大二は「名古屋教区、横浜教区、さいたま教区、京都教区では日本人信者を上回る移
　住信者が居住している」［谷ほか 2008：25-26］と指摘している。

8）難民移住移動者委員会は、委員長、秘書、難民・移住者・移動者に関わる 16 教区担当者、および分野別司牧担当者から構成される。具体的な運営は、それら担当者より選出される委員により行われ、年 4 回の「定例委員会」によって取り組むべき課題が決定される。また活動資金は、宗教法人カトリック中央協議会の一般会計より拠出される。同委員会は「日本カトリック司教協議会」の常設機関「社会司教委員会所属委員会」が持つ計六つの委員会のうちの一つである。

9）教区と小教区のほか、修道会も移民支援の担い手となっている。なかでもイエズス会の「イエズス会社会司牧センター」と神言会の「三河カトリックセンター」は教区、小教区、NPO・NGO とのネットワークを持ちながら移民支援を展開している。

10）支援センターの名称は、札幌教区「うぇるかむはうす」、さいたま教区「オープンハウス」、東京大司教区（東京教区）「CTIC」、横浜教区「ENCOM YOKOHAMA」、名古屋教区「共の会」、大阪大司教区（大阪教区）「シナピス」、福岡教区「美野島司牧センター」である。事業の基本方針は難民移住移動者委員会にもとづくが、スタッフの配置・待遇や実際のソーシャルワークの方法は多くの場合、教区の裁量に委ねられる。

11）対応ケースの国籍の上位 5 ヶ国はベトナム（124 件）、ペルー（105 件）、フィリピン（52 件）、アフガニスタン（51 件）、中国（50 件）となっている。

12）たとえば DV 被害にあっているケースに対しては、加害者から地理的に離れている場所に移動させることが有効な場合があり、教区を超えた連携が図られることも少なくない。

13）対応ケースの国籍の上位 5 ヶ国はフィリピン（74 件）、ウガンダ（43 件）、ナイジェリア（39 件）、日本（29 件）、ペルー（23 件）となっている。

14）カトリック浜松教会では 2005 年からポルトガル語のミサが始まり、2007 年以降は日本、ブラジル、ラテン、フィリピンの四つのコミュニティ活動が同教会内で組織されている［白波瀬・高橋 2012］。

15）高橋はこれらが必ずしも同時並行的に進展するわけではなく、いずれかに偏重する可能性があることを指摘している［高橋 2015］。

16）愛媛県で英語ミサを行うカトリック教会の調査した徳田剛は、非集住地域における外国人住民の支援セクターとしてのカトリック教会の特徴を「いざというときに頼れる場所」「開かれた場所」だと述べている［徳田 2014］。

17）非カトリック信者への支援を円滑に行うために宗教間協力をいっそう進めていくことも重要だといえよう。

18）筆者は別稿で宗教団体・宗教者と結びつきのある組織を Faith-Related Organization（略称 FRO）と呼び、その公共領域への進出状況を論じている［白波瀬 2015］。

参考文献

Allen, Ryan., 2010 "The bonding and bridging roles of religious institutions for refugees in a non-gateway context" *Ethnic and Racial Studies* 33(6):1049-1068.

星野 壮 , 2011「不況時における教会資源の可能性——愛知県豊橋市の事例から」『大正大学大学院研究論集』35: 112-118.

_____ , 2016「カトリック教会による在日ブラジル人信徒への対応 ——『カトリック新聞』の記事を中心にして」『宗教と社会貢献』6(2): 23-50.

ICMC, 2017, ICMC ホームページ（2017 年 8 月 31 日取得　https://www.icmc.net）

カトリック中央協議会 , 2001「2001 年『世界難民移住移動者の日』メッセージ」カトリック中央協議会ホームページ（2017 年 8 月 31 日取得　https://www.cbcj.catholic.jp/2001/02/02/7208/）

_____ , 2005『教皇庁移住・移動者司牧評議会指針　移住者へのキリストの愛』カトリック中央協議会 .

_____ , 2016a『カトリック教会現勢 2016』カトリック中央協議会 .

_____ , 2016b『国籍を越えた神の国をめざして　改訂版』カトリック中央協議会 .

Lipka, Michael., 2015 "A closer look at Catholic America" Pew Reserch Center（2017 年 8 月 31 日 取 得　http://www.pewresearch.org/fact-tank/2015/09/14/a-closer-look-at-catholic-america/）

McGill, Brian, 2015 "Catholicism in the U.S." Wall Street Journal（2017 年 8 月 31 日 取 得　http://graphics.wsj.com/catholics-us/）

三木英 , 2012「移民たちにとって宗教とは」三木英・櫻井義秀編『日本に生きる移民たちの宗教生活——ニューカマーのもたらす宗教多元化』ミネルヴァ書房 .

Mora, G. Christina, 2013 "Religion and the organizational context of immigrant civic engagement: Mexican Catholicism in the USA" *Ethnic and Racial Studies* 36(11):1647-1665.

日本カトリック難民移住移動者委員会 , 2005「日本カトリック難民移住移動者委員会とは？」日本カトリック難民移住移動者委員会ホームページ（2017 年 8 月 31 日取得　http://www.jcarm.com/jpn/jcarm.htm）

野上恵美 , 2016「『多文化共生』社会の実現の可能性に関する一考察——カトリック教会に集まる信者を事例に」白川千尋・石森大知・久保忠行編『多配列思考の人類学——差異と類似を読み解く』風響社 .

パットナム , R.D., 2001（1993）『哲学する民主主義——伝統と改革の市民的構造』河田潤一訳 , NTT 出版 .

白波瀬達也 , 2013「浜松市におけるベトナム系住民の定住化」『コリアンコミュニティ研究』

4: 71-79.

──────────, 2015『宗教の社会貢献を問い直す──ホームレス支援の現場から』ナカニシヤ出版.

──────────, 2016「多文化共生の担い手としてのカトリック──移民支援の重層性に着目して」関西学院大学キリスト教と文化研究センター編『現代文化とキリスト教』キリスト新聞社.

白波瀬達也・高橋典史, 2012「日本におけるカトリック教会とニューカマー──カトリック浜松教会における外国人支援を事例に」三木英・櫻井義秀編『日本に生きる移民たちの宗教生活──ニューカマーのもたらす宗教多元化』ミネルヴァ書房.

総務省, 2006『多文化共生の推進に関する研究会報告書──地域における多文化共生の推進に向けて』総務省.

社団法人日本社会福祉士会編, 2012『滞日外国人支援の実践事例から学ぶ多文化ソーシャルワーク』中央法規.

高橋典史, 2015「現代日本の『多文化共生』と宗教──今後に向けた研究動向の検討」『東洋大学社会学部紀要』52(2): 73-85.

高崎恵, 2014「日本のなかのグローバル・サウス──文明化とエスニックな教会」杉本良男編『キリスト教文明とナショナリズム──人類学的比較研究』風響社.

谷大二ほか, 2008『移住者と共に生きる教会』女子パウロ会.

徳田剛, 2012「地域社会のグローバル化におけるカトリック教会の役割──愛媛県の教会における英語ミサの実践例から」『聖カタリナ大学キリスト教研究所紀要』15: 17-30.

──────, 2014「愛媛県のカトリック系移住者・滞在者の生活課題と信仰──英語ミサ参加者への質問紙調査の結果から」『聖カタリナ大学キリスト教研究所紀要』17: 35-52.

──────, 2015「被災外国人支援におけるカトリック教会の役割と意義──東日本大震災時の組織的対応とフィリピン系被災者への支援活動の事例より」『地域社会学会年報』27: 113-126.

──────, 2016「『非集住地域』における外国人支援セクターとしてのカトリック教会」徳田剛・二階堂裕子・魁生由美子『外国人住民の「非集住地域」の地域特性と生活課題──結節点としてのカトリック教会・日本語教室・民族学校の視点から』創風社出版.

吉野航一, 2012『沖縄社会とその宗教世界──外来宗教・スピリチュアリティ・地域振興』榕樹書林.

山田經三, 2013「第2バチカン公会議と解放の神学に基づく世界の平和」『上智経済論集』58(1・2): 1-5.

第 2 章

カトリック教会による宗教組織内〈多文化共生〉を目指す試み

―在日ブラジル人の場合―

星野　壮

1. はじめに

　本章では、日本のカトリック教会における多文化共生を考えるうえで欠かせないエスニック・グループとなっている在日ブラジル人と、カトリック教会の関係を取り上げる。そしてその関係性を序章にて取り上げられた宗教組織内〈多文化共生〉、宗教組織外〈多文化共生〉という概念にて把握しようとするものである［高橋 2015］。

　手順としては、最初に日系ブラジル人（とその配偶者たち）が来日することになった経緯について説明しつつ、在日ブラジル人社会における宗教の概観を説明する。次に在日ブラジル人が増加していく日本のカトリック教会において、「多文化共生」に関わるどのような施策が展開されてきたのかを、『カトリック新聞』や筆者の調査で得られた事例から紹介していく。とくに 2000 年代に展開された「日本にあるカトリック教会の信徒の一員」であるという自覚を持たせるために展開された「長崎巡礼」や「移民 100 周年祭」が、在日ブラジル人信徒を日本に適応させるために重要な役割を担っていたことを確認する。また、

045

在日ブラジル人信徒が増加することにより始まったエスニックな行事について取り上げて、その「自立性」と「排他性」の境界が危うくなることについても触れる。最後に2008年後半以降の不況によって生じた関係性の変化を論じながら、在日ブラジル人たちとカトリック教会の今後について考察してみたい。

　ご存じのように大航海時代以降、長らく南アメリカは（カトリック国である）スペインとポルトガルの植民地であった。そのような国々のなかで、唯一ポルトガルを宗主国とするブラジルでは、換金性の高い貿易商品がすぐには発見されなかったが、代りに広大なプランテーションがもたらされた。そして19世紀末におけるブラジルの最大の輸出品はコーヒーとなっていた。このようなプランテーションの労働力として動員されたのが、ブラジルへ移民してきた者たちであり、そのなかに日本人の姿もあった。1908年より始まった日本からブラジルへの移民は、戦前から戦後にかけて、戦中の中断を除けば継続して行われた。そして彼／彼女らがブラジルに住みはじめて100年余りの月日が経過した。彼／彼女と子孫らによって形成される在ブラジルの日系社会は、海外日系社会のなかでも最大のものである。

　一方日本では戦後の高度経済成長期の掉尾を飾る1980年代に、富裕国がたどる「第三次産業」へと重心のシフトが起きた。そしてこの変化は当然ながら第二次産業を支える製造業からの労働力の流出をもたらした。このようにして、バブル期の日本は深刻な労働力不足に苦しんだ。それに対して、1980年代のブラジルは強烈なインフレに苦しんでいた。このような状況下で、日本人である（であった）移民1世を中心に、出稼ぎのために来日する南米系日系人が増加しはじめたのである。当初は、外国人労働者に対して懐疑的であった経済界・産業界も、彼らの労働態度をみるにあたり認識を改めて、日系人を労働力として受け入れることについて是認の風潮ができ上がった。そして1990年に「出入国管理及び難民認定法」（入管法）が改正された。

　この改正入管法は基本的には「不法就労者の排除」という原則を強化する性質を持っていた。ただ、それとは逆行する形で、例外として日系人（日本人である1世のみならず、2世、3世とその配偶者まで）を単純労働に動員するための在留資格を新設したものでもあった。これにより日系1世から3世とその配偶者たちが、「デカセギ」として来日するようになったのである。最も多かった時期（2007～2008年）では、30万人以上が日本に暮らしていた。

わずか20年でのこれだけの増加は、相当なインパクトを持って受け入れられた。そして日本へ移入してくるブラジル人を中心とする南米系日系人（とその家族）に対しての施策、いわゆる「多文化共生」施策が政府レベル、各都道府県レベル、集住地域の各自治体レベルで進んだ。それを後追いするように、現代日本における重要かつ注目すべき現象として、調査・研究が進んだ。

しかしながら、序章・第1章・第9章で取り上げられているように、この「多文化共生」については数多くの批判的検討がなされている。そのような批判のうちには、在日ブラジル人についての代表的研究と目されるものも含まれている。梶田孝道らは、在日ブラジル人が景気の変動に対してきわめて脆弱な立場に置かれていること、加えて在日ブラジル人のコミュニティの脆弱さを指摘した。さらに在日ブラジル人は地域社会から概して不可視の存在であることもあわせて論証され、その状況は梶田らによって「顔の見えない定住化」という言葉で表現された［梶田ほか 2005; 山本 2010］。

さて、梶田らは日本における実際の様々な在日ブラジル人コミュニティについても言及している。いわく在日ブラジル人コミュニティは「エスニック・ビジネスと宗教を中心に発展してきた」［梶田ほか 2005: 220］という。そして宗教については、①供給した行為者は外国籍住民自身ではなく外部であり、②特定の居住地域でコミュニティに属していなくても、教会という媒介を通じてコミュニティを形成しており、③教会関係団体は外国人支援など重要な役割を担っている、という3点について指摘した［梶田ほか 2005：223-32］[1]。

2. 在日ブラジル人社会における宗教

前節にて取り上げた梶田らによる在日ブラジル人と宗教についての言及だが、部分的に訂正をしなければならない点がある。たとえば①については、カトリック教会に関しては概ね正しいものの、本章で扱われる在日ブラジル人発の宗教運動が存在することを見落としてきた、もしくは触れてこなかった。またカトリックにおいても各教会における「在日ブラジル人信徒の自立性」なども指摘可能である［星野 2011a, 2011b］。

この問題を考えるにあたって、まずはブラジル本国の宗教事情を考えねばなるまい。多くの日本人は「ブラジルはカトリックの国だ」と考えがちである。

確かに図 2-1 の「ブラジルの宗教人口（2010 年）」[2]をみると、カトリック人口（1 億 2,000 万人以上、約 65％）が最上位に位置する。

ところが、カトリックのシェアは近年低下の一途をたどっている。入れ替わりに急進しているのがプロテスタントの信徒数である。山田政信によれば、ブラジル国内での信者の割合は、1980 年と 2000 年の統計によるとブラジルではカトリック信者が人口の 89％から 74％に落ち込む一方で、ペンテコステ系のプロテスタント信者は 3％から 9％に増加しているという。図 2-1 をみれば、プロテスタントの伸張はさらに著しいことが分かるだろう。とくに体験主義的で、自身のなかに聖霊を受け入れるペンテコステ派と呼ばれる教派の伸張が著しい［山田 2004］。ブラジルの日系人について考えると、仏教や新宗教といった日系宗教を信仰する者の割合が増加しているが、カトリックがマジョリティを占めることと、そのマジョリティたるカトリック信徒が減少しているという概況については、国全体の動向と同様と考えることができるようだ[3]。

このブラジル国内の状況を受けたうえで、さらに日本におけるブラジル人の宗教人口についてみてみよう。サンパウロ・カトリック大学のラファエル・ショウジは、インターネット、各種エスニック・メディアなどの情報を収集して、在日ブラジル人のためにミサや集会をポルトガル語で開いている教会の数を計

図 2-1「ブラジルの宗教人口（2010 年）」

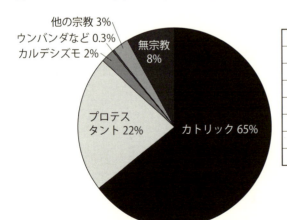

宗教	人口
カトリック	123,280,172
プロテスタント	42,275,440
カルデシズモ	3,848,876
ウンバンダなど	588,797
他の宗教	5,185,065
無宗教	15,335,510
合計	190,513,860

出典：ブラジル地理統計院ホームページより筆者作成（注 2 参照）。

算している。それが以下の**図2-2**であり、数値として書き出してみると以下のようになる[4]。

① カトリック　20.8％
② プロテスタント（ネオ・ペンテコステ派を含む）　47.0％
③ 伝統仏教　4.2％
④ 日系新宗教　25.6％
⑤ 心霊主義とウンバンダ　2.6％

日本においては、47.0％対20.8％というように、すでにプロテスタントがカトリックを上回っている。このデータはあくまで集会・ミサを開く教会の数から教勢を判断している。とはいえ、このデータからは在日ブラジル人における「カトリック離れ」が指摘されるばかりでなく、すでにカトリック信徒の方が少ない、という可能性が高いことすら分かるのである。

在日ブラジル人が集うプロテスタント教会は、日本人設立のプロテスタント教会、ブラジルの教派が日本に進出してきた教会、さらには在日ブラジル人自身の宗教運動の結実としての教会などがある［高橋ほか 2012］。山田はそのような教会のなかでも、在日ブラジル人自身が設立して、ブラジルへの逆進出をするまで教勢を伸張させた教会について取り上げている［山田 2011］。また筆者が2009年に行った調査によれば、あるプロテスタント教会の信徒の4割は、カトリックから転派してきた信徒であった［星野 2011b］。

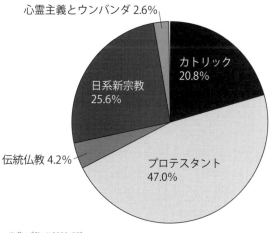

図2-2 在日ブラジル人向けに開かれている宗教施設の割合

出典：[Shoji 2008: 55]

つまり、在日ブラジル人社会においては、すでにカトリック信徒は少数派に転じているのである。

プロテスタント教会に在日ブラジル人の人気が集中するのはなぜだろうか。ショウジによれば、日本社会のなかで種々の剥奪にさらされる在日ブラジル人は、ブラジル人のためだけの空間を創出できないカトリック教会よりも、ブラジル人、もしくは場合によっては在日ブラジル人自身が牧師を務め、エスニック・ネットワークを通じて教勢を強めていき、在日ブラジル人たちが抱える危機を宗教的ニーズに結びつける装置を持ち、それらのニーズに応えることができるプロテスタント教会に通う傾向にあるとする [Shoji 2008]。山田も①ブラジルのカトリック信徒と名乗る人々の多くは名目上信徒なだけであり、実践者といわれる熱心な信徒は、全体の30％程度に限られていること、②日本のブラジル人信者に対して、日本のカトリック教会が十分な対応をしているとはいえない状況があること、③カトリックの教会組織が一般信者の自主的な活動を促しにくい構造になっていることを挙げて、在日ブラジル人たちはカトリック教会から足が遠のきつつあるという [山田 2010]。

まさに「モノエスニックな空間」ゆえにプロテスタント教会が隆盛を誇る在日ブラジル人社会において、カトリック教会が持つ意義や特徴とは何か。それはショウジが指摘した「ブラジル人のためだけの空間ではない」点にこそ求められよう。つまり序章で取り上げられた宗教組織内〈多文化共生〉の場としてのカトリック教会という点である。

「モノエスニックな空間」であるプロテスタント教会と違って、「マルチ・エスニック状態」にあるカトリック教会においては、聖職者たちが特定のエスニック・グループのみを偏重することは難しい。聖職者たちが各エスニック・グループのリーダーとなることも憚られる。よって各エスニック・グループは信徒たちの自発性にもとづいて形成される。そしてこれら複数のグループによる共生状態にある反面、個々の共同体における凝集力はそれほど高まらないのである [星野 2013]。だからこそ、カトリック教会は「モノエスニックな空間」になりにくく、移民のみならず、ホスト社会の人間（＝日本人信徒やその関係者）も巻き込んだ繋留点・結節点となりうるといえるのではなかろうか [広田 2003；山田 2011；徳田ほか 2016]。

3. 在日ブラジル人に関わるカトリック教会

3.1. 90年代から始まった宗教組織内〈多文化共生〉

　以上のような在日ブラジル人社会全体における宗教の概況とカトリック教会の特徴を踏まえたうえで、以下では90年代以降「新しい信徒」を迎えることになったカトリック教会の対応をみていきたい。資料としては、主に信徒が読者であり、週1回刊行される宗教専門紙『カトリック新聞』（以下『新聞』とする）や在日ブラジル人司牧にかかわる聖職者たちの会議資料、現場で在日ブラジル人信徒にかかわってきた担当者たちへの聞き取り調査なども踏まえながら、在日ブラジル人たちに対して、宗教組織内〈多文化共生〉のために行われてきたことを振り返っていく。

　筆者の調査により、90年の入管法改正直後から集住地に位置するカトリック教会には、在日ブラジル人信徒が集うようになっていたことが判明している［星野 2011b］。そのような現場では、初期から様々なイベントなどを行っていたことも明らかになっている。たとえば、『新聞』1990年9月16日号によれば、愛知県内の教会で「1990年8月7日、中南米から来日した日系労働者たちの集いが名古屋教区カトリック国際協力委員会主催で開かれた」という記事がある。このイベントには在日ブラジル人約60人、ペルー人20人が参加した。またイベントにはカトリック名古屋教区関係者だけではなく、仏教者たちによる支援グループも参加しており、ミサと法要が営まれている。イベントではいわゆる日本とラテンアメリカの食事の紹介などといったフード、ファッション、フェスティバルという3Fレベルでの文化紹介を超えて、就労にかかわる問題、ビザ種目の変更をどのようにすればいいか、といった日本社会における現実的な生存戦略についてもブラジル人から質問が寄せられている。

　梶田らによれば彼／彼女らは「法的資格」としては日本人子弟ではあるものの、「エスニシティ」としてはブラジル人である［梶田ほか 2005］。そのような彼／彼女らの前に、最初に立ちはだかったのが言語の壁であったことは容易に想像できる。たとえば改正直後の1991年、『新聞』上では教会における日本語教室の開催も報告されている（『新聞』1991年12月15日号）。初期からの在日ブラジル人集住地のなかに位置する群馬県内のカトリック教会では、教会敷

地内の保育園にて日本語教室（3クラス）が行われていることが書かれている。ここからは、まだポルトガル語ミサが行われていないのにもかかわらず、多数のブラジル人がミサに参加していることや、日本人信徒たちが教会内部に福祉部を設けて、言語以外にも住宅・医療など生活全般にわたって対応していることが明らかになっている [5]。

　筆者はこの時期から在日ブラジル人を含め、宗教組織内〈多文化共生〉に携わってきた司祭への聞き取りを行ったことがある［星野 2016］。司祭からの聞き取り内容を踏まえると、この時期からカトリック教会が、信徒を中心に支援策を行えた理由がみえてくる。

　聖職者のなかには、海外研修などで海外での司牧・支援に携わった経験を持つ者が少なからず存在する。また海外での司牧・支援経験がなくとも、日本でもすでにインドシナ難民や在日コリアン、そしてフィリピン人女性らに信徒がおり、そのような外国人マイノリティの司牧・支援に関わった経験を持っている人物が存在する。そして日本におけるインドシナ難民やフィリピン人女性らに対して、手厚い支援を施したセクターの一つとしてカトリック教会があり、そこでの経験が継承され、他の外国人支援へと接続されていることは、序章が明らかにしていることである。このような経験や連続性が、在日ブラジル信徒の急増に際しての宗教組織内〈多文化共生〉に大いに関係しているのである。

　ちなみにこのような言語面を中心とした支援は、現在に至るまで継続して、主に移民が集住する地域の教会にて展開されている。

3.2. 2000年代以降のカトリック教会とブラジル人

　予期されたこととはいえ、日本の少子高齢化の進展は社会に大きな影を落としている。この影は宗教集団にも大きく影響している。カトリック教会の場合も「信徒の高齢化」という問題として現れてきていることは、容易に想像できるだろう。このような認識を持つと少子高齢化に抗するために、日本のカトリック教会にとって外国人信徒はなくてはならぬ存在である、と考える聖職者たちの存在がいることも腑に落ちるはずだ。2000年代に入ると、このような意見が『新聞』紙上を賑わせるようになる。

　たとえば『新聞』2001年3月25日号では、「外国籍信徒の統計」と題して、全国・各教区での外国人信徒の概算結果（2000年）が掲載されている。それに

よると、全国の日本人カトリック信徒総数が44万1,906人なのに対して、外国人信徒が40万6,972人としており、同数に近づいていることが指摘される。教区単位で考えると、横浜教区、名古屋教区、浦和（現さいたま）教区、京都教区では、すでに外国人信徒が日本人信徒の数を上回っている、としている。ちなみに在日ブラジル人信徒は19万2,999人であり、当時の外国人信徒数のトップに立っている。そして2005年3月6日号になると、「信徒100万人時代の到来」として、日本人信徒と外国人信徒をあわせて「日本のカトリック教会の信徒」として位置づけようとしていることを、より鮮明に打ち出した記事なども見られるようになる[6]。

　このような記事からは、集住地の教会における外国人信徒、とくに本論での対象である在日ブラジル人信徒のプレゼンスが増大していっていることも読み取れよう。在日外国人信徒の増大は「恐れ」ではなく「恵み」である。これは今に至るまで宗教組織内〈多文化共生〉に従事する聖職者たちに通底する意識でもある。

　ポルトガル語によるミサが可能な聖職者たちが、この時期に増加したことも見逃せない。そのような聖職者たちは日本国内の状況に応じて、全世界にまたがる修道会ネットワークを通じて来日してくる。日本の聖職者たちも、ブラジルに赴いてポルトガル語での司牧を経験して帰国して、在日ブラジル人の司牧担当となっていった[7]。このような努力の結果、ポルトガル語で司牧可能な司牧者数は、2000年には19人であったが、2008年には31人に増加した[8]。またこのような海外派遣や人材招聘を通じて、海外、とくにブラジルのカトリック教会とのコネクションが強化された。たとえばこの時期、ブラジル・カトリック教会司教団のなかにある、在外ブラジル人司牧担当者との（情報交換や人材協力などの）交渉が頻繁になされていたことが分かっている[9]。

　教区単位における施策の展開が可能となった。それに関連して司牧者の数が増加した。これらの変化は、何を生み出したのか。それはさらなる在日ブラジル人信徒の増加、そして各教会でのブラジル人信徒共同体の成長という事実である。当然のことであるが、ポルトガル語での司牧可能な聖職者の増加は、そのままポルトガル語のミサの増加につながる。自分たちの母語でのミサが、今まで地域で月に1回のみポルトガル語ミサが開かれていたところで、月に複数回開かれるようになる。このような状況が在日ブラジル人にとって歓迎される

ものであったことは、疑いようがない。

4. 長崎巡礼と移民 100 周年祭のインパクト

　カトリック教会は「恵み」である在日ブラジル人をはじめとした外国人信徒をどのように迎え入れようとしていたのか。それを説明するうえで重要な示唆を与えてくれる 2000 年代の事例を二つほど取り上げよう。

　一つ目の事例が、「外国人（主に在日ブラジル人）子弟の長崎巡礼（2007 年）」である。戦国時代、有力武将たちがカトリックに帰依して以降、長崎は日本のカトリック信仰の中心地であった。戦国時代後期から江戸時代にかけてのキリシタン弾圧は、誰もが歴史の授業で学ぶところであるし、遠藤周作の小説などでも有名なところだ。その後幕末から明治初期にかけても弾圧され、そして太平洋戦争末期には原爆を投下された。それらすべてを乗り越えて、長崎は現在も日本のカトリック信仰の歴史を伝える場所である［長崎巡礼センター編 2008］。

　筆者がインタビューしたブラジルへ移民した一世であり、現在日本で移民の支援に従事するシスターは、長崎五島列島のカトリック信徒の家に生まれた。彼女はこの長崎巡礼の企画者の 1 人である。彼女は以下のように言う。

　　全国のブラジル人コミュニティに声をかけて、とにかくいろんな所から、長崎に集合しました。ブラジル人コミュニティの青年たちを対象に、日本のカトリック教会の歴史っていうものを、迫害をこえて、信仰を残してきた人がいたんだよ、ということをはっきり伝えたかったのです。

　巡礼の様子は『新聞』にも記載されている。それによると、2008 年の移民100 周年を祝う行事の第一弾として、2007 年 4 月 29 日、30 日に長崎巡礼は行われた。さいたま、東京、横浜、名古屋、京都、大阪、広島の 7 教区から司牧者と信徒、400 人以上が参加した。一行は長崎平和記念公園、原爆資料館、永井隆資料館、26 聖人殉教地などを巡り、日本のカトリックの歴史について学んだという。そして大浦天主堂と浦上天主堂で両日共にミサが行われた。在日ブラジル人の参加者からは、「迫害を知った今、こうやってイエスに祈ることができることに感謝」「信仰が深まった」といった声が聞かれた[10]。

第2章　カトリック教会による宗教組織内〈多文化共生〉を目指す試み

写真 2-1

2008年移民100周年祭でのミサ（筆者撮影）

　翌2008年には、日本からブラジルへの移民100周年に関わる、多くの記念行事が日伯両政府を筆頭とした公的機関、さらには民間団体などを主体として展開された。そしてその一環として100年前に日本からの出移民を乗せた笠戸丸がブラジルに向けて出航した神戸にて、大規模な「移民100周年祭」（**写真2-1**）が行われた。そこでは記念にミサが行われた。ミサが行われるためにはカトリック教会から司祭らが赴いていなければならない。すなわちこの「移民100周年祭」は、カトリック教会の尽力にも支えられて行われたのである。

　「移民100周年祭」の主催者は関西のNPOであった。このNPOの設立に関わった経験を持つ吉富志津代によれば［吉富2008］、神戸にあるカトリックたかとり教会を拠点として、吉富とともに外国人子弟教育支援に携わってきた、あるブラジル人女性M氏が設立したブラジル人自助組織である。2007年11月からM氏らは他の市民団体のみならず、兵庫県や神戸市とも協議を続け、

055

無事に移民100周年祭が挙行されることになった。イベント自体は2008年4月12日からスタートし、2008年4月27日に最終日を迎えた。

最終日の記念式典は、メリケンパークでのミサからスタートした。在日ブラジル人信徒は、地元の大阪教区から信徒が参加したほか、さいたま教区ほか在日ブラジル人信徒が多く居住する教区から訪問団が組織され、バス数台に分乗して数百人単位でこのミサに参加したという。ミサを司式した当時のさいたま教区司教で、当時カトリック難民移住移動者委員会委員長であった谷大二は、その説教のなかで「多民族・多文化の日本になっていくこと」と「（日本のカトリック）教会は、（外国人信徒によって）信徒数が2倍となり、多民族共生の共同体となっている」ことを強調したという。参加したブラジル人たちの声も、『新聞』で紹介されている。たとえば静岡在住の日系二世の在日ブラジル人信徒は、「ここからうちのおやじが、（ブラジルに）行ったんだなあと思って」と述懐している[11]。

前出のシスターによれば、長崎巡礼を企画・実行したことと、移民100周年祭へ参加したことの目的は、まずは①在日ブラジル人の多くである、日系ブラジル人の「ルーツ」である日本を確認させるということと、②そのルーツでありホスト社会である、日本におけるカトリックの歴史理解を深めてもらうことにあったという。そして③今自分たち在日ブラジル人が日本にてカトリック信徒として存在する意味を考えてもらう、つまり日本において個人的な信仰が強化されるだけではなく、日本のカトリック教会に信徒として通い、教会の信徒共同体の成員となることを意識してもらいたい、と願っていたという。まさに宗教組織内〈多文化共生〉のために行われたといっても過言ではないことが分かる。

100周年記念祭当日にミサを司式した谷大二は、彼の著作のなかでも「「日本人の教会」から「日本にある教会」へという認識を日本人も外国人も持たなければならない」と述べている［谷ほか2008］。日本に自身のルーツを持っている人間が「日本にある教会」の一員となることを、件のシスターは企図していたといえるだろう。

彼女によれば、「われわれの先祖がどこから旅立ったのか知ることができてよかった」など、感謝の意を示した信徒が多かったという。筆者のインフォーマントのなかにも、再度長崎巡礼を行って、日本にて在日ブラジル人信徒とし

て生きる意味をより深く考えるようになった、という人物が存在する。

　在日ブラジル人の信徒たちは、これらの試みによって同じ信仰を持つ者たちが殉教した場所、自分の親・祖父母が旅立った場所といった、日本のカトリック信徒にとって、また在日ブラジル人にとってきわめて重要な場所との邂逅を果たすことになった。在日ブラジル人信徒たちの語りから考えれば、シスターが目指した目的は一定程度成就したといえるだろう。

5. エスニックなイベントの両義性？

　1990年から10年ほどの期間、在日ブラジル人信徒たちも日本のカトリック教会に適応するための実践を積み重ねてきた［星野 2011b］。その展開過程を仮に成熟化と呼ぶとすれば、その成熟化は「自立性」とも「排他性」とも言い得る性質をともなって果たされてきたように考える。換言すると、「在日ブラジル人」「デカセギ」という均質的なエスニシティに根ざした教会内でのエスニック・グループが、成員の増加、経験の蓄積などによって自立した信仰を含めた諸活動を活発化させていく時期が、ちょうど2000年代だということができよう［星野 2016］。以下ではそのような諸活動のなかでも、「フェスタ・ジュニーナ」と呼ばれる祝祭について考えたい。

　ブラジルでの祝祭というと、リオ・デ・ジャネイロで行われるものがとくに有名な「カーニバル（謝肉祭）」であろう。それに対して、いわゆる世にいう「収穫祭」として位置づけられるのが、6月末のフェスタ・ジュニーナ（邦訳で「6月の祭」）である。厳密には6月24日、複数の聖人たちを祀るのにあわせて賑やかに行われる［八木谷 2003：164-172］。宗教的でありつつも世俗的な祝祭とも表現可能である。現在日本の集住地に存在する多くの教会で行われているが、早いところでは1990年代、大半の教会は2000年前後にスタートしたと推測される[12]。

　多くの教会でフェスタ・ジュニーナ（**写真 2-2**）は、まずは在日ブラジル人信徒たちの独力で始まる。しかしながら、徐々にエスニック・メディアや口コミを介して非信徒たちも集うようになると、来場者数が増加し、出店数も増加していく。このような展開のなかで、在日ブラジル人信徒は互いに協力しながら紐帯を強めていく。また、日本人や他のエスニック・グループの信徒や聖職

写真 2-2

2009年愛知県某市におけるフェスタ・ジュニーナの様子（筆者撮影）

者たちの協力も仰ぐようになっていった。

　上記のような展開を踏まえ、レジーナ・マツエはフェスタ・ジュニーナ実行過程を在日ブラジル人信徒にとって、日本での種々の剥奪体験を補う、カウンター・アイデンティティとも換言できそうな威信獲得過程であると論じている［Matsue 2006］。筆者も愛知県の教会における調査にて、同様に捉えうる傾向を看取している。筆者は調査を通じて、フェスタ・ジュニーナ実行過程とは、威信獲得過程であることに加えて、在日ブラジル人信徒の増加とそれによる信徒共同体の巨大化、信徒共同体内の紐帯強化、そして日本人信徒や他のエスニック・グループとのコンタクト増加による、融和過程であると考えた［星野 2011b］。

　このようにマツエや筆者は、主にブラジル人信徒側からの語りから考察を進め、フェスタ・ジュニーナは、在日ブラジル人信徒共同体にとって、成長に向

けてのターニングポイントともなりうる、と捉えてきた。ところが聖職者や日本人信徒は、フェスタ・ジュニーナに対して異なったまなざしを向けている可能性がある。

たとえば前述のシスターによれば、フェスタ・ジュニーナの際には「ブラジル人と日本人の間に入って、非常に苦労した」ことをよく覚えているという。彼女は日本人信徒からは「ブラジル人はいつもうるさいが、フェスタの時はさらにうるさい」と言われ、逆にブラジル人からは「日本人もあんなにお祭りでは賑やかじゃないか。それなのになんで私たちのフェスタを賑やかにやることが許されないのか」と言われたという。また非カトリックの地域住民が賑やかに展開されるフェスタを疎み、教会にクレームを寄せることもあったという［星野 2016］。

つまり、①フェスタ・ジュニーナの実行過程は、在日ブラジル人信徒にとっての威信獲得過程であった。しかしながら同時に②フェスタの時は、在日ブラジル人と日本人の間のコンフリクトが生成、もしくは潜在的なコンフリクトが顕現する過程でもあり、聖職者がコーディネーターのように日本人信徒と在日ブラジル人信徒の間でふるまう状況もあった。さらに③カトリック信徒ではない地域住民への対応は常に課題であり続けたが、とくにフェスタの時はその対応に追われた、となろう。

つまり、威信獲得といった信徒共同体の自立性を確立するベクトルを持ったフェスタ・ジュニーナの実行過程は信徒たちが自立していく過程でもあり、聖職者にとっても歓迎すべきものであるように考えられる。しかしながら同時に他のエスニック信徒共同体や地域住民との間に生じかねないコンフリクトを、どのように回避すべきかといった課題を突きつけられる過程でもあった。

つまりホームランドに由来するイベントは、コンフリクトが誘発されることで、教会内でのエスニック境界が顕在化してしまう危険をはらんだ機会でもあった。また事例からは教会と地域社会の間に断絶が生じてしまう危険性をも看取された。宗教組織内〈多文化共生〉における、難しい舵取りが要求された局面といえるだろう。

6. 不況のなかでの宗教組織外〈多文化共生〉

　2008 年後半に入ると、移民 100 周年という祝祭の雰囲気が、これまた「100年に一度」と形容される世界的不況により雲散霧消した。同年 10 月後半以降、不況にともなう「派遣切り」が社会問題としてクローズアップされたが、その際にとくに取り上げられた事例が、製造業で派遣雇用されている在日ブラジル人に対してのものである。多くのブラジル人がハローワーク、公団住宅の抽選会場、自治体窓口・地域国際交流協会、NPO・ボランティアによる日本語教室などに詰めかける様子がメディアを賑わせていた。

　このような苦境のなかで、信徒／非信徒の壁を越えて、解雇された在日ブラジル人に対して食料・物資などを無償で渡すような支援は全国、とくに集住地の各小教区で行われていた。これは『新聞』でも繰り返し言及されてきたし、集住地各地における筆者のインフォーマントの多くが指摘する事実である [13]。

　このようななかで、豊橋市では自治体とも連携を深める非宗教的な在日ブラジル人グループ（NPO 法人）によって、困窮するブラジル人への物資支援プロジェクトが立ち上がった。その際に在日ブラジル人が困窮する同胞を救うために物資を募る窓口として、また困窮するブラジル人たちに対して物資を供給する窓口として機能したのが、カトリック教会を中心とする宗教組織であった。NPO 法人における在日ブラジル人のリーダーによれば「困ったときに宗教にすがるのは当たり前だから、自然に思いついた」取り組みということである。この事例は非常時における公私連携モデルとしても、また本章の関心に即せば宗教組織内〈多文化共生〉のノウハウが宗教組織外〈多文化共生〉に敷衍していったモデルとしても、きわめて興味深い事例だといえるだろう [星野 2011a]。

　また、白波瀬達也と高橋典史が紹介する浜松教会での取り組みも画期的である [白波瀬・高橋 2012] [14]。食料・物資支援は継続して行われてきたが、在日ブラジル人信徒子弟を中心とした大規模な学習支援を行ったのは、管見の限り浜松教会だけである（第 1 章を参照のこと）。

　浜松教会における学習支援が実行されるための諸資源は、人的資源を中心に多くは教会と信徒に多くを依りつつも、協働した機関からももたらされた。従来は教会内で完結させてきたことを考えれば、画期的といえるだろう。

ここではブラジルに帰国する子弟を対象にした授業がブラジル政府の認可の下で展開され、廃校となったブラジル人学校で働いていた者たちが教師として採用された。この時期におけるエスニック・ビジネスの窮状を考察するうえで、エスニック・スクールであるブラジル人学校ほど適切な事例はない[15]。このカトリック教会における支援は、月謝を払えなくなって不就学に陥ったブラジル人子弟と家庭には教育の場を、ブラジル人学校の縮小にともない、その職を失っていたブラジル人教師たちに対しては、一時的に職を提供することにもなった。この事例もまた、公私連携の事例としても、また宗教組織内〈多文化共生〉が宗教組織外〈多文化共生〉へと結びついた事例としても興味深い。

7. おわりに

　本章では在日ブラジル人信徒の置かれている概況を示しながら、彼／彼女らと共生するためになされてきた宗教組織内〈多文化共生〉の試みに注視する形で、在日ブラジル人とカトリック教会の関係をみてきた。カトリック教会が持つインドシナ難民などへの支援の経験が、在日ブラジル人との共生局面にも生かされたこと、またエスニックなイベントが持つ両義性などが明らかになった。

　2008 年の不況後に展開された施策からは、その宗教組織内〈多文化共生〉の経験が宗教組織外〈多文化共生〉へと結びつくことが事例から明らかになったといえるだろう。教会内では、日本人信徒の高齢化や現象に際して、「恵み」として外国人信徒を捉えながら、日常的実践として常に共生することが義務づけられているといってよい。そのような教会内の状況は、実は地域における宗教組織外〈多文化共生〉におけるアクターとしてのカトリック教会の可能性を養っているという側面がある。

　しかしながら、カトリック教会の持つそのような潜在的な力が発露したのは非常時だからである、ともいえる。つまり平時から地域における多文化共生のアクターとしてふるまうようなことは、他の NPO などに比べればあまりみられない[16]。地域社会におけるカトリック教会の認知度や、地域社会とカトリック教会との関係性もケースバイケースである。地域社会と教会の連携がより良い形でなされるには、その地域の特色や日本特有の宗教への忌避感、また政

教関係の問題も介在するため、一筋縄ではいかない。とはいえ本章や本書で取り扱われる事例は、その連携がなされた時の結実の豊かさの一端を指し示している。

　在日ブラジル人が増加しはじめてから四半世紀を超えたが、いまだにカトリック教会内部では、ブラジル人などの外国人信徒を迎えるべく、様々な試行錯誤が続けられている。これを一般社会に簡単に敷衍することは容易ではない。しかし、外国人信徒を迎える「難しさ」と「可能性」など、我々がカトリック教会から学ぶことは予想以上にあると考えることもまた、できるのではなかろうか。

［付記］
　本章は本文中に適宜引用した拙稿、とくに星野［2016］をもとにして改稿されたものである。

注

1）筆者としては、梶田らによる見解に概ね賛同する。ただし「宗教は外部から供給された」という点については本章の内容からも異なると考えている。

2）グラフ・数値表ともにブラジル地理統計院による国勢調査（CENSO）より筆者が作成した（http://censo2010.ibge.gov.br、2017年6月アクセス）。

3）ブラジル地理統計院による国勢調査（CENSO）より（http://censo2010.ibge.gov.br、2017年6月アクセス）。

4）ちなみにここでのカテゴリーの訳出は、ショウジのものをほぼ直訳している。

5）ちなみにこの教会では1991年12月3日より、ポルトガル語のミサを行うようになったという記述もみられる。

6）ただしこの外国人信徒の総数は、あくまでカトリック教会側の「想定」である。これはその地域に住む外国人の総数に、各国におけるカトリック信徒の割合を掛け合わせて算出している。つまり各教区で詳しく調査し「実情」を正しく反映した数値を算出しているわけではない。外国人信徒の算出方法については、（外国人人口）×（出身国におけるカトリック信徒割合）という計算方法にて算出している旨を公表している（『新聞』2003年9月7日号）。

7）筆者の調査のなかで、さいたま教区の新任神父、そして名古屋教区のベテラン神父がそれぞれブラジルに赴いた後、帰国して在日ブラジル人の司牧を担当している。また『新聞』にもその事実を伝える記事が掲載されている。たとえば『新聞』2005年7月24日号では、「体験を外国籍信徒の司牧に生かす」として、横浜教区のある神父がブラジルに派遣されたことを伝えている。

8）資料「在日ブラジル人司牧者と協力者の集い」より。

9）たとえば2006年から8年の間では、ブラジルのカトリック教会と日本のカトリック教会が何度となくコンタクトをとっていたことが分かっている（資料「在日ブラジル人司牧者と協力者の集い」より）。『新聞』紙上でも2001年10月28日号や2006年7月16日号に、両カトリック教会の交流が果たされたことが掲載されている。

10）『新聞』2007年5月13日号。

11）『新聞』2008年5月4日号。

12）『新聞』1999年8月1日号、2001年7月22日号では、刈谷教会（愛知県・名古屋教区）で1999年6月28日と2001年6月24日に、フェスタ・ジュニーナが行われたことが書かれている。1999年のフェスタ・ジュニーナですでに「8回目」であるから、刈谷教会は1992年から行っていることになる。

13）たとえば『新聞』2009年1月18日号では、浜松教会（静岡県・横浜教区）と深谷教会（埼

玉県・さいたま教区）での事例、同 2009 年 4 月 9 日号では高田教会（新潟県・新潟教区）、同 2009 年 5 月 31 日号では太田教会（群馬県・さいたま教区）での支援の様子が描き出されている。

14）白波瀬・高橋［2012］のもととなった調査については、筆者も一部同行・参加している。

15）たとえば『静岡新聞』2009 年 4 月 23 日号には、「「外国人学校に支援を」関係者、窮状訴え　浜松」といった記事がある。

16）平時からなされる事例としては、日本人信徒やブラジル人信徒の協働によってなされる炊き出し活動が挙げられよう。多くの教会にて展開されているが、とくに浜松教会での事例が有名である［白波瀬・高橋 2012］。

参考文献

広田康生, 2003『エスニシティと都市〔新版〕』有信堂高文社.

星野 壮, 2011a「不況時における教会資源の可能性——愛知県豊橋市の事例から」『大正大学大学院研究論集』35: 112-118.

_____, 2011b「在日ブラジル人カトリック信徒の共同体について——豊橋市の事例より」『宗教学年報』26: 39-51.

_____, 2013「日本に居続けることの意味——在日ブラジル人聖職者たちの語りより」『宗教学論集』32: 25-49.

_____, 2016「カトリック教会による在日ブラジル人信徒への対応——『カトリック新聞』の記事を中心にして」『宗教と社会貢献』6（2）: 23-50.

梶田孝道・丹野清人・樋口直人, 2005『顔の見えない定住化——日系ブラジル人と国家・市場・移民ネットワーク』名古屋大学出版会.

Matsue, R., 2006 *Religious Activities among the Brazilian Diaspora in Japan: The Cases of the Catholic Church, Sekai Kyuseikyo and Soka Gakkai*, Ph. D. Dissertation to the Graduate School of Humanities and Social Sciences of University of Tsukuba.

長崎巡礼センター編, 2008『ザビエルと歩くながさき巡礼——巡礼地案内マニュアル』長崎文献社.

白波瀬 達也・高橋典史, 2012「日本におけるカトリック教会とニューカマー——カトリック浜松教会における外国人支援を事例に」三木英・櫻井義秀編『日本に生きる移民たちの宗教生活』ミネルヴァ書房.

Shoji, R., 2008 "Religiòes entre Brasileiros no Japao: Conversão ao Pentecostalismo e Redefinicàç Ètnica," *REVER* 8: 46-85.

高橋典史, 2015「現代日本の「多文化共生」と宗教——今後に向けた研究動向の検討」『東

洋大学社会学部紀要』52 (2): 73-85.

高橋典史・李 賢京・星野 壮・川崎のぞみ, 2012「グローバル化する日本の宗教――日本宗
　　教の海外進出と外来宗教の到来」高橋典史・塚田穂高・岡本亮輔編『宗教と社会のフ
　　ロンティア――宗教社会学からみる現代日本』勁草書房.

谷 大二ほか, 2008『移住者と共に生きる教会』女子パウロ会.

徳田 剛・二階堂 裕子・魁生 由美子, 2016『外国人住民の「非集住地域」の地域特性と生活
　　課題――結節点としてのカトリック教会・日本語教室・民族学校の視点から』創風社
　　出版.

八木谷 涼子, 2003『キリスト教歳時記――知っておきたい教会の文化』平凡社.

山田政信, 2004「ブラジルにおけるネオペンテコスタリズムの伸展」『宗教研究』78 (3):
　　785-806.

＿＿＿＿, 2010「在日ブラジル人の宗教生活」駒井洋監修『ラテンアメリカン・ディアスポラ』
　　明石書店.

＿＿＿＿, 2011「デカセギ・ブラジル人の宗教生活――エスニック・ネットワークの繋留点
　　としてのブラジル系プロテスタント教会」三田 千代子編『グローバル化の中で生き
　　るとは――日系ブラジル人のトランスナショナルな暮らし』上智大学出版.

山本かほり, 2010「『多文化共生施策』が見落としてきたもの――経済不況下におけるブラ
　　ジル人」『JICA 横浜海外移住資料館研究紀要』5: 33-44.

吉富 志津代, 2008『多文化共生社会と外国人コミュニティの力――ゲットー化しない自助組
　　織は存在するか？』現代人文社.

第3章

日本におけるインドシナ難民
の地域定住と宗教の関わり
—ベトナム難民の事例を中心に—

高橋 典史

1. はじめに

　ビルマ（ミャンマー）のロヒンギャ難民、シリアなどの中東諸国やアフリカ諸国からの難民など、難民問題は今なお解決の糸口すらみえない全人類共通の喫緊の課題であり、その深刻さは増している。世界第3位のGDP（国内総生産）を有している日本は、他の先進諸国とは異なり、在日外国人労働者（移民労働者）への施策が不十分であるだけでなく、こうした難民問題についても非常に冷淡かつ消極的である。しかし、そうした自国だけを例外として据え置くような態度をとり続けることは、今後はますます難しくなっていくことだろう。

　現在では難民問題との結びつきが微弱となっている日本ではあるものの、ベトナム戦争の終結後に発生したインドシナ難民を一定数受け入れ、国内定住させたという歴史も有している。一般社会においては忘れられつつあるこのインドシナ難民の日本での受け入れとその定住への宗教の関わりについて、今あらためて検討することは、大きな社会的意義があるだろう。

　1975年、東西冷戦体制下で20年近くにわたって続いたベトナム戦争は、南

ベトナムのサイゴン陥落とともに終結した。その年、ベトナム、ラオス、カンボジアのインドシナ三国は社会主義体制へと移行していったが、それにともなう政情不安のなかで数多くの人々が難民化して国外へと流出した。膨大な量の難民たちは、海路もしくは陸路で住み慣れた故郷を離れて国外へと逃れていった。前者のタイプの難民は「ボート・ピープル」、後者のタイプのものは「ランド・ピープル」と呼ばれた。1970年代後半から80年代にかけては、日本にもボート・ピープルが上陸した。そして、現在の難民受け入れの状況と比較するならば、かなり多くの難民が来日し、今の日本社会にはこうした難民にルーツを持つ人々が暮らしている。

　ベトナム戦争の惨禍の記憶が生々しく、ボート・ピープルが大量に発生した時期には世界中がインドシナ難民の問題に関心を寄せたものの、その後は人々の耳目を集めなくなっていった。日本もその例外ではなく、当時の難民受け入れの経験は一般社会において忘却されつつある。ましてや、そうした難民の受け入れと彼／彼女らの日本での定住支援において、宗教界が大きな役割を果たしてきたという事実は、当事者以外にほとんど知られていない。

　以下、本章では、次節で他の西側諸国におけるインドシナ難民の受け入れと定住への宗教の関与の概要を紹介する。そのうえで、日本国内のインドシナ難民、とりわけベトナム難民[1]の一時庇護と地域における定住化のプロセスにおいて、宗教組織やその関係者たちが果たした役割を検討することにより、難民問題における公的機関や他の民間組織とは異なる宗教特有の特徴を明らかにしたい。

2. 冷戦下の西側諸国におけるインドシナ難民の受け入れ

　1970年代以降、四半世紀にわたって故国を離れていったインドシナ難民の数は300万人以上ともされ、そのうち250万人ほどが第三国定住（母国を逃れた難民たちを別の国が受け入れて定住させること）をしていったという。インドシナ難民の第三国定住は、冷戦下おいて共産主義体制と対抗する資本主義陣営の旗手であったアメリカ合衆国（以下、「米国」と略す）を中核とする西側諸国によって行われた。1975～1995年の期間に関する国連難民高等弁務官事務所（UNHCR）による統計によれば、最大規模のものが約82万人を受け入れた

米国であり、続いてオーストラリアとカナダがそれぞれ約13.7万人、フランスがおよそ約9.5万人、イギリスが約1.9万人であった［国連難民高等弁務官事務所2000］。ちなみに、日本の第三国定住の受け入れ総数は1万1,319人であり、そのうち約8割がベトナム人である。

　カナダのケベック州モントリオールにおける調査をもとにした研究によれば、当地のベトナム難民には、多数派の仏教徒のほかにも、カトリック、カオダイ教、祖先崇拝、プロテスタント諸派、憑霊信仰などの信者がおり、ボート・ピープルとしての移動や難民キャンプでの収容といった苦難の経験の過程において、宗教が生の意味づけや希望をもたらした結果、人々の信仰心が強化されたという。さらに、定住先の社会において宗教は、難民たちのエスニック・アイデンティティを維持・強化し、エスニック・コミュニティの形成を促してきたことも指摘されている［Dorais 2007］（カナダと日本のベトナム系移住者たちの宗教については、第4章でも詳しく取り上げられている）。

　それでは、受け入れ社会側の既存の宗教組織は、到来する難民たちにどのように関与したのだろうか。ここでは、難民の受け入れ数の多かった米国、オーストラリア、フランスの状況を紹介したい。

　ベトナム戦争に参戦して南ベトナムを支援した米国は、戦争終結後、自由主義陣営の正当性を国際的に示す意図もあって、南ベトナムからの難民を大量に受け入れた。1975年のサイゴン陥落直後に米軍に保護されて米国に到来したベトナム難民の多くは、中産階級以上の教育水準の高い層であり、こうした難民たちは宗教団体を中心とする民間団体による英語習得、子どもへの教育、就労等の支援を受けて全米各地に定住していった。そして、各地域社会においてもキリスト教会や地元コミュニティが、難民たちの新たな環境への適応のための支援を積極的に行った。なお、その後に米国へ逃れてきたボート・ピープルを中心とするベトナム難民は、心身に後遺症を持っていたり、教育水準や英語の能力にハンディキャップを持っていたりする者も多かったため、社会適応に困難を抱えるケースも少なくなかったという［国連難民高等弁務官事務所 2000：90］。

　そもそも移民国家である米国では、20世紀初頭のユダヤ系の亡命者からその後の難民の受け入れや定住の支援において、宗教組織、とりわけキリスト教を中心とする宗教団体が大きな役割を果たしており、インドシナ難民のケース

も同様であった［Fein 1987；Nawyn 2006］。たとえば、ワシントン州オリンピア市では、カトリック系、バプティストやメソジストなどのプロテスタント系の10以上の教会が連合組織を作り、各教会で難民の生活支援を行う身元保証人（スポンサー）を募って、彼／彼女らが難民たちと公的機関等との間の橋渡しを行った。その後1980年代になると、難民支援の専門的な民間団体や当事者のエスニック・アソシエーションが成長していったため、それらの組織が支援活動を引き継いでいったという［野津 2007：20, 21-24］。その他、テキサス州ヒューストンについても、カトリックのカリタス、YMCA、国際救援委員会（IRC）、プロテスタントやユダヤ教の団体や教会等がインドシナ難民の定住支援を行ったとする報告がある［Ebaugh and Chafetz 2000：29］。

　次にオーストラリアについて取り上げよう。米国と同様に移民国家であるオーストラリアは、19世紀以来、白豪主義政策（白人を優先して有色人種の移民を排除する政策）をとってきたが、20世紀後半になると人種・民族的な多様化という社会の変容を受けて、1970年代からは多文化主義（multiculturalism）へと大きく舵を切ることとなる。それとほぼ時を同じくしてインドシナ難民の大量受け入れという事態に直面する。当初、政府は難民に対して政府が直接介入するのではなく、他の移民集団と同じようにヴォランタリー組織としてのエスニック・コミュニティによる自助を促す方針をとっていた。しかしながら、ベトナム難民のように新来で小さなコミュニティしかない集団にはそのような力はなかったため、結果的に政府による定住促進のための公的支援を拡充させることとなったという［関根 1988］。

　こうしたオーストラリアにおけるベトナム難民の定住支援に関しては、米国と比べるならば、宗教団体よりも「エスニック・コミュニティの自助＋政府による公助」が顕著であった傾向を看取できる。とはいえ、仏教や祖先崇拝を信仰していた難民と比べて、カトリック信者であった難民は、オーストラリアに既存の信仰の拠点（教会）が存在していたため、教会組織を通じたホスト社会側の社会生活へのアクセスがスムーズであったとされる［Viviani 1984：147］。

　最後にフランスに関しても言及しておきたい。インドシナ難民の多くは北米やオーストラリアなどの英語圏へ向かったが、インドシナ半島東部を植民地化した歴史を有するフランスやそのほかドイツなどのヨーロッパ諸国に第三国定住した人々もいた。移住先に親類縁者や同郷ネットワークが存在していたり、

フランス語などの言語能力を有していたりする一部の者たちが、そうした国々へ向かうことを選んだという（なお、他国と比べて、カンボジア人やラオス人の難民の割合が高いことが、フランスの特徴である）。フランスのインドシナ難民の傾向性としては、受け入れ側社会に住む親類などの身元保証人を頼った移住が多く、新たな社会への適応は本人と親族の個々の努力に委ねられてきた点が指摘されている（もちろん、政府からの公的補助金を受けた赤十字などの各種の民間組織による支援も行われたのだが）［宮島 1994］。

　以上、インドシナ難民の第三国定住を受け入れた主な国々の状況を紹介してきた。宗教の関与という点では、国によってかなり事情が異なっていることが分かるだろう。それでは、日本についてはどうであったのだろうか。次節以降、日本におけるインドシナ難民の受け入れと定住のプロセスへの宗教の関わりを取り上げよう。

3. 日本のインドシナ難民の受け入れと宗教界

　日本が一時庇護として受け入れたボート・ピープルの総数は約 1.4 万人であり、その大半は西側諸国へ移住し、そのうち約 4 分の 1 が日本に定住した。それ以外の経路で来日した難民も含めた 1 万 1,319 人が、日本が公的に定住者として受け入れたインドシナ難民の総数である（そのうち約 8 割がベトナム人であった）（**年表 3-1**）。

　さて、先行研究によれば、日本のインドシナ難民の受け入れのプロセスの変遷は、大きく三つの時期に分けられるという。第一の時期（1975 〜 1979 年）には、ボート・ピープルとして直接入国したり、日本や他国の船籍のタンカー等によって救助されたりした難民たちが、欧米諸国への第三国定住を前提に日本の民間一時滞在施設に滞在し、身柄の引き受け先が見つかり次第出国する、という形態がとられていた。続く第二の時期（1979 〜 1989 年）は、日本でも定住枠が設定されるようになった期間であり、ボート・ピープル、海外の難民キャンプから来日する定住希望者、ベトナムからの家族の呼び寄せ、日本の元留学生・元研修生など、到来する人々の背景が多様化していく。ボート・ピープルは大村難民一時レセプションセンターや民間一時滞在施設を経由した後に、国際救援センター（東京都品川区）、大和定住促進センター（神奈川県大和

年表 3-1　日本のインドシナ難民関連年表

1975 年	サイゴン陥落、ベトナム戦争終結
同年 5 月	日本に最初のボート・ピープルが上陸、一時滞在が認められる→「民間一時滞在施設」の設置へ
1978 年	日本政府は一時滞在中の難民の定住を認める
1979 年 7 月	日本政府は難民 500 人の定住枠を設定
同年 11 月	政府の委託を受けたアジア福祉教育財団が難民事業本部（RHQ）を設置、定住促進事業の開始
同年 12 月	難民事業本部、姫路定住促進センター（兵庫県姫路市）開設（〜 1996 年）→この時期もボート・ピープルは相次いで増加しており、民間一時滞在施設は満杯の状況に
1980 年 2 月	難民事業本部、大和定住促進センター（神奈川県大和市）開設（〜 1998 年）
1982 年 2 月	難民事業本部、大村難民一時レセプションセンター（長崎県大村市）開設（〜 1995 年）
1983 年 4 月	難民事業本部、国際救援センター（東京都品川区）開設（〜 2006 年）
1989 年	インドシナ難民国際会議において包括的行動計画（CPA）が採択され、スクリーニング制度を導入
1994 年	ボート・ピープルの減少にともないスクリーニング制度を廃止、以降、新規の難民の来日は激減
＊その後の動き	
2003 年 4 月	条約難民の支援を開始
2006 年 3 月	国際救援センター閉所
同年 5 月	RHQ（国際難民事業本部）支援センター（東京都新宿区）開所

参照：［荻野 2013］、難民事業本部ウェブサイト：http://www.rhq.gr.jp/japanese/profile/outline.htm（2017/11/30 閲覧）をもとに著者作成

市）、姫路定住促進センター（兵庫県姫路市）などで数ヶ月間の日本語教育と就労先の斡旋を受けて、各地に定住していった。インドシナ難民の受け入れ事業が終焉を迎える第三の時期（1989 〜 1994 年）も、受け入れから定住までの流れは第二の時期と同様だったが、いわゆる「偽装難民」などを防ぐためのスクリーニングの制度が導入された結果、ボート・ピープルの上陸審査等が厳しくなり、受け入れを許可される難民の数も制限されていった［荻野 2013］。

　こうした難民の受け入れから定住までの流れのなかで、民間組織が深く関与したものは一時滞在施設の設置と運営である。一般的に「難民キャンプ」と呼ばれた同施設は、難民として来日した人々が第三国定住するまで一時的に庇護することを目的とし、日本政府と連携した UNHCR が民間組織へ委託した事業だった。そのため、滞在中の難民の生活費・医療費・交通費等は、UNHCR側が負担していた（負担額のおよそ半分は日本政府より支出されていた）。

それでは、なぜ宗教組織はこうした一時庇護事業に関与したのだろうか。当時、地方自治体を含めた行政サイドには提供できる用地や施設の余裕はなかったため、カトリック系の援助・福祉機関「カリタスジャパン」や有力な仏教系新宗教の一つである立正佼成会などがそれに積極的に協力し、「政教分離原則」の法的な壁はあるものの、連携を築いていったとされている［大家 2017］。以下に当時のインドシナ難民関連の施設数を挙げておく。

○難民キャンプの一覧（1983 年 1 月現在）
　カリタスジャパン所属計：20 ヶ所
　日本赤十字社所属計：11 ヶ所
　立正佼成会所属：1 ヶ所
　天理教所属：1 ヶ所
　アジア福祉教育財団関連（難民事業本部）：2 ヶ所（姫路定住促進センター、大村難民一時レセプションセンター）
　＊日本赤十字社所属にも宗教関連組織あり
　　　　　　　　　　　　　　［カトリック難民定住委員会編集委員会編 2001：143-144］

　ここでは、カトリック教会と立正佼成会の二つの主要な宗教組織を取り上げて、その具体的な事業の内容について詳しく見ていきたい。

3.1. カトリック教会

　「ローマ・カトリック教会」とも呼ばれるカトリック教会は、普遍性や全体性を理念とするキリスト教の代表的な一派であり、バチカン市国の教皇庁のトップにいるローマ教皇を最高権威として全世界に約 12.7 億人（2014 年 12 月末時点）もの信者を擁する[2] 世界最大規模の宗教集団である。日本のカトリック教会がインドシナ難民の支援に関わった背景には、いくつかの要因がある。そもそも世界各地に信者が多数存在し、教皇庁を中心に国際的なネットワークを有する巨大組織であるカトリック教会は、とくに現代世界への積極的な適応と協調を打ち出した第二バチカン公会議（1962 ～ 1965 年）以降、社会活動に積極的に取り組むようになり、国際カリタスのような国際的な NGO の枠組みも構築し、各地にその支部を設置するようになっていた。それゆえ、日本のカ

トリック教会でも、日本政府が正式にインドシナ難民支援に着手する以前から、グローバルな救援活動に関与していたのである（詳しくは第1章も参照されたい）（**年表 3-2**）。

　それに加えて、ベトナムにおけるカトリック教会の歴史も看過できない。そもそもベトナム人の大半は日本と同様の大乗仏教を信仰する仏教徒であり、カトリックを中心とするキリスト教徒は少数派である。だが、フランスの植民地支配の影響もあって、カトリック教会はベトナム社会に浸透しており、とくに第二次世界大戦後の南北分断の時代には、共産主義を標榜する北ベトナムと対立する南ベトナムにおいて、カトリック教会の教勢が拡大した。ベトナム戦争終結後は、社会主義体制下におけるカトリック信者への迫害・抑圧が強まったため、信仰問題を理由とする難民が多数発生する事態となった。それゆえ、国外流出したベトナム難民のなかにはカトリック信者がかなり多く含まれており、たとえば日本国際社会事業団による調査報告には、難民としてベトナムから来

年表 3-2　日本のカトリックによる難民・移民支援の年表

1970 年 1 月	カリタスジャパンの設立、国際支援活動の開始
1973 年 11 月	カリタスジャパン、ベトナム救援募金運動の開始
1975 年 5 月	カリタスジャパン、ベトナム難民の引き受け開始 ＊当時の難民受け入れの要請の流れ：UNHCR →国際カリタス移住委員会→カリタスジャパン
同年 6 月	カリタスジャパン、第 87 大盛丸に救助されたベトナム難民を援助
1977 年 4 月	カリタスジャパン、第 1 回ベトナム難民施設担当者連絡会議を開催（9 施設 22 名）、この頃より全国各地に一時滞在施設が設置されていく（1980 年代後半〜 1990 年代前半まで運営）
1982 年 3 月	全国カトリック・ボランティア連絡協議会発足
1983 年 4 月	「滞日アジア人女性を支える会」（仮称）発足（翌年 5 月、「滞日アジア人女性と連帯する会」に改称、さらに 1988 年に「滞日外国人と連帯する会」に改称）
1986 年 8 月	第 1 回カトリック・ベトナム人大会開催（姫路）
1989 年 4 月	「滞日外国人と連帯する会」、「外国人労働者とともに生きる－物から人へ－」アピールを発表
1990 年 7 月	カリタスジャパン、インドシナ難民ほか福祉活動に対して「外務大臣賞」を受賞
1992 年 6 月	アジアにおける移住者と難民の司牧に関する会議開催（教皇庁と FABC 共催）
1993 年 1 月	社会司教委員会「国籍を越えた神の国をめざして」発表

参照：［カトリック難民定住委員会編集委員会編 2001］、日本カトリック難民移住移動者委員会ウェブサイト：http://www.jcarm.com/jpn/jcarm.htm（2017/11/30 閲覧）をもとに著者作成

日した人々のうち、約 42% が仏教徒、約 39% がカトリック信者であったことが記述されている［日本国際社会事業団 1985］。

このような背景により、カトリック教会は世界各地でインドシナ難民の支援を行っただけでなく、異国において生きていくことを選択したベトナム難民にとっては、各地の教会がベトナム人のコミュニティ形成の中核となり、エスニック・アイデンティティやベトナム文化の保持・継承の場としての役割を果たしてきたのである。こうして日本のベトナム系住民の集住地域のカトリック教会には、ベトナム人のコミュニティが形成されてきた。他方で、ベトナム人仏教徒の組織化はそれほど進んでこなかったとされる [3]。

次に挙げるように、カトリック教会では日本各地で難民キャンプを運営して多数の難民を庇護しただけでなく、日本政府により設立されたアジア福祉教育財団の内部組織である難民事業本部が運営した姫路定住促進センター、大和定住促進センターの用地確保においても便宜を図ったとされる［大家 2017］。

○カトリックの主な難民キャンプの受け入れ数の例

藤沢難民キャンプ（神奈川県藤沢市、1976 年 5 月〜 1984 年 12 月）：延べ 404名（第三国定住 378 名、日本定住 26 名）

小長井難民宿舎（旧・長崎県北高来郡小長井町、現・同県諫早市小長井町、1976年 9 月〜 1978 年 4 月、1979 年 9 月〜 1986 年 10 月、1989 年 6 月〜 1990 年 6 月）：延べ 789 名（第三国定住 418 名、日本定住 297 名、強制送還 74 名）

なぐさめの聖母の家（大分県臼杵市野津町、1978 年 5 月〜 1986 年 1 月）：延べ380 名（第三国定住 241 名、日本定住 139 名）

カトリック柏崎教会（新潟県柏崎市、1980 年 4 月〜 1994 年 9 月）：延べ 2,188名（1,732 名という記述も）

［カトリック難民定住委員会編集委員会編 2001］

3.2. 立正佼成会

次に立正佼成会の事例を紹介しよう。仏教系（法華系）新宗教を代表する教団の一つである立正佼成会は、庭野日敬（開祖）が長沼妙佼（脇祖）とともに1938 年に創立し、第二次世界大戦後の高度経済成長期に急速に教勢を拡大させた。その後、法華経の理念のもと、宗教間対話・平和活動のほか、各種の社

会活動を精力的に展開してきた教団としても知られている。以下に立正佼成会におけるインドシナ難民の一時庇護事業の開始までの経緯を年表形式（**年表3-3**）で記しておく。

　こうした立正佼成会によるインドシナ難民の一時庇護事業の着手の背景としては、第一に、そもそも当時の教団が、開祖庭野日敬のリーダーシップのもと、信仰上の理念にもとづいた社会活動へ積極的に参加しようとする志向性を強く持っていた点を指摘できるだろう。第二に、当時の立正佼成会が、すでに世界宗教者平和会議（WCRP）を通じて日本政府の関係者や国内外の諸アクターとのネットワークを構築していたことも重要である。第三に、これは曹洞宗や臨済宗などの他の仏教系団体によるインドシナ難民支援にも共通する傾向性であるが、当時の日本の仏教者たちには東南アジアの仏教国への共感を抱いていた人々がいたことも、こうした活動に少なからず影響していると推察される［高橋2016a］。

　ここで立正佼成会が運営していた難民キャンプの具体的な活動内容について紹介しておきたい。立正佼成会の難民キャンプは、小湊教会（旧・千葉県天津小湊町、現・同県鴨川市）、若狭教会高浜法座所（福井県大飯郡高浜町）の2ヶ所があったが、後者は短期間で閉所した（1978年3月まで）。その後は小湊教会のものに一本化されて、1994年の閉所まで事業が行われた。難民キャンプ

年表 3-3　立正佼成会による難民受け入れの流れ

1970 年 10 月	第 1 回世界宗教者平和会議（WCRP）開催（京都）
1976 年 3 月 31 日	ベトナム沖を航海中の日本タンカー船がボート・ピープル 34 名を救助、日本政府は入国を認めて受け入れ先を探し、国連、外務省を通じて立正佼成会の庭野日敬へ受け入れ要請、「宗教者として人道的立場」から受け入れを決意
1976 年 11 月	第 1 回アジア宗教者平和会議（ACRP）開催（シンガポール、大会会長：庭野日敬）→庭野日敬大会会長の発議によるインドシナ難民支援が決議、WCRP が具体的な支援活動を実行へ
1977 年 1 月	WCRP インドシナ難民救済委員会が難民救済活動を開始
1977 年 2 月	カリタスジャパンの難民キャンプ（聖心の布教姉妹会藤沢修道院）に訪問して情報収集 →周辺自治体（天津小湊町、鴨川市、勝浦市）、病院、保健所、警察、消防、地元への説明および協力要請
1977 年 4 月	南シナ海で日本船に救助されて三重県四日市市に上陸したボート・ピープル計 34 名を受け入れ

参照：青木健蔵 1999『インドナシナ難民受入 18 年の歩み』（個人資料）、『佼成新聞』1977 年 4 月 15 日号、世界宗教者平和会議（WCRP）日本委員会ホームページ：http://saas01.netcommons.net/wcrp/htdocs/（2017/11/30 閲覧）をもとに著者作成

では、滞在中の衣食住の支援、子どもたちの学習支援、就労支援、スポーツやベトナムの年中行事や地域社会との交流イベント等の開催のほか、教団関係の施設への訪問や信者たちとの交流イベントなども催されていた（ただし、難民キャンプ内では、立正佼成会の信仰や宗教活動を入所者に強いるようなことがないように留意していたという）。1977～1992年の期間に受け入れた難民の総数は468人であり、それに加えて8人が施設内で出生した。このうち半数以上が日本へ定住した。難民キャンプを出所後、日本各地で地域定住することとなった人々のなかには、教団のネットワークを通じた就職先の斡旋、子どもの学校問題や地域住民とのトラブルの解決などの支援を受けた者たちもいたという［高橋2014］。

　以上、本節ではカトリック教会と立正佼成会の事例を中心にして、インドシナ難民の一時庇護事業への宗教組織の関わりについて論じてきた。両教団の事例から分かるように、宗教組織による難民受け入れは、ある時唐突に始まったわけではなく、そうした活動に着手する条件や要請がすでに教団内に存在していたという点が重要である。本書のキーワードを用いて説明するならば、宗教組織外〈多文化共生〉的な活動であるインドシナ難民の一時庇護事業は、教団外の公共領域における社会活動（とくに国際的な活動）への高い関心と組織的な取り組みの先行的な実績を有する教団において決断、実行されたといえるだろう。

4. ベトナム難民の地域定住における宗教の役割

　前節では、主にインドシナ難民の第三国定住までの一時庇護事業への宗教組織の関わりについて取り上げた。それでは、日本定住の道を選んだ人々は、そのまま各地の地域社会にスムーズに適応していったのであろうか。もちろん、そうした例も存在するが、慣れない異国の地での暮らしのなかで様々な困難に直面した人々も少なくない。公的支援が不十分であり、その他の民間のセーフティーネットも未成熟な状況にあった日本での生活において、宗教が難民たちにとって貴重な資源となってきた点は注目に値する。

　日本におけるベトナム難民の地域定住のパターンとしては、関西や関東の都

写真 3-1

埼玉県越谷市にあるベトナム仏教寺院「南和寺」（著者撮影）

市近郊に集住する傾向がみられる。その主な要因としては、姫路定住促進センター（兵庫県姫路市）、国際救援センター（東京都品川区）、大和定住促進センター（神奈川県大和市）の存在がある。それらの施設の出所者たちが、製造業を中心とする下請けの中小・零細企業が集中し、かつ家賃の比較的安い住宅が多い近隣地域に集まって定住していったのである。すなわち、①仕事、②安価な住宅、③交通の便、④エスニック食品を扱う商店、⑤ベトナム系住民のネットワーク、⑥宗教施設（とくにカトリック教会）[4]、⑦生活保護の受けやすさ、といった諸要素により、ベトナム難民たちの集住地域が形成されていったという。また、社会的ネットワークや仕事・住居の情報をもとにして、より良い生活環境を求めて移動（「再移住」）する傾向もみられるとされる［川上 2001］。本章では、こうした指摘に該当する地域の具体的事例について紹介したい（**写真 3-1**）。

078

4.1.「支援者」と「難民」の協働：静岡県浜松市の事例

　東海圏を代表する工業都市であり、「外国人集住都市」の代表的な都市の一つである静岡県浜松市は、1990年代以降ブラジル人を中心とする南米系出身者に向けた多文化共生事業を展開してきたことでも知られている。ただし、浜松市およびその周辺地域にはベトナム系住民も一定数在住しており、彼／彼女らが当地に集住するようになったきっかけはベトナム難民たちの地域定住であった。ブラジル系住民などと比べると、人口規模としては小規模ではあるものの、難民キャンプ、難民を雇用する中小企業、公営団地等の廉価な住宅等の存在により、難民同士の情報ネットワークを通じて国内の他地域からの移住者（国内再移住者）が増加して現在に至っている（表3-1）。

　浜松市およびその近隣地域とベトナム難民との接点は、1970年代後半にまでさかのぼる。旧・静岡県引佐郡細江町（現・浜松市北区）には、日本赤十字社からの委託により、プロテスタント系の社会福祉法人聖隷福祉事業団が設置・運営した難民キャンプ「愛光寮」（1977～1984年）があった。難民の一時庇護事業の実施期間中に愛光寮が受け入れた難民は計246人にのぼり、多くが欧米諸国へ移住したものの、そのうちの数十名が浜松市内に直接定住した。愛光寮では、そうした人々の地域定住に向けた就職斡旋等の取り組みも行っていた［村田1983；愛光寮記念誌編集委員会編1984］。

　この難民キャンプとの関わりをきっかけにして、その後のベトナム難民たちのコミュニティの中心となっていったのがカトリック三方原教会（以下、「三方原教会」と略す）である。1978年に浜松市北区三方原に設立された三方原教会は、近隣に愛光寮があったため、創設期の頃からベトナム人たちと交流していた。そして、浜松に定住したベトナム難民のカトリック教徒が集う教会となっていった［カトリック三方原教会1988］。1980年代後半にはベトナム人信者が日本人信者とほぼ同数となり、1990年代後半には前者が後者を上回るほどになる［白波瀬2013］。2017年現在、三方原教会は、同市内にある鷲の宮教会の

表3-1　静岡県浜松市の外国人住民の人口（2017年9月1日現在、単位は「人」）

市総人口	外国人住民数	ブラジル	フィリピン	中国	ベトナム	ペルー	韓国	インドネシア	その他
807,130	22,463	8,818	3,562	2,504	1,998	1,703	1,191	783	1,904

出典：浜松国際交流協会『HICE NEWS』No.376（2017年10月号）をもとに筆者作成。

写真 3-2

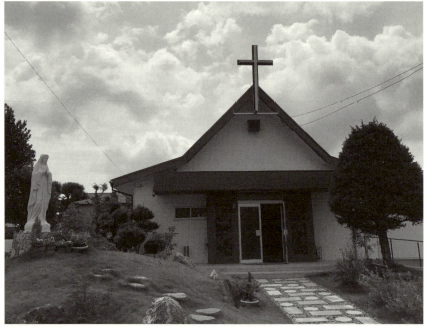

静岡県浜松市に所在するカトリック三方原教会（著者撮影）

巡回教会となっており、主任司祭はベトナム人神父である。信者の大半はベトナム系住民であり、呼び寄せ家族・留学生・技能実習生など、その背景も多様化している（**写真 3-2**）。

　三方原教会は、地域のベトナム難民にとって信仰の面で重要であっただけでなく、地域定住における支援と互助の拠点でもあった。そこには、愛光寮の閉所後の 1980 年代半ばより、難民の定住のための相談支援を担当してきた難民定住相談員 A さん（日本人女性、ソーシャルワーカー）と難民として来日した篤信のカトリック信者の B さん（浜松での定住当初の仕事は自動車工場のプレス工）という 2 人のキーパーソンが存在する。

　難民定住相談員である A さんによる主な支援活動は、日本語学習（免許の取得支援なども含む）、家庭の生活相談、就労支援（雇用先の紹介）、子どもの教育支援（進路指導など）、ビザや帰化の申請、就職や賃貸住宅の契約の際の保証人

など、多岐にわたるものであった。支援の開始初期からAさんとBさんの協力・連携のもと、Bさんがリーダーとしてベトナム人コミュニティをまとめつつ活動が進められてきた。

難民当事者たちによる互助も重要視していたAさんは、1986年頃にBさんたちと「静岡県ベトナム人協会」を設立する。エスニック・アソシエーションである同協会は、三方原教会を拠点にして、①ベトナム難民に向けた相談や支援、②ベトナム人同士や日本人との交流、③ベトナム人に向けた教育・学習、といった活動を展開することで、現在に至るまでベトナム系住民の地域定住をサポートしてきた。カトリック教会を拠点としてはいるものの、非信者の人々も参加する組織である点も注目に値する。

ちなみに、静岡県ベトナム人協会の現状は、参加者300名以上であり、主な活動としては、①地域との交流活動（サッカー、文化イベント等への参加等）、②行政等との連携（文化庁や浜松国際交流協会（HICE）の委託事業である日本語学習・母語学習・学習支援等）、③次世代のリーダーの育成（ロールモデルとして若い世代をまとめていける人材の育成）などが挙げられる［西崎2016］。

4. 2.「難民」から「支援者」へ：埼玉県川口市の事例

埼玉県川口市は、埼玉県の南東部に位置し、荒川を挟んで東京都足立区・同北区と隣接している。近代以降、鋳物産業で栄えた地域であり、映画『キューポラのある街』の舞台としても知られている。鋳物関連の中小企業が多かったため、1980年代半ばからインドシナ難民の雇用先になってきた[5]。近年は中国人を中心に外国人住民の数が急増しており、川口市とそれに隣接する蕨市にはトルコ系のクルド人が集住していることも知られている（**表3-2**）。

川口市内に所在するカトリック川口教会（以下、「川口教会」と略す）では、当時の神父の取り計らいによって1980年代初めからベトナム難民の家族たち

表3-2 埼玉県川口市の外国人住民の人口（2017年1月1日現在、単位は「人」）

市総人口	外国人住民数	中国	韓国・朝鮮	フィリピン	ベトナム	トルコ	ネパール	タイ	ブラジル
565,506	29,989	17,741	3,017	2,346	2,322	1,009	491	279	270

出所：川口市企画財政部企画経営課ウェブサイトをもとに著者作成。
https://www.city.kawaguchi.lg.jp/soshiki/01020/010/toukei/13/2778.html(2018/3/7閲覧)

が集うようになり、日本人信者も彼／彼女らの地域での生活を支援した。その後、フィリピン人信者等も増加して多国籍教会になっていき、1990年代には多文化共生関連の取り組みを積極的に行うなどして、現在に至っている。1990年代に川口教会の主任司祭を務めた元さいたま教区長の谷大二司教は、こうした社会状況にあわせて姿を変えていく教会のあり方を「旅する教会」と呼んだ［カトリック川口教会創立50周年記念実行委員会 2003］。

　現在の川口教会は、難民をルーツに持つ人々だけでなく、信者／非信者を問わず、留学生や技能実習生などの若いベトナム人たちが多数集うようになっている。それゆえ、教会へ足を運ぶ人々のなかで日本での生活に困難を抱えがちなのは、来日してから日の浅い若者たちが中心となっている。川口教会でこうした新たな「同胞」を支援しているのは、難民として日本へやってきた2人のキーパーソンである。

　現在の主要な支援者となっているシスターのCさん（女性）と一般信者のDさん（男性）は、それぞれの経緯は異なるものの、共にボート・ピープルとして来日した。両者とも、2000年代後半から、若いベトナム人たちが数多く集うようになっていたものの、ベトナム人コミュニティをまとめるリーダーが不在だった川口教会に関わるようになる。2人は、教会をベースにしてベトナム人の若者たちを支援している（カトリックの信仰は問わない活動であり、SNS等の情報を通じて多くの人々が訪れてくる）。そこでは、行政とのやり取りや医療機関への受診等の生活上の支援が行われてきただけでなく、若者たちを教会のベトナム人関連のイベントや交流活動などへ巻き込むことにより、彼／彼女らに異国での「居場所」が提供されてきた［高橋 2016b］。その他、子ども向けの学習支援や青年向けの日本語教室なども開かれている。

4.3. インドシナ難民の精神的ケアに関わる宗教

　苛烈な迫害等を受ける「難民」という経験は、しばしば心身に深刻なダメージをもたらす。無事に国外へと逃れることができたとしても、故国とは言語・文化・習慣等が大きく異なる社会で生きることを強いられる難民たちには、うつ病やアルコール依存症など、深刻な精神疾患に苦しめられる人々も少なくない。精神疾患等を有するエスニック・マイノリティは、ホスト社会への適応が難しいだけでなく、同胞たちのコミュニティ内においても周縁化され、排除さ

れていく傾向があるという［金 2017］。そして、欧米の移民研究の成果においては、移民たちが関わる宗教が彼／彼女らに対して精神的・感情的にポジティヴな影響を与えることが指摘されている［Kivisto 2014：54-56］。

そうした困難を抱えたベトナム難民たちへの支援に関しては、カトリック系の「社会福祉法人 フランシスコの町 あかつきの村」（群馬県前橋市）の事例が注目に値する。故・石川能也神父により 1970 年代末に活動を始めたこの施設は、1980 年代初頭から「ベトナム難民定住センター」を設置し、心身のサポートを必要とする人々に向けたグループホームを提供するなどの難民支援を行った（1982 ～ 1999 年）[6]。

また、異国に定住することを決意した難民たちは、移住先での生活が長くなっていくにつれて、高齢化、そして死の問題に直面せざるを得なくなる。インドシナ難民の死者たちの埋葬と慰霊の場を提供しているものとしては、浄土宗善然寺（神奈川県藤沢市）の例がある。善然寺では、大和難民定住促進センターなどの働きかけにより、1987 年に当時の住職がインドシナ難民に向けた供養の場として墓地の提供を開始した。同墓地には、ベトナム、ラオス、カンボジアの 3 ヶ国の関連団体の人々が関わってきた。それらの人々の寄付によって納骨堂を拡張した 2016 年 5 月時点で、すでに約 50 の遺骨が埋葬されており、3 ヶ国の有志たちが月 1 回交代で清掃を担当するなどして管理していく方針であるという（『朝日新聞』2016 年 5 月 23 日横浜版・朝刊）[7]。

本章で紹介してきたように、日本におけるインドシナ難民の歴史において宗教組織ないしその関係者たちは、ボート・ピープルらの一時庇護等に関与した。さらに、その後の難民たちの地域定住の支援にも深く関わっており、現在ではその支援の対象も多様化している。そこで注目すべきなのは、そうした活動は特定の信仰を強いるようなものではないものの、宗教活動と一部が重なり合ってきたという点である。こうした現場において「宗教」は、草の根の支援を担う人々に動機づけとそれを実践する場をもたらしてきただけでなく、それに関わる多様な人々の間の縁も紡いできたのである。

5. おわりに

　本章では日本におけるインドシナ難民の受け入れと定住の過程において、宗教が果たしてきた役割について論じてきた。そこで明らかになった特徴としては、まずは信仰上の理念によって支えられた人道的立場にもとづき、困難に直面した多様な人々へ迅速に対応する宗教組織やその関係者たちのありようを指摘できる。また、国外からの難民・移民への支援や多文化共生に関わる公的支援が未整備であり、かつそれに関連する専門的な民間組織も未成熟であった時期において、宗教が果たした役割は非常に大きかったといえる。さらに、カトリック教会のような地域社会に所在する宗教施設が、難民や移民たち自身のコミュニティを形成する場を提供してきたことも確認できた。

　これらの特徴から判断するならば、インドシナ難民の一時庇護と地域定住に関わってきた宗教は、総体としては、R. パットナムのいう「結束（結合）型」と「橋渡し（架橋）型」双方の特徴を持つソーシャル・キャピタル［パットナム 2006］の醸成を促してきたといえる[8]。そして、とくにカトリック教会をベースにした支援は、宗教組織の外部に向けた社会活動として単純に一括できるものではなく、いわば宗教組織内〈多文化共生〉の取り組みに支えられた宗教組織外〈多文化共生〉の実践として、現在まで続けられてきたとみなせるだろう。

　だが、宗教による難民や移民への支援には限界がある点も理解しておく必要がある。そもそも、日本社会には政教分離原則という憲法上の壁が存在するだけでなく、一般の人々の間には宗教に対する無関心・無理解・警戒心が色濃く存在する。実際のところ、数ある宗教組織や宗教者たちのうち、難民や移民との多文化共生の問題に関わっているのはごく一部にすぎない。また、そうした問題に積極的に関わってきた宗教組織においても、実際に関与しているのは一部の宗教者や信者であり、その多くは専門的な支援組織ではないがゆえに、少数の人材の個人的な尽力・献身に依存する傾向もみられる。さらに、難民当事者たちのなかで支援を行う宗教組織やその関係者へアクセスできるルートも限定的であり、すべての難民が上述のようなソーシャル・キャピタルの恩恵を受けられるわけではない。

もちろん、そうした限界や課題があったとしても、現在の日本国内の難民支援における宗教界の存在感は依然として大きい。たとえば、カリタスジャパン、日本カトリック難民移住移動者委員会、カトリック東京国際センター、イエズス会社会司牧センターなどのカトリック系の諸組織は、新たにやってくる難民への支援に尽力しており、プロテスタントの日本福音ルーテル社団、超教派の難民・移住労働者問題キリスト教連絡会といった組織もある。難民の国内での受け入れや支援にきわめて消極的である日本において、様々な困難に直面して脆弱な立場にある難民申請者や庇護希望者たちへの多面的な支援を行っている宗教に社会はもっと目を向ける必要がある。そのうえで求められるのは、支援活動を一部の人々に押しつけるのではなく、市民社会と宗教界の連携をよりいっそう深めていくことによって、日本へ逃れてきた難民たちとの「共生」に向けた取り組みを広く社会のなかに広げていくことだろう。

［付記］

　本章の第 3 節および第 4 節 4-2 は、［高橋 2014, 2015, 2016a］（第 3 節）と［高橋 2016b］（第 4 節 4-2）の該当個所の内容をもとに新たに構成したものである。また、本稿は、2015-17 年度 JSPS 科研費 15K21408（若手研究（B））「ベトナム難民の日本定住における宗教組織の役割に関する研究」（研究代表者：高橋典史）による研究成果の一部である。

注

1）本章では、滞在資格や国籍等を問わず「難民」という形態で来日したベトナム出身者とその子孫たちのことを便宜的に「ベトナム難民」と総称する。

2）『カトリック新聞』2016年3月20日参照。

3）日本におけるベトナム難民と宗教との関わりについては、[川上 2001; 戸田 2001：野上 2010] および第4章参照。なお、近年のベトナム人仏教徒たちの組織的活動の活発化については、以下も参照されたい。釈心智・吉水岳彦 , 2016,「路上生活者「支縁」における在日ベトナム仏教信者との協働について」『M ネット』188: 16-17.

4）そうした地域としては、神戸市長田区や神奈川県大和市と横浜市にまたがる「いちょう団地」がよく知られており、当地に所在するカトリック教会はベトナム難民のコミュニティ形成に大きな役割を果たしてきた。神戸市長田区のカトリックたかとり教会については、第4章において詳しく取り上げられている。

5）1989年の新聞報道によれば、当時の川口市内のインドシナ三国の出身者の数は、ベトナム人 110 人、カンボジア人 40 〜 50 人、ラオス人 10 人とされている（『朝日新聞』1989年4月2日神奈川版・朝刊）。

6）以下の資料を参照した。『キリスト新聞』1987年2月21日、『読売新聞』1987年10月19日朝刊、『朝日新聞』2016年1月24日東京版・朝刊。「社会福祉法人 フランシスコの町 あかつきの村」ウェブサイト：http://akatsuki.christian.jp（2017年11月30日閲覧）を参照。

7）ベトナムでは土葬が基本であるものの、日本において土葬が可能な墓地は非常に少ないため、遺体や火葬した遺骨を本国へ送ったり、遺骨を自宅に置いておいたりするケースもあるという。また、葬式や墓地への懸念から、高齢になったベトナム系住民がベトナムへ帰国するという例もあるとされる［文化庁文化部宗務課 2013：38-39］。

8）もちろん、ソーシャル・キャピタルには、外部者の排除や個人の自由の制限などのネガティヴな側面もある点［Portes1988: 15-18］は常に念頭に置く必要がある。

参考文献

愛光寮記念誌編集委員会編 , 1984『愛光寮記念誌』日本赤十字社静岡県支部聖隷福祉事業団 .

文化庁文化部宗務課 , 2013『在留外国人の宗教事情に関する資料集──東南アジア・南アジア編』文化庁文化部宗務課 .

カトリック川口教会創立 50 周年記念実行委員会 , 2003『カトリック川口教会創立 50 周年記念誌「日から日へ 50」1953 -2003』カトリック川口教会 .

カトリック三方原教会 , 1988『み国の来たらんことを』カトリック三方原教会 .

カトリック難民定住委員会編集委員会編 , 2001『難民とともに――1975 年～ 2000 年』カトリック難民定住委員会 .

Ebaugh, Helen Rose and Janet Saltzman Chafetz,2000 *Religion and the New Immigrants: Continuities and Adaptations in Immigrant Congregations,* AltaMira Press.

Dorais, Louis Jacques 2007 "Faith, Hope and Identity: Religion and the Vietnamese Refugees", *Refugee Survey Quarterly,* 26(2): 57-68.

Fein, Helen 1987 *Congregational Sponsors of Indochinese Refugees in the United States, 1979-1981: Helping Beyond Borders,* Fairleigh Dickinson University Press.

川上郁雄 , 2001『越境する家族――在日ベトナム系住民の生活世界』明石書店 .

金 泰泳 , 2017『在日コリアンと精神障害――ライフヒストリーと社会環境的要因』晃洋書房 .

Kivisto, Peter 2014 *Religion and Immigration: Migrant Faiths in North America and Western Europe,* Polity Press.

国連難民高等弁務官事務所 , 2000『世界難民白書』時事通信社.

宮島 喬 , 1994「フランスにおけるインドシナ難民――その受入れと社会編入をめぐって」加藤節・宮島喬編『難民』東京大学出版会 : 81-111.

村田哲康 , 1983「ベトナム難民援護事業実践の現状と課題――聖隷福祉事業団ベトナム難民援護施設愛光寮の事例を通して」『社会福祉研究』32: 55-59.

Nawyn, Stephanie J. 2006 *Making a Place to Call Home: Refugee Resettlement Organizations, Religion, and the State,* Doctoral Dissertation, Faculty of the Graduate School, University of Southern California.

日本国際社会事業団 , 1985『我が国におけるインドシナ難民の定住実態調査報告』社会福祉法人日本国際社会事業団 .

西崎 稔 , 2016「静岡県西部における在日ベトナム人への支援活動と今後の課題――ベトナム難民とその家族、技能実習生、留学生に対する支援の立場から」『M ネット』188: 14-15.

野上恵美 , 2010「在日ベトナム人宗教施設が持つ社会的意味に関する一考察――カトリック教会と仏教寺院における活動の比較」『鶴山論叢』10: 41-56.

野津隆志 , 2007『アメリカの教育支援ネットワーク――ベトナム系ニューカマーと学校・NPO・ボランティア』東信堂 .

荻野剛史 , 2013『「ベトナム難民」の「定住化」プロセス――「ベトナム難民」と「重要な他者」とのかかわりに焦点化して』明石書店 .

大家重夫 , 2017『シリア難民とインドシナ難民――インドシナ難民受入事業の思い出』青山社 .

パットナム，R. D. , 2006（2000）『孤独なボウリング——米国コミュニティの崩壊と再生』柴内康文訳, 柏書房 .

Portes, Alejandro 1998 "Social Capital: Its Origins and Applications in Modern Sociology", *Annual Review of Sociology*, 24:1-24.

関根政美 , 1988「インドシナ難民とオーストラリア」川口浩・渡辺昭夫編『太平洋国家オーストラリア』東京大学出版会 : 169-192.

白波瀬 達也 , 2013「浜松市におけるベトナム系住民の定住化」『コリアンコミュニティ研究』4: 71-79.

高橋典史 , 2014「宗教組織によるインドシナ難民支援事業の展開——立正佼成会を事例に」『宗教と社会貢献』4（1）: 1-25.

＿＿＿＿＿＿ , 2015「現代日本の「多文化共生」と宗教——今後に向けた研究動向の検討」『東洋大学社会学部紀要』52（2）: 73-85.

＿＿＿＿＿＿ , 2016a「インドシナ難民と仏教界——国際支援活動の胎動の背景にあったもの」『アジア遊学』196: 185-201.

＿＿＿＿＿＿ , 2016b「キューポラのあった街の『旅する教会』」『M ネット』185: 32-33.

谷 大二ほか , 2008『移住者と共に生きる教会』女子パウロ会 .

戸田佳子 , 2001『日本のベトナム人コミュニティ—— 一世の時代、そして今』暁印書館 .

Viviani, Nancy, 1984 *The Long Journey: Vietnamese Migration and Settlement in Australia*, Melbourne University Press.

第4章

異文化をつなぐ
カトリックの媒介力
―神戸市・たかとり教会の事例から―

野上 恵美

1. はじめに

　本章では、カトリック教会における多文化共生[1)]の取り組みについて紹介し、宗教者（神父）が外国人移住者をどのように受け入れてきたかを提示することが目的である。本章の主題に入る前に行政と外国人コミュニティとの協働による多文化共生に向けた取り組みについて紹介したい。

　神戸市にある在日ベトナム人コミュニティ団体の共同代表を務める筆者は、2016年4月から「多文化まちづくりの会」（以下、会と表記する）の発足メンバーとして関わることになった。会の名のとおり、多文化共生のまちづくりを推進することを第一の目的としている任意団体で、会の構成メンバーは、神戸を中心に活動を展開している外国人コミュニティ団体の関係者で神戸市の職員も含まれている[2)]。

　これまでも会のメンバーは、年に一度「多文化交流フェスティバル」（以下、フェスティバルと表記する）と「多文化交流カフェ」の二つのイベントを中心に取り組んできた。前身の会の頃から数えて発足10年目の2016年、会の運営方

針が見直され、今後、会の運営は外国人コミュニティに全面的に委ねていく方向に決まった。このことは、これまで行政が担ってきた役割を外国人コミュニティが担うことを意味する。会のメンバーは、発足当初から将来的には行政主導の事業から外国人コミュニティ主導の事業になることを目標としていたので、今回の決定は会が発展的な段階に入ったという見方ができる。

　2016年10月23日、会の運営方針が見直されてから初めてのフェスティバルが開催された。結果的には、これまでとほとんど変わりなく外国人コミュニティと行政の協働事業として開催されたが、フェスティバル終了後の反省会において大きな課題が露呈することになった。

　フェスティバルは10回目という節目を迎えた開催ということもあり、例年よりも規模を大きくして開催された。メンバーの労力は準備期間も含めて大変なものだったが、晴天に恵まれたこともあり、イベントとしては大成功といっても過言ではないほどの盛況ぶりであった。

　フェスティバル当日、筆者はベトナム料理のPhở（フォー、汁米麺）と、Chả giò（チャーゾー、揚げ春巻き）とChè（チェー、豆や芋を甘く煮て、ココナッツミルクを加えたデザート）を販売したのだが、調理と販売に追われるあまりステージで繰り広げられた中国獅子舞をはじめとする民族舞踊や歌の披露、民族衣装のファッションショーなどの盛りだくさんのプログラムを一つも見ることができなかった。

　後日行われたフェスティバル終了後の反省会において、行政側から一つの疑問が提起された。それは、多文化共生社会を達成する事業として位置づけているフェスティバルをどのように評価するか、というものであった。続けて、フェスティバルを10年間続けてきたものの、十分な成果がみえないのではないかという意見が出された。その場で、外国人コミュニティ側から「成果とは具体的にどのようなことを指すのか？」という質問が投げかけられたが、それに対していくつか出された回答は誰も納得するものではなかった。フェスティバルの評価をめぐっては、メンバー間で意見が異なり、時には大きい声が響く場面もあった。

　結局、筆者は都合により会には1年間だけの関わりになってしまったが、多文化共生という理念のもとで起こっている「現実」を目の当たりにすることとなった。しかしながら、このようなことは決して珍しいことではない。これま

でも外国人支援の現場において、多文化共生という言葉が持つ「難しさ」を感じる場面にしばしば出くわしてきた。それでは、日本社会で外国人と暮らしていくうえで、多文化共生という言葉は放棄したほうがよいのだろうか。そのようなことを考える一方で、多文化共生という言葉が持つ可能性を感じる場所がある。そこは、筆者が10年以上出入りしているカトリック教会である。

今回、事例として提示するカトリックたかとり教会（神戸市長田区、以下たかとり教会と表記する）では、1992年に多文化共生のシンボルとして教会の中庭にキリスト像が設置されたが、もともとは1990年にベトナム系信者が自分たちの信仰の拠り所を求めて設置を要求したのがはじまりである。また、たかとり教会は、多文化共生のまちづくりを目指すNPO団体たかとりコミュニティセンター（以下、センター）が活動拠点を置く教会でもある。このセンターは、1995年1月17日の阪神・淡路大震災をきっかけに起こったボランティア活動がはじまりである。

二つの事例には、いずれも一人の神父が関わっている。この神父による信仰に立脚した異なる文化や考え方を持つ人と人をつなげようとする試みや、多文化共生を掲げる教会で起こっている現実の捉え方には、教会の内外を問わず多文化共生の実現に取り組むためのヒントが含まれていると考える。

2. 国内外におけるベトナム系移住者の宗教

ここでは、ベトナム系移住者とはどのような背景を持つ人々であるかを述べたうえで、国内外のベトナム系移住者の宗教的実践について仏教ならびにキリスト教カトリックについて紹介する。

ベトナム系移住者とは、「ベトナムにルーツを持ち、他国に生活基盤を持つ者」とする。このカテゴリーに含まれる人々は、「ベトナム難民」、「難民の家族・親族」、「就労、留学等、何らかの理由で他国に行き、その国で生活基盤を持つようになった者」など、多様な背景を持つ人々が含まれる。

ベトナム難民とは、1975年に北ベトナム（ベトナム民主共和国）が南北を統一して、全土が社会主義体制になって以降、新政権の政治的、社会的、経済的政策と環境に適応できず、国外に脱出した人々のことである［古屋2000：110］。1975年4月30日の「サイゴン陥落」前後数ヶ月間だけで約13万人が難民と

なり、そのほとんどをアメリカが受け入れた［古屋 2000：111］。1978年に入ると中越関係の悪化、ベトナム軍のカンボジア侵攻、国際社会からの経済制裁などが重なった結果、慢性的な食糧不足に陥り、1978年は約9万人、1979年には約20万人が難民として国外へ脱出した［古屋 2000：111-112］。

1979年、国連の主催によりジュネーブで「インドシナ難民問題国際会議 3)」が開催され、アメリカは16万1,000人、オーストラリアは1万4,000人、カナダは3万人、そして日本は500人の難民受け入れを表明した［古屋 2000：112］。

1975年から1997年の総計で、日本に上陸したベトナム難民およびその家族は、7,056人にのぼる［古屋 2000：110］。

2.1. 国外におけるベトナム系移住者の宗教的実践

a. 仏教

ベトナム本国では、人口の70%近くが仏教徒である。しかしながら、南北統一後は、依然として社会主義を基盤とする政府により無神論が強調されがちな側面は否めず、宗教に対するベトナム政府の敵対的な姿勢や、介入の激しさが指摘されている［北澤 2015：273］。

その一方で、南北統一前のベトナムにおいて、仏教は南北ベトナム統一に貢献した側面を持っている。南ベトナムの仏僧ティク・ナット・ハン（Thich Nhat Han）は、長引く戦争を批判し、東西両陣営への非協力・非暴力を掲げ、平和・反戦を主張した［北澤 2015：274-275］ 4)。しかし、南北統一後、政府は国内全土の社会主義化を図るうえで宗教の統制は不可欠となり、平和活動に尽力した仏教まで警戒の対象とした［北澤 2015：275］。なぜなら、国民の大部分を占める仏教徒に強い影響力を持つ仏教僧は、政府にとって脅威になるかもしれないからだった。

1980年代前半までの政府は、あらゆる宗教活動は無益な浪費として批判・規制し、資産を没収し、宗教者を教育のために投獄した［北澤 2015：277］。そのため、亡命した宗教者も少なくなく、難民として海外へ脱出した者のなかには僧侶も含まれている。そして、僧侶が移住先で政治活動を行うことは珍しくなかった。ここでは、カナダへ移住した例を見ることにする。

1976年、ベトナム系移住者が移住を開始した初期に設立した「トロント・ベトナム仏教徒協会」は、1980年頃から急速に支持者を失っていった［小野澤

1989：334-335]。その背景には、協会を当初から組織していた指導者が政治的志向性の強い人物であり、信者たちがこの組織が特定の政治運動に利用されることを危惧したことがあった［小野澤 1989：335］。

しかしながら、この頃、生活基盤がまだ安定しておらず、将来的には本国にいる家族や親族を呼び寄せたいと考えているベトナム系移住者にとって、本国政府やカナダ政府を刺激することは避けたかったのである［小野澤 1989：335］。

b. キリスト教カトリック

ベトナム難民においてカトリック信者の割合は決して小さくない。カトリック信者がベトナム難民として国外脱出を図った経緯を述べておく。

1954年第一次インドシナ戦争が終結した直後に開催されたジュネーブ会議において、北緯17度線を境にベトナムは南北に分断された。この時期、100万人以上が北部から南部へ移動したといわれており、そのうち80万人がカトリック信者だったとの報告がある［グエン 1995：226］[5]。カトリック信者が北部から南部へ移動した背景には、北部政府のカトリック信者への冷遇があったといわれている。

1976年の南北統一後も、政府によるカトリック教会に対する冷遇は続いたため、当時、約300万人いたカトリック信者の多くが、政府による弾圧を恐れて国外へ脱出を図ったといわれている。

社会学者の小野澤正喜は、1975年以前におけるベトナム本国のカトリック信者数は、全人口の5～6%であると述べたうえで、カナダにおけるベトナム系移住者におけるカトリック信者数は全体の20%を超えていることを明らかにしている［小野澤 1989：330］。この点からも、ベトナム難民におけるカトリック信者の占める割合の大きさをうかがい知ることができる。

さらに小野澤は、1970年代後半以降、トロント市におけるベトナム系信者はカトリック・コミュニティを組織していることを報告している［小野澤 1989：331］。組織の主な活動として、毎週日曜日にベトナム語のミサを行っており、このミサには200名程度が集まる［小野澤 1989：331］。また、宗教的な関心と年齢に応じて、「聖歌隊」、「問答教示クラス」、「聖書学習会」、「カトリック系ベトナム婦人協議会の討論会」、「サッカーのチーム」、「児童会」のグループ分けが行われている［小野澤 1989：331-332］。

ベトナム難民のなかには、政府によるキリスト教信者への弾圧を恐れて国外脱出を試みた人も少なくない。そのため、移住開始直後から居住先にあるカトリック教会へ通い、信仰の場を確保した。

2.2. 国内におけるベトナム系移住者の宗教実践

a. 仏教

ベトナム系移住者の大多数が仏教徒でありながら、これまで仏教徒の動向はなかなか表面化することはなかった。その背景として、カナダの事例と同様、移住初期の仏教の活動が政治色が強かったため、活動が長続きしなかったことが挙げられる[6]。さらには、カトリック教会のように多数の信者を一度に受け入れる施設がなかったことが考えられる。

しかしながら、近年、ベトナム系移住者の定住期間の長期化にともない、生活基盤が安定しはじめたことから、2000年代以降全国的にベトナム系仏教徒によって寺院が建てられている。寺院建設に関わる費用ならびに維持費は、すべて信者の寄付によってまかなわれている。

2000年代前半頃まで、在日ベトナム系移住者の仏教寺は関東地域に集中していたが、2010年代頃から関西地域にも寺が建てられるようになった[7]。

2017年現在、兵庫県において三つの寺院が確認されている。そのなかで2013年5月に建てられた姫路市の福圓寺（Chùa Phúc Viên）について紹介する。「福圓寺設立趣意書」には、「ベトナム人は長年かかって日本社会に溶け込み、多民族・多文化社会を築く一翼を担ってきました。そして、地域のひとびと、また家族間に和合な、幸せな生活ができることとなった今、自分たちにとって欠かすことのできないお寺の存在について熱烈な思いが蘇ってき」たと記されている。

寺院を建てる前は、誰かの家に集まることでしか読経の時間を確保することができなかった。しかも、集合住宅に住んでいる者が多いことから、大きな声で読経することができなかった。また、誰かが亡くなった時には、公民館で葬式を行っていた仏教徒にとって、自分たちの寺院を持つことは長年の悲願であった。

近年、福圓寺をはじめとするベトナム系移住者によって建てられた寺院は、留学等で来日する若いベトナム人の集いの場としての役割も果たしており、活

第4章 異文化をつなぐカトリックの媒介力

動は年々活発化している。

b. キリスト教カトリック

日本におけるベトナム系移住者は、居住先となった各地の教会で「共同体」を構成していった。これは、前節で記述したカナダにみられるカトリック・コミュニティと同じ機能を果たす組織であると考えられる。

日本で最初にベトナム系カトリック信者が全国的に集まったのは、1986年に兵庫県姫路市で行われた「ベトナム人カトリック共同体全国大会」である［戸田 2001：118］。この大会で、全国各地の共同体をとりまとめる「在日ベトナム人カトリック共同体」が設立され、「信仰生活を守り育てること」「地元のカトリック教会に和合すること」「ベトナム人神父を育てること」が決議された［戸田 2001：118］。

各地の共同体の活動は年々規模を大きくしており、事例として報告するカトリックたかとり教会もその一つである。関西圏の共同体を取りまとめる「関西カトリック共同体」のリーダーは、カトリックたかとり教会のベトナム系信者が務めており、行事を開催する際は責任者として中心的な役割を担っている。それでは、次節ではカトリックたかとり教会について詳しくみていく。

3. カトリックたかとり教会の概要

たかとり教会のはじまりは1927年にさかのぼる。当時は、フランス人神父が一軒家で布教活動を行っていた。2年後の1929年に聖堂が建設され、徐々に信者が増えていった。1935年には、たかとり教会に所属する信者数は日本人、在日コリアンをあわせて500人になった。当時は、チマチョゴリを着て教会に出入りする者もいたという。

1950年から1965年までは、韓国語の話せるスイス人神父が主任司祭を務めていたことからも、在日コリアン信者が多い教会であったといえる。その背景として、たかとり教会が位置する長田区は、在日コリアンの集住地域であることが考えられる。

1980年代頃から、ベトナム系移住者がたかとり教会に出入りするようになり、その後は増加傾向が続いている。2013年11月現在、たかとり教会に所属

している信者数737人のうち342人がベトナム信者であり、そのうち難民として来日してきた者の割合は半分以下である。名簿を管理しているベトナム系信者によると、日本人信者の3分の1が高齢で教会に来ることはないという。また、日本人信者のなかには震災時に他地域へ転居した者が多く、名前だけが残っている人が多いとのことだった。一方で、ベトナム系信者は若年層が多いことが特徴である。

　たかとり教会の建物は、著名な日本人建築家が設計したことで知られており、国内外を問わず建築家や建築を学ぶ学生が見学にやってくることがある。教会施設において最も特徴のある建物は、屋根がプリン型になっている聖堂である。聖堂は教会周辺からも見える設計になっている。教会の入り口では、日本語、韓国語、ベトナム語、ポルトガル語、スペイン語で「カトリックたかとり教会」と白字で書かれた透明のアクリル板が目に入る（**写真4-1**）。

　毎週日曜日に行われるミサは「主日のミサ」と呼ばれ、信者は「ミサに与

写真4-1

カトリックたかとり教会（筆者撮影）

る」という。主日のミサには200名超ほどの信者が集まるため、ミサが始まる数十分前から教会周辺は騒がしくなる。ベトナム系信者の多くは教会周辺に住んでいるにもかかわらず、自動車と自転車で来る者がほとんどである。理由を尋ねると、たいてい「赤ちゃんがいるから」「ベトナム人は歩く習慣がないから」という答えが返ってくる。

　一時期、教会周辺での自動車と自転車の路上駐車が目立ったため、近隣住民から苦情が出た。それ以降、主日のミサの日は、当番制でベトナム系男性信者が車と自転車の誘導と周辺道路の見回りを行うようになった。教会に車が入ってくると、ベトナム系男性信者は手際良く駐車位置を指示していく。駐車スペースとなるのは中庭なので、駐車のための枠線が設定されていない。ベトナム系男性信者の誘導のもと、中庭にはパズルのピースのように車が縦横にぴったり並ぶ。

　当番は、遅れてやってくる者のために待機していなければならず、そのたえミサのはじまりを告げるオルガン音が聞こえても聖堂になかに入ることができない。当番は、中庭からミサの様子をうかがう程度で、ほとんどの時間を教会入り口前で過ごすことになる。車の入りが落ち着いた頃、当番は近くの自動販売機で缶コーヒーを買い、入り口近くに設置されているベンチに腰かけて、煙草を吸いながらミサが終わるのを待つ。そして、ミサが終わると、再び細心の注意を払いつつも手際良く車を誘導する。

　神父を取り囲むように円形に椅子が配置されている聖堂に入ると、人の熱気が伝わってくる。夏場は冷房が入っていても暑く、そのため聖堂へ入る扉の近くにうちわが用意されている。ミサのはじまりを告げるオルガンを鳴り響くと、ざわざわとした人の話し声はぴたっと止み、聖堂が一気に厳かな雰囲気に包まれる。しかしながら、時間の経過とともに乳児の泣き声が聞こえたり、じっと座っていることに飽きた子どもがごそごそと動きだしたり、離れて座っている母親のもとへ移動しようとしたりする[8]。

　ミサが終わると、教会は信者たちの話し声で再び賑やかになる。中庭の隅に設置されているキリスト像は、信者の出入りを見守るように聖堂の正面出入り口を出てすぐの場所にたたずんでいる。たかとり教会に初めて訪れた人であれば、色鮮やかな緑色の衣をまとったキリスト像が目に留まるだろう。

　このキリスト像は、1995年の阪神・淡路大震災時に延焼を止めたというエ

ピソードによって、「奇跡のキリスト」と呼ばれるようになり知名度が上がった。その後も、キリスト像は、「復興のシンボル」あるいは「たかとり教会のシンボル」として、たかとり教会に足を運ぶ人たちに認知されている。たかとり教会に訪れる見学者たちにとって、キリスト像の前で記念撮影を行うことは慣例となっている。

しかしながら、もともとはベトナム系信者が自分たちの信仰の拠り所として、1992年に建てたものである。日本人信者の反対に遭いながらも、キリスト像の設置が実現した背景には何があったのだろうか。次の節ではキリスト像設置に関わった神父の語りにもとづいて、設置の経緯について記述する[9]。

4. 教会にキリスト像が設置された経緯

色鮮やかな緑の衣を羽織っているように作られているキリスト像は、ベトナムから持ち込まれたものである（**写真4-2**）。

教会にいると、像はひっそりとたたずんでいるわけではないことが分かる。午後の決まった時間になると、黒いベールをまとった高齢のベトナム系女性が像に向かって祈りを捧げる姿を見かけたり、ボランティアとしてキリスト像の周辺を取り囲むようにして置かれているプランター植物の手入れをしている女性の姿を見かけたりする。また、結婚式や教会の行事の際には、華やかなアオザイを身にまとったベトナム系の女性たちやビール缶を持ったベトナム系の男性たちがキリスト像の前で写真を撮り、それぞれのFacebookにアップしている。

たかとり教会に足を運ぶ日本人のなかにもキリスト像の前で写真を撮っている者はいるが、祈っている者は見かけない。このようなことからも、ベトナム系信者にとってこの像は思い入れの強いものであることがうかがえる。しかしながら、この像は決してベトナム系信者のためだけのものではなく、「多文化共生のシンボル」として建てられたのである。そのことを示すかのように、キリスト像の土台部分には、日本語、ベトナム語、コリア語で「互いに愛し合いなさい」と記されている。

それでは、どうしてベトナムから持ち込まれたキリスト像が多文化共生のシンボルとして、日本の教会に設置されることになったのだろうか。像の設置に

第 4 章 異文化をつなぐカトリックの媒介力

関して自身も主任神父として深く関わった神田 裕 神父[10]（以下、神田神父）から、設置の要望が出てから設置が実現するまでの経緯を語ってもらった。なお、聞き取りは 2017 年 3 月 5 日の午後、たかとり教会内にある教会事務所で行った。

写真 4-2

ベトナムから持ち込まれたキリスト像（筆者撮影）

神田神父と筆者は、たかとり教会内にある NPO 団体「たかとりコミュニティセンター」（以下、センターと記す）の「仲間」として知り合った。センターは、インターネットラジオ局をはじめ、多言語センター、高齢者や障害者の暮らしを支援する団体など 10 団体によって構成されている。神田神父はセンターの設立当初から理事長を務めている。

1991 年 4 月 7 日、たかとり教会に赴任した神田神父の業務の一つに「キリスト像の設置」が含まれていた。キリスト像の設置は、前任の有馬志朗神父（故人）から残されたいくつかの引き継ぎ事項のなかに含まれており、設置をめぐって「すったもんだの後」の赴任だった。

では、その「すったもんだ」の内容について触れておく。当初、難民として来日したベトナム系移住者は、ベトナム難民のよりどころとして周囲を見下ろ

099

すような大きなマリア像の設置を希望した。しかしながら、教会にはすでにマリア像があるので、設置について他の信者から反対の声があがった。当時の教会は平屋で瓦屋根の建物であったため、数メートルにもなる高さの像を設置することは、景観がそこなわれるおそれがあった。

さらに、偶像崇拝を助長することになりかねないという懸念もあり、像の設置そのものに対して反対する声もあった。そこで有馬神父が仲裁に入り、設置を希望する信者とそれに反対する信者をとりもつことによって、最終的には高さを調整して等身大のキリスト像を設置することになった。

有馬神父によって設置が認められた後に赴任した神田神父に託された課題は、衣の色が真っ赤（当時）に色づけされたキリスト像をどこに設置するかということだった。ベトナム系信者は、「教会に来たらキリスト像に迎えて入れてほしいから」と、入り口から真正面に見える位置での設置を希望した。それに対して、日本人信者は、長屋の瓦屋根の建物に似合わないので「隅でいい」という意見を出した。一旦、諸事情により隅に設置したが、神田神父は両者の希望を汲み取る形で現在の設置場所に決めた（図4-1）。

現在の設置場所に決定する時、神田神父はベトナム系信者と日本人信者には異なる説明をしたという。ベトナム人には、「（入り口から見ると）横を向いているけど、正面から見える」と、日本人には、「（ポプラの木の植え込みの間に設置したので）ポプラが大きくなればキリスト像は葉っぱで見えなくなる」と説明した。両者の納得を得たうえで、1992年6月7日、キリスト像の除幕式が行われた。

その後、1995年1月17日、阪神・淡路大震災によって、たかとり教会はほぼ全焼したが、燃えにくい材質で作られていたキリスト像は燃えなかった。当時、キリスト像が火災を食い止めたかのよう

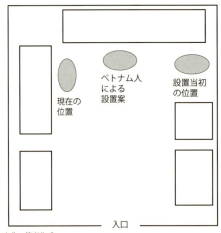

図4-1 カトリックたかとり教会の見取り図

出典：筆者作成

な写真がメディアによって拡散されたことにより、キリスト像が奇跡を起こした震災のシンボルとして注目されるようになった。しかし、神田神父はそれを真っ向から否定する。

神田神父が否定した理由として、キリスト像が崇拝の対象になることを懸念したこととあわせて、震災前から信者間の軋轢を見てきた者として、「奇跡」といった美しい言葉によって状況の変化を表現したくなかったことが考えられる。キリスト像は、信者同士が悩み苦しみながらなんとか折衷案を見出した「多文化共生のすったもんだ」を象徴するものだからである。

しかしながら、日本人信者とベトナム系信者が穏やかで良好な関係が築けているとは言い難く、「すったもんだ」は現在も継続中である。現在、たかとり教会の運営を支える信者層は、数的にも年齢的にもベトナム系信者である。ベトナム系信者から「どうして自分が高齢の日本人信者のフォローをしなければいけないのか」という不満の声が出る時がある。そんな時、神田神父はベトナム系信者に対して、彼らが日本に来たばかりの頃、助けてくれたのは高齢になった日本人信者であるということを伝え、持ちつ持たれつの気持ちで高齢の日本人信者を支えるようにと話すという。

キリスト像の設置をめぐる取り組みが、多文化共生に向けて宗教組織内を変化させていく宗教組織内〈多文化共生〉の取り組みであるとすると、たかとり教会において宗教組織の枠を超えて社会の公的領域における多文化共生に関与する活動を行う宗教組織外〈多文化共生〉の取り組みについてはどのようなものがあるだろうか[11]。

5. 地域社会とつながるカトリック教会

繰り返しになるが、たかとり教会は、1995年1月17日に起こった阪神・淡路大震災で甚大な被害を受けた地域にあり、復興過程におけるボランティア活動が多文化共生のまちづくりを理念とするセンターの拠点となった。現在たかとり教会は、国内外からの視察や研修が絶えない場所となっている。教会内にセンターが作られたことは、カトリック教会が多文化共生の担い手として地域社会に貢献しようとしている事例として捉えることができるのではないか。教会内にセンターがあることについて神田神父は以下のように語っている。

センターと教会は住み分けをしているのではなくイコール。NPOが教会を間借りしているわけやない。教会とボランティア活動が一つになってやってきた証が今のセンターなんです。出入りする人は平日のほうが多いし、その9割は信者やない。でも、センターと教会が共存してこられたかというと、宣教の一環を彼らが担ってくれているから。宣教って何かの話になるけれども、社会に開かれて、地域の人たちや世の中の人たちと苦しみを共にする生き方をするのが宣教と違いますか？ そういう切り口でいったら、あそこはみんな同じ仲間なんです。世の中のあり方とか、社会のニーズにマッチしてこそ、教会が真の喜びの拠点になる。まちづくり、人づくりこそが宣教なんや、と痛感しています[12]。

　また、筆者による神田神父へのインタビュー時に、神田神父は、あえてキリスト像が奇跡を起こしたと言うのであれば、人の心を動かしたことではないか、と語る。続けて、あえて「キリストの奇跡」という言葉を使って語るのであれば、物よりも固く動かないものがあるとすればそれは人の心であり、大きく手を広げたキリスト像は多くの人々を教会に集め、人の心を変えたのであると言う。

　震災当時、たかとり教会には被災した地域住民や、全国からボランティアがぞくぞくと集まるようになった。その動きをきっかけに、信者や地域住民や他地域からやってきたボランティアが協働して、多文化共生のまちづくりに取り組むセンターを作り出したことこそが奇跡だということである。

　神田神父は、たかとり教会が地域社会といかにつながるかということを最重要視している。そのため、神田神父はたかとり教会が地域の一員であるということを常に心に留めており、地域住民への配慮を怠らないようにしている。

　たとえば、ベトナムでは旧暦の正月を祝う風習があることから、たかとり教会でも旧正月にあわせて大きな行事が実施される。この行事は旧正月の意味を持つ「テト」と呼ばれており、「テト」には遠方に住むベトナム系信者も集まってくる。ベトナム系信者にとって、「テト」は一年に一度の待ち遠しい行事ではあるが、「騒音」が出るため地域住民への理解を求めた働きかけに余念がない[13]。「テト」以外の行事開催でも「騒音」が予想される場合は、事前に信

者が地域住民へ説明に出向き、できれば行事に参加してもらえるように働きかけている。

　そして、神田神父は自身が地域の一員であり続けることを非常に重視している。現在、神田神父は大阪大司教区に所属しており、活動の拠点は大阪市にある玉造教会である。それにかかわらず、神田神父は現住所をたかとり教会に置き、地域住民として年に一度の自治体主体の日帰りバスツアーや夏まつりに積極的に参加している。さらには、信者やたかとりコミュニティセンターの構成員にも行事への参加を呼びかけ、地域と教会、そして NPO がつながってまちづくりに取り組めるような「仕掛けづくり」を行っている。

　神田神父が出店する駄菓子とくじ引きの屋台は、地域の子どもに大人気で、屋台の準備をしている時から、子どもが列をなしているくらいである。Tシャツにジーパン姿で首にタオルを巻きながら屋台の準備をしている神田神父の姿を見ている子どもたちは、親しみを込めた声で「おっちゃん、早くしてー」と言い続けている。

　たかとりコミュニティセンターを構成する団体スタッフは、それぞれの団体の特徴を活かした出店や関わり方をしている。「FM わぃわぃ」は音響協力として参加し、マイクの音量調整や、盆踊りの音楽の操作など、夏まつり開催中の2日間は裏方に徹している。外国人コミュニティをサポートしている「ベトナム夢KOBE」「ひょうごラテンコミュニティ」は、ベトナム料理、南米料理を出店したりしている。それ以外の団体も、わなげ、スーパーボールすくい、ジュース販売など、子どもたちが楽しめるような工夫を凝らした出店を行っている。また、たかとり教会のベトナム系信者が出店することもある。

　ところが、ある年、地域住民から「教会は利益のために出店している」ととれるような声が出たので、出店を取りやめたことがあった。その後、地域住民から「教会のみなさんが出店しないとさみしい」という声があり、再び出店するようになった。

6. おわりに

　ここまで、カトリックたかとり教会の多文化共生に対する取り組みについて記述してきた。たかとり教会における多文化共生の取り組みについては、宗教

組織内〈多文化共生〉と宗教組織外〈多文化共生〉に分類できる。

　宗教組織内〈多文化共生〉については、ベトナム系信者の拠り所であるキリスト像の設置が実現した経緯をみてきた。これまで、「多数派」である日本人が反対していた設置がいかにして実現したかについて、その過程についてはあまり注目されてこなかった。今回、設置過程を詳細にみることによって、そこには神父を含む三者間での粘り強い対話が行われていたことが分かった。

　多文化共生が持つ難しさを乗り越えようとする三者間の絶え間ない対話への姿勢である。キリスト像の設置について信者の思いが強いあまり、けんかが起こることもあった。ここで考え直したいことは、当事者がそういった難しさをどのように捉えているかということである。信者や神父からすれば、けんかに象徴されるようなコンフリクトは切り取られた「多文化共生の結果」ではなく、これからもずっと続いていく「多文化共生の過程」なのである。

　対話を続けていくなかで、対立関係に陥ってしまうことは一度だけでなくしばしば起こりうることである。その時に、お互いが共有している目指すべき方向を確認できる第三者がいることによって、対立して終わってしまうことなく軌道を修正することができる。

　それは、決してお互いを縛りつけるようなルールをつくることではない。いかにして多様性を残すかということである。だからこそ、キリスト像は、ベトナム系信者にとって信仰の拠り所なのであり、震災をきっかけにたかとり教会に集まった人々にとっては復興のシンボルとなり、教会に足を運ぶすべての人々にとって多文化共生のシンボルとなったのである。

　このことはセンターの運営についても同じことがいえる。地域のセンターであるために、神田神父は教会とセンターと地域をつなげるための努力を惜しまない。なぜなら、神田神父は、「地域—教会—たかとりコミュニティセンターの三位一体があってこそ、多文化共生が実現できる」と考えているからである。

　たかとり教会において宗教組織内〈多文化共生〉と宗教組織外〈多文化共生〉の両輪による多文化共生が実現しているのは、第二バチカン公会議による「開かれた教会」へという方針転換によるものが大きい。しかしながら、様々な事情があるにしてもそれが実現できていない教会が多いなか、たかとり教会が「開かれた教会」であるために地道に取り組み続けている神田神父の功績は決して小さくない。

第４章　異文化をつなぐカトリックの媒介力

　バス旅行への参加や、地域の夏まつりの出店を通して地域に関わり続けること、それは決して目立つ取り組みではないが、神父としての業務と兼務しながら、地道に20年以上もの間地域と関わり続けてきた労力は相当なものだっただろう。震災当時30代だったが現在50代の神田神父がモチベーションを維持し続けるのは、肉体的にも精神的にも容易でないことは想像に難くない。それでもなお、神田神父が現在も教会を中心に多文化共生に取り組むには、自身も被災したことが関わっている。

　　震災のあの日まで、地域を大事にしたいと思いながら、なかなかチャンスがなかった。まさにゼロからの出発。いきなり大地震が来て、何にもないとこから活動してきました。（略）センターのことを、私がつくったかのように思われている節もありますが、そうじゃない。私は震災のショックを機に、期せずしてここに集まって来た人たちの、出会いの場をつないできただけなんです。常に変化し続ける時代にあって、いろんな生き方をしている人たちがお互いに人として尊敬し合って、つながって生きていくしかない¹⁴⁾。

　神田神父は常々、教会の活動を壁のなかだけにとどめてしまうのではなく壁を越えて地域社会に出ていく、そして教会は教会外の人々の出入りを歓迎することが、宗教の本来のあるべき姿であると話している。神田神父はそのことについて「教会は会員クラブではなく、大衆酒場あるいは食堂のような場所でありたい」と独特の表現で話す。

　神田神父の表現を使わせてもらうと、酒場あるいは食堂は必ずその場を作り上げる人々を求める。実際、2016年秋頃まで、教会内にカウンタースペースがあり、毎週土曜日に酒を飲みながら語り合う時間があった¹⁵⁾。そこでは、酒を酌み交わしながら、人々は様々なことを語り合う。教会外の人も出入りできるように教会玄関の近くにカウンタースペースが作られている。教会という空間が教会内─外の人々とつながる場所を提供することは、宗教が人生の生き方探しの一助であろうとしているように、「宗教はまちづくり（社会づくり）」であろうとする試みの一つである。

　最後に、本章の冒頭と紹介した会について述べておきたい。2017年も例年

どおりフェスティバルの準備が行われた。残念ながら雨天のためフェスティバルは中止になったが、来年も引き続き行政と外国人コミュニティとの協働事業として行っていくという。昨年の行政と外国人コミュニティ団体間の対立だけに目を向けて、そこだけを「多文化共生の結果」としてみるのではなく、考え方は違えども多文化共生を目指す者同士のこれからもずっと続く歩みの過程としてみることにより、多文化共生という言葉が持つ可能性が広がるのではないだろうか。今後、行政と外国人コミュニティの間で互いが目指す方向性を確認してくれるような媒介者が現われることを期待したい。

注

1）本章では、多文化共生という言葉は、主流社会の価値規範に根ざした言葉として用いているが、無批判に多文化共生という言葉を受け入れて用いているわけではないことを断っておく。一方で、多文化状況下の現場において多文化共生という言葉が、依然として一定の効力を持つ言葉として用いられていることを批判するつもりもないことも断っておく。

2）多文化まちづくりの会規約第2条、「本会は、神戸市中央区（以下、区とする）の外国人コミュニティが主体となって多文化共生に資する取り組みについて検討し、外国人居住者が多いという区の特色を活かした多文化共生のまちづくりを推進することを目的とする」。2016年3月現在、多文化まちづくりの会は、NPO法人関西ブラジル人コミュニティ、神戸華僑総会、神戸・トルコ友好協会、在日本大韓民国民団東神戸支部、在日本朝鮮人総聯合会東神戸支部、ベトナム夢KOBE、中央区まちづくり推進課、マサヤン・タハナン（フィリピン）および大学教員、公募による地域住民から構成されている。

3）同時期に共産主義化したラオス、カンボジアでも難民が発生したので、三国からの難民を総称して「インドシナ難民」と呼ぶ。

4）南ベトナムでは、「平和」を唱えるだけでも共産主義に与していると判断されて投獄される危険があった［北澤 2015：275］。一方で、仏僧による平和・反戦運動は激化し、デモを繰り広げる仏僧は「政治僧（Political Monk）」と呼ばれた。

5）たかとり教会のベトナム系信者と筆者が話をしていると、出会った当初は「南ベトナム出身」と語っていたが、何度か会っているうちに「両親は北ベトナム出身で、1954年に北から南へ逃げてきた」と語るケースが何度かあった。

6）移住開始直後の仏教徒の活動については、［戸田 2001：112-117］に詳しく記述されている。

7）関西地域以外のベトナム寺院の状況については、［野上 2010］、［三木 2017：141-156］を参照。

8）カトリックたかとり教会のミサの様子については、［野上 2010：41-56］を参照。

9）神田神父への聞き取りは、2017年3月5日午後に実施した。文中の神田神父の発言は、日頃の関わりのなかで聞き取った内容も含まれている。

10）神田神父の経歴を記しておく。1958年兵庫県尼崎市生まれ。京都外国語大学卒業後、上智大学神学部を経て1987年司祭叙階。1991年～2007年までたかとり教会主任司祭を経て、現在はカトリック大阪大司教区・本部事務局所属。特定非営利活動法人たかとりコミュニティセンター理事長［キリスト新聞社 2017：12］。

11）宗教組織内〈多文化共生〉と宗教組織外〈多文化共生〉については、序章（高橋）を参照。

12）［キリスト新聞社 2017：12-13］

13）「テト」における「騒音」問題については、［野上　2016：157-177］を参照

14）［キリスト新聞社 2017：12-13］

15）バーカウンターの再開について、神田神父は「バーを運営することは、たかとりコミュニティセンターを立ち上げることと同じくらい大切なことである」と話している。2017 年 9 月 11 日に開催された特定非営利活動法人たかとりコミュニティセンター理事会での発言。

参考文献

古屋博子 , 2000「ベトナムにおける日本──ベトナム難民問題から」木村汎・グエン , ズイズン・古田元夫編『日本・ベトナム関係を学ぶ人のために』世界思想社：108-126.

キリスト新聞社 , 2017『Ministry』Vol. 32.

北澤直宏 , 2015「ベトナムの政教関係──戦争と社会主義の下で」櫻井義秀・外川昌彦・矢野秀武編『アジアの社会参加仏教──政教関係の視座から』北海道大学出版会：273-283.

三木 英 , 2017「設立される待望の故郷──在日ベトナム人と仏教寺院」三木 英編『異教のニューカマーたち──日本における移民と宗教』森話社：141-156.

グエン、ディン、ダウ , 1995「一信者の五〇年──キリスト教」坪井善明編『ヴェトナム（暮らしがわかるアジア読本）』河出書房新社：218-224.

野上恵美 , 2010「在日ベトナム人宗教施設が持つ社会的意味に関する一考察──カトリック教会と仏教寺院における活動の比較」『鶴山論叢』10: 41-56.

─────── , 2016「『多文化共生』社会の実現の可能性に関する一考察──カトリック教会に集まる信者を事例に」白川千尋・石森大知・久保忠行編『多配列思考の人類学──差異と類似を読み解く』風響社：157-177.

小野澤正喜 , 1989「トロント市におけるベトナム系コミュニティの二重構造の分析」綾部恒雄編『カナダ民族文化の研究──多文化主義とエスニシティ』刀水書房：297-346.

田辺眞人・竹内 隆 , 2005『ながたの歴史』長田区役所まちづくり推進課 .

戸田佳子 , 2001『日本のベトナム人コミュニティ──一世の時代、そして今』暁印書館 .

第5章

高齢化問題に取り組む
韓国系キリスト教会
―大阪市・在日コリアン集住地域を事例に―

荻 翔一

1. はじめに

内閣府の『平成 29 年版高齢社会白書（概要版）』によれば、日本の高齢者
（65 歳以上）人口は約 3,459 万人と総人口の 27.3％を占め、4 人に 1 人が高齢者
の時代となっている[1]。それにともない介護や医療をめぐる問題が多く取りざ
たされているが、在日外国人高齢者は日本人高齢者が置かれている状況以上
に問題を抱えているといえる。なかでもオールドカマー（タイマー）である在
日コリアン高齢者はその代表的な集団であり[2]、多文化共生を議論するうえで、
彼／彼女らの存在は欠かせないだろう。

戦前から戦後にかけて日本の植民地支配の影響を直接ないし間接的に受けて
朝鮮半島から渡ってきた人々とその子孫である在日コリアンは、政治や雇用、
社会保障、福祉といった様々な面で日本社会から排除されてきた。現在でも在
日コリアンを取り巻く環境は少なからず課題を抱えており、とくに高齢者の場
合は、法的地位によって公的年金制度から除外されたために生じた無年金問題
などが社会学や社会福祉学などの分野で指摘されてきた［魁生 2005；吉中 2006

109

など]。

　近年はそうした公的な福祉サービスからの排除とそれをカバーするNPOなどの支援活動が注目されている［竹中 2015］。それらの団体は、「民族的ケア」を標榜するなどして、在日コリアン高齢者向けのサービスを提供している。本章で扱うプロテスタント系の韓国系キリスト教会も地域住民、とくに在日コリアン高齢者に向けた社会福祉活動を展開している。そこで本章では、韓国系キリスト教会が行う地域社会に向けた活動がどのような目的で運営され、どのような人々が活動を支えることで成り立っているのかを明らかにし、その活動上の特徴について考察する。具体的な事例としては、大阪府大阪市生野区に立地する在日大韓基督教大阪教会（以下、大阪教会とする）の活動を取り上げる。

1.1. 韓国系キリスト教会の役割

　ここでいう韓国系キリスト教会とは、朝鮮半島にルーツを持つ人々を中心とするキリスト教会を指す言葉である[3]。序章で示されているように、韓国系キリスト教会を含むエスニック・チャーチは、異郷の地で暮らす移住者に対して単に信仰する場としてだけでなく、母国の文化を維持・継承する機能を有するなど重要な役割を果たす。たとえば韓国系移民が最も多い米国では[4]、韓国系キリスト教会に集う理由として宗教的な動機に加えて社会的な動機が指摘されている［Kim and Kim 2001：73］。そのため、エスニック・ビジネスの機会を求めたり、同胞との交際の場となったり、二世の民族教育を行ったりするなどそこに集う動機は多様である。

　日本の韓国系キリスト教会でも同様の傾向がみられるが、独自な点としては(1) 戦前から戦後にかけて在日コリアンの手によって設立された歴史のある教会（ほとんどは在日大韓基督教会に所属）がある一方で、(2) 朝鮮（韓国）という共通のルーツを持ちながらも、来日の時期や経緯が異なるニューカマーが設立した新しい教会もあり、韓国系キリスト教会と一口にいってもその性格や構成員が異なることが挙げられる。

　日本の韓国系キリスト教会を扱った研究は近年、中西尋子や李賢京らによって蓄積されているが［中西 2013；李 2012 など］、とくに本章と共通する点が多いのは白波瀬達也が行った韓国系キリスト教会のホームレス支援に関する研究である［白波瀬 2015］。白波瀬は、東京における二つの韓国系キリスト教会（上

記の（2）に当てはまる教会）を対象にした調査にもとづき、ホームレス支援の特徴とその効用について、「『信仰に基づいた野宿者の自立支援活動』というよりも、むしろ、『自教会の信者形成』に重点がある」こと、「他機関との協働関係が乏しいために、支援の体系性を欠くことが多」く、「積極的なホームレス伝道が野宿生活を維持させてしまう可能性をはらんでいる」ことを指摘している［白波瀬 2015：148-149］。本章で扱う大阪教会は（1）に該当していることから、上記の韓国系キリスト教会の特徴とどのような点で相違があるのかという点についても最後に考察する。

2. 在日コリアンの歴史と宗教

2.1. 在日コリアン社会の形成と変容

　調査対象となる地域や教会について説明する前に、まずは本節で日本に住むコリアンの歴史と宗教を概観していきたい。

　2016 年末の時点で、日本に暮らす韓国・朝鮮籍の人々は約 48 万 5,000 人であり、在留外国人の 2 割程度を占める[5]。これまで日本国籍へ帰化した韓国・朝鮮籍の累計は約 36 万 5,000 人にのぼることから[6]、朝鮮半島にルーツを持つ人々は上記の人数よりさらに多くなるだろう。

　1910 年の日韓併合以降、日本の植民地支配を背景とする出稼ぎや留学、徴用などを理由に朝鮮半島から日本へ渡る人々が現れた。当初は季節労働を目的とする単身の男性が主であったが、飯場頭や工場監督を務めたり、中小零細工場を経営したりするなどして、日本での在留期間が長期化する在日コリアンが次第に現れた［外村 2004］。それにともない、朝鮮半島に住む家族や友人、同郷の人々の呼び寄せ、あるいは日本内地の在日コリアンを頼りに来日する連鎖型移住の形態がみられるようになった。そうして 1920 年代には、「日本内地にいる朝鮮人が構成員であり、独自の文化と社会的結合が維持されており、日本人たちの社会とは区別される」在日コリアン社会が形成されるに至った［外村 2004：477］。

　1930 年代には在日コリアン自身が生活権を守り、確立するための様々な社会活動が行われていたが、同年代末から弾圧を受けて消滅し、日本人への同化が強いられた［外村 2004：479］。

日本の敗戦＝「解放」によって、当時約200万人いた在日コリアンの多くは帰国したが、最終的に60万人程度が日本に残ったとされる。当時の朝鮮半島は、済州島四・三事件（1948年）や朝鮮戦争（1950年）によって社会的、経済的に不安定な状況であった。そうしたことから、日本で生活基盤が形成されていた人々だけではなく、帰国の意志を持っていても、それを見送ったり、再渡航をしたりするなどして、異国で生きる道を余儀なくされた者がいた。その結果、戦前と比べればその数は少ないが、戦後も在日コリアン集住地域としての特徴を維持した地域が各地にある。なかでも本章で扱う生野区は最大規模の集住地域であり、現在、韓国・朝鮮籍だけでも2万を超える人々（同区全人口の20％弱）が暮らしている。

　戦後も在日コリアンは厳しい状況に置かれていた。戦前の在日コリアンは日本国籍を持っており、国政も含めた参政権があったが、終戦によって参政権を取り上げられ、1952年には一方的に日本国籍の喪失を言い渡された［樋口 2016：225-226］。こうしたなかで在日コリアンは戦後も日本社会の様々な面で排除されながら生活していかなければならなかった。そして1970年代以降、在日コリアンの第二世代が台頭するとともに日立製作所の就職差別裁判[7]や指紋押捺拒否運動[8]などを契機に当事者である在日コリアンやそれを支援する日本人が各地で住民としての権利獲得運動を行うようになった。

　1980年代に入ってから、在日コリアンを取り巻く状況にさらなる変化が訪れた。一つは、韓国から新たに渡日する人々（以下、韓国系ニューカマーとする）が急増したことである。留学生10万人計画（1985年）などの日本の移民受け入れ政策や、韓国における海外渡航の完全自由化（1989年）などの要因によって、出稼ぎや留学、国際結婚などを目的に韓国系ニューカマーが来日した。彼／彼女らの急増に必ずしも在日コリアンが関わっているわけではないが、既存の在日コリアン集住地域を中心に、ビジネスやマンションの賃貸などを通じて両者が接点を持つ場がみられる。韓国系キリスト教会もその一つである。

　もう一つは、冒頭でも述べた在日コリアン高齢者の増加である。2016年末時点で、全国の在留外国人の高齢者は6.7％であるのに対して、韓国籍の高齢者は23.9％に及んでいる。在日コリアン高齢者は前述したように多くの課題を抱えがちであり、義務教育を受けられなかった在日コリアン女性が集う夜間中学校やアウトリーチを行う居住支援などの活動がみられる［木下 2014：石川

2015]。

2.2. コリアンの宗教の特徴

朝鮮（韓国）の宗教

　続いて、韓国ではどのような宗教を信仰しているのか、その特徴を概説しよう。「2015 人口・住宅総調査」（日本の国勢調査に当たるもの）によれば、現在の韓国では全人口の 43.9％（約 2,155 万人）が何らかの宗教に入っている[9]。そのうち、プロテスタントが 19.7％（約 968 万人）、仏教が 15.5％（約 762 万人）、カトリックが 7.9％（約 389 万人）である。キリスト教の信徒が約 1％にとどまる日本とまったく異なる点が特徴的である。

　朝鮮半島は巫俗、仏教、儒教、そしてキリスト教へと時代ごとに支配的な宗教が移り変わっていった［柳 1975：9］。キリスト教が勢力を伸ばしたのはそれほど古くはなく、第二次大戦以降である。戦後の産業化・都市化によって、韓国は伝統的な共同体が大きく変化した。農村から都市に移動した人々は既存の共同体の構成員としてのアイデンティティが揺らぎ、都市部のキリスト教会が彼／彼女らに安定した人間関係を提供することで勢力を伸ばしたのである［李 2010：20］。さらに「朝鮮戦争後の荒れ果てた韓国社会において、多くの人々が『キリスト教化は近代化への道』と理解していた」ことも韓国におけるキリスト教の成長要因の一つだと指摘されている［李 2010：22］。

　このようにして韓国のキリスト教は教勢を伸ばしたが、それまで支配的だった宗教と完全に断絶しているわけではない。たとえばチェサ（儒教式祖先祭祀）の影響がみられる追悼礼拝や、巫俗儀礼的要素がある祈祷院にみられるように［秀村 2012］、既存の信仰を取り込みながら韓国のキリスト教は展開してきたといえよう。

日本に住むコリアンの宗教

　では日本に渡ってきたコリアンは、宗教とどのように関わっているのだろうか。在日コリアンの信仰については、少々古いが統計的な資料がいくつかある。2000 年の在日本大韓民国民団（以下、民団とする）の調査によれば、在日コリアンの中で宗教の信仰を持つ者は、29.4％（391 人）で、「無宗教」は 66.1％（876 人）である［在日本大韓民国民団在日韓国人意識調査委員会 2001］。他方、福

岡安則と金明秀が在日本大韓民国青年会（民団の傘下団体）に行った1997年の調査によれば、チェサの年回開催数は1回以上が67.4%（539人）、チェサへの参加頻度は「いつも参加している」（53.9%、424人）、「何度も参加したことがある」（16.6%、131人）を合わせて70.5%（555人）である［福岡・金 1997：38］。こうしてみると、チェサは在日コリアン社会においてマジョリティの信仰だといえる。実際、親族が一同に集まるチェサが在日コリアン・コミュニティの統合に寄与していると指摘されている［梁 2004］。だが近年は、担い手の世代交代や家族像の変容に応じた儀礼の簡略化・合理化がなされている［梁 2004；猪瀬 2011］。

　その他にも在日コリアンの関わる宗教は多く存在するが、キリスト教は在日コリアン社会で必ずしもマジョリティの宗教とはいえない。しかし後述するように、本章で対象とする大阪教会が所属する在日大韓基督教会という教団は1970年代以降、前述した在日コリアンに関わる社会活動に積極的に参与してきた。そのため、地域における社会活動の拠点として重要な役割を果たしてきた教会もあり、在日コリアン社会では目立った存在だといえる。

　以下では在阪コリアンと在日大韓基督教会の概要について述べたあと、大阪教会の歴史と地域福祉活動の展開についてみていく。

3. 調査対象の地域および教会の概要

3.1. 大阪における在日コリアン集住地域の形成と変容

在阪コリアンの概要

　1910年には206人であった在阪コリアンは、1910年代後半に増加しはじめ、1920年に4,494人に達した。さらに1922年に済州島と大阪を結ぶ連絡船（「君ヶ代丸」）が就航すると、その数は急増し10年後の1932年には10万人にのぼり、在日コリアン全体の約3割を占め、1945年に在阪コリアンは33万人を超えた［杉原 1998：54］。しかし、その多くは住居差別を背景に日本人民家の一室を借りることができず、まずは血縁や地縁を頼って下宿屋で暮らし、仕事を探していた［杉原 1998：62］。下宿屋が満員で下宿すらできなかった在日コリアンは廃屋や鳥小屋を改装したり、バラックを建てたりして寄り添って住むようになり、集住地域が形成されていった［金 1985：57-58］。とくに上記の「君

ヶ代丸」の影響で済州島出身者が多い地域となった。

　彼／彼女らの就業形態をみると、学生が多かった東京とは異なり、戦前の在阪コリアンは労働者が主であった。とりわけ「化学や金属、機械、繊維工業などの中小零細企業の下層職工としての職につくことが多く、30 年代に入ると家族形態での定着化傾向がみられ」た[10][杉原 1998：57]。

　戦後、在日コリアンの多くは帰国し、大阪のなかでもいくつかの集住地域はなくなっていったが、空襲の被害が相対的に少なく、戦前より自営業者層が出現するなどして一定の生活基盤が形成された生野区などは集住地域としての性格を維持した[福本 2017：68]。さらに、前述した戦後の朝鮮半島での社会動乱の影響で済州島などからの「密航」者が大阪にも少なからず現れ、そうした人々も集住地域の維持存続に寄与した。こうした社会増も相まって、在阪コリアン人口は戦後、9 万人弱（1950 年）から 16 万人弱（1975 年）まで増加した[田村 1984]。

　1980 年代以降になると、韓国系ニューカマーが、韓国語が通じることや職を求めたり居住したりするなどして既存の在日コリアン集住地域に関わるようになり、現在のコリアンタウンが形成されていった[原尻 2000：44]。このように大阪では戦前から継続的に朝鮮（韓国）から渡ってくる人々が存在し、それらが重なり合いながら集住地域を形成してきた[11]。

在日コリアン高齢者の生活実態

　大阪府における韓国籍の高齢者は 28.8％と全国平均の 23.9％よりもさらに高い。こうしたことから、大阪府（なかでも大阪市生野区）における在日コリアン高齢者の実態を扱った研究・報告書が複数刊行されている。以下にその知見をまとめよう。

　生野区を含む、大阪府下の 13 の自治体を対象とした 1996 年の調査では、在日コリアンの家族構成について、65 歳以上の「高齢単身世帯」が 19.2％（132人）、「高齢夫婦世帯」が 32.2％（221 人）と回答されている[庄谷・中山 1997：153]。そこで別居子との関係をみていくと、81.7％が「大阪府にいる」とされている。とはいえ一世の親族は少なからず母国にいるため、高齢によって身近な配偶者や子が亡くなると、単身化しがちである[庄谷・中山 1997：261]。また、2003 年に行われた調査（民団生野区西支部所属の 70 歳以上が対象）でも、

「ひとり暮らし」が43.3%、「夫婦二人暮らし」が18.7%と、半数以上が子ども
と別居している［在日高齢者調査委員会編 2004：11］。

　同じ2003年の調査では、公的年金の受給状況について、「年金なし」が71.0
％（213人）と回答されている［在日高齢者調査委員会編 2004：26］。また識字
の状況については「日本語の文章、ハングル文字ともに読めない」が28.3%
（85人）であり、その傾向は高齢の女性がとくに高い［在日高齢者調査委員会編
2004：35-36］。老人福祉センターのサークル活動や老人会の活動など、地域の
活動への参加状況をみると、いずれも9割以上が参加していない［在日高齢者
調査委員会編 2004：47-49］。在日コリアン向けの福祉サービスの利用状況につ
いては、選択肢にあげたものを「すべて利用していない」との回答が94.1%
（191人）であり、こちらも、ほとんど利用していない状況にある［在日高齢者
調査委員会編 2004：87］。

　以上から、少なくとも大阪の在日コリアン高齢者は単身ないし高齢の配偶者
と暮らす傾向にあることが分かる。彼／彼女らは法的地位の問題に加え、識
字や経済的な問題から、社会保障や福祉サービスを十分に受けられないなど、
様々な面で支障をきたしている。そうしたなかで、在日コリアン高齢者向けの
サービスは意義があると思えるが、参加・利用状況は決して高いとはいえない。

生野区における地域福祉活動

　二階堂裕子は、1970年代から始まった生野区の地域福祉活動が維持・発展
してきた背景の一つに、地域問題の解決に熱心に取り組み、活動の場を提供し
たキリスト教会の存在を挙げている［二階堂 2007：157］。またその他にも、活
動を開始する際、行政に頼らず、地域に存在する小規模の集団とネットワーク
を結ぶことで相互扶助を行い、自由な活動が展開できたことを指摘している
［二階堂 2007：158-160］。

　上記した地域福祉活動は現在でも複数存在する。たとえば、1977年に開始
された民間識字学校である「いくのオモニハッキョ」はもともと教会の礼拝堂
を利用して行われた活動である。現在は教会に隣接する聖和社会館を活動の場
とし、日本人や在日コリアンが中心となって支援活動を行っている。なお近年、
オモニハッキョの利用者は在日コリアンから韓国系ニューカマーへと変わりつ
つある。

3.2. 在日大韓基督教会および大阪教会の概要

在日大韓基督教会の歴史

　大阪教会が所属する在日大韓基督教会は 1934 年に在日コリアンによって創立された教団である。当時、独自の教会憲法・規定を制定し、牧師・長老の按手を行うなどして教団の自主自立が目指された。しかし、その後は宗教団体法の施行（1940 年）による存続の危機を感じ取り、最終的に無条件で日本基督教会への加入（後に日本基督教会は日本基督教団の第一部に編成された）を余儀なくされた。

　1945 年、終戦とともに在日大韓基督教会は日本基督教団から脱退し、エスニック・チャーチとして再建が図られた。信徒の帰国や礼拝堂の焼失などによって教会の再建は容易なことではなかったが、カナダ長老教会の財政的支援や民団との協力関係の形成によって各地でそれが成し遂げられた［荻 2017］。この時期は、在日コリアンの帰国や権利に関する運動が同胞社会で盛んに行われていたが、教会の再建が最優先の課題であったことや「キリスト者が世俗のことにかかわると信仰を失う」といった観念が主流であったため、「政治的行動だけでなく、同胞の福祉に関わる社会活動にも拒否反応を示し」た［李 1979：40］。

　再建がある程度落ち着いてきた 1960 年代末、在日大韓基督教会は「キリストに従ってこの世へ」という宣教理念を掲げ、在日コリアンの人権獲得運動に関与するようになっていった［中西 2013：46-47］。その背景には「いつの間にか閉鎖的な教会形成の働きに止まってしまい、ほんとうに在日同胞の苦難にあずかることができなかったのではないかという反省」があった［李 1979：133］。こうした理念によって 1970 年代以降、川崎や小倉などの個別の教会でも社会活動を展開し、在日コリアンが直面してきた差別問題に積極的に関与してきた。だが 1980 年代の指紋押捺拒否運動以降は、多くの信徒が参与する運動の焦点を欠いたことが指摘されている［飯田 2002：298］。

　2008 年、在日大韓基督教会は宣教理念のなかで [12)]、自らの教団の特徴の一つに「多様性」を挙げた。それは教会員のなかで「戦前から日本に住む一世とその子孫、ダブル（国際結婚による子）、日本国籍者、本国や中国の朝鮮族を含む新一世など、文化・国籍・アイデンティティ」の多様化がみられるようになったためである。そこで教団としては「多様化の中で育ち、葛藤を経ることを

通して、隣人愛の意味を深く理解し、隣人に対する思いやりをもった平和な人が育つことや、様々なアイデアや考えは多様性から生まれるということを主の祝福として受け止めつつ」「『一つの体』としての信仰共同体を形成する必要がある」とした。

さらに同教団はもう一つの特徴として「マイノリティ性」を掲げている。具体的には、「自らのマイノリティとしての経験に根ざした先駆的な宣教活動を進めることが今一層求められて」おり、「マイノリティ（小さくされた者）と共に立つ信仰共同体（マイノリティ教会）の形成を目指すべき」としている。在日大韓基督教会は上記のようにこれまで在日コリアンのための教会として様々な活動をしてきたが、「マイノリティ教会」と表現することで民族の枠を超えてより普遍的な問題に取り組む教会像を提示する意図があると思われる。

実際、2015年には第3回「マイノリティ問題と宣教」国際会議を主催したが、そこでは日本のヘイト・スピーチなどの課題や多民族・多文化共生社会の実現に向けて論議がなされた。2017年には「1. 人種主義との闘い、すなわち人権・共生・平和の実現、2. 青年宣教、すなわち宣教課題を担う青年リーダーの育成、3. 和解と平和のスピリチュアリティ開発」を使命とする「マイノリティ宣教センター」を開所した[13]。一見すると教団外の社会活動に対する姿勢を示しているように思える在日大韓基督教会の「マイノリティ性」は、上記の「多様性」という特徴と関連させてみると、教団内に存在する多様なメンバーを「マイノリティ（小さくされた者）」とまとめあげることで、「『一つの体』としての信仰共同体」を構想していると考えることもできよう。そういった意味で、在日大韓基督教会は序章で示された宗教組織外〈多文化共生〉を志向しつつ、宗教組織内〈多文化共生〉をも視野に入れた理念を掲げているといえる。

大阪教会の歴史と現状

大阪教会は在日大韓基督教会のなかでも、初期の頃に設立された歴史のある教会である。以下でその歩みを確認しよう（**写真5-1**）。

1921年、朝鮮人神学生と紡績会社の女工として働いていた朝鮮人女性らが集まり、紡績会社内に祈祷所を設けた。これが大阪教会のはじまりとされている。その後、たびたび移転があり、1926年には桃谷町にて入堂礼拝を行った[14]。この頃の礼拝出席者数は平均27人であった。翌年、伝道所から教会に改

称し、1929年、東成区猪飼野に移転した。当時は「一般的に信徒や求道者が雇傭生活者であった関係で、日曜日は休日ではなく、昼の集会礼拝より夜の集会が盛況であった」[大阪教会創立80周年史編纂委員会編 2001：43]。

写真 5-1

大阪教会の外観（筆者撮影）

戦前は集会の説教中に「われらは日本に住んではいるが、韓国人であることを忘れるな」との表現を理由に神学生が検挙され、集会が中止になったり、夜間聖経学校が「民族教育を理由に特高課で中止命令を受けて閉校にな」るなど、警察や特高（特別高等警察）と緊張関係にあったため、エスニシティを強調することが抑制されていた［大阪教会創立80周年史編纂委員会編 2001：44-46］。そして1942年には日本基督教団に加入し、「説教と祈祷も日本語の使用を強要され」た［大阪教会創立80周年史編纂委員会編 2001：48］。そうしたなかでも礼拝出席者数は増え、1937年には100人を超え、1942年には150人となった（**図5-1**）。翌年以降は大幅に出席者が減少しているが、これは日本語での礼拝や説教が禁止されたことに加え、戦況悪化による信徒の帰国や疎開が影響したと考えられる。

戦後、日本基督教団を脱退した在日大韓基督教会のもとで、改めて活動するようになった。1946年には70人であった礼拝出席者数は、徐々に上昇し1958年には165人となったが、1970年代までは増減を繰り返している。1971年に

図 5-1 大阪教会の年間平均礼拝出席者数の変遷

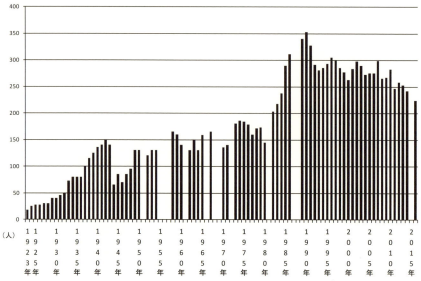

出典：1923〜1975年は［在日大韓基督教大阪教会 1979］、1976〜2017年は『公同議会録』より[15]。筆者作成

は「二世をはじめ韓国語が聞き取れない人の為に通訳機を設置して同時通訳」を開始しており、世代交代が進んでいることが分かる［大阪教会創立80周年史編纂委員会編 2001：55］。また1979年には保育園を設置した。

　礼拝出席者数が急増したのは、1980年代である。その内訳をみると、韓国語礼拝の女性がとくに増加していることから、韓国系ニューカマー女性が教会に集うようになったことが影響していると考えられる。その後、漸減しているのは在日コリアンの高齢化に加え、二世への信仰継承が必ずしもうまくいかなかったこと、韓国系ニューカマーの一部が別の教会や地域に移動したり、帰国したりしたことが挙げられる。

　大阪教会は現在、生野区中川西 2-5-11（生野区のコリアンタウンのすぐそば）に立地している。これまで8人の担任牧師が任命され、韓国系ニューカマーである現在の担任牧師（以下、A牧師とする）が社会福祉活動として老人大学（生涯学習支援）を始めた。2017年現在、大阪教会に籍を置いている信徒数は573人（別帳教人も含む）であり[16]、在日大韓基督教会の中で最も規模の大きい東

京教会に比肩するほどである。また一般的にみても、日本にあるプロテスタント教会のなかでは大規模だといえる[17]。

　教会行事としては、日曜日に日本語礼拝、韓国語礼拝、午後礼拝、教会学校礼拝を行っている。その他に毎日朝に早天祈祷会が、水曜日の夜に祈祷会がある。また教会内外の人々に向けて韓国語教室を開いている。韓国のキリスト教会とも交流があり、頻繁に韓国から教会員が訪れる。その際、老人大学の取り組みにも参加してもらうことで、参加者との交流を促している。さらに教会が設立した保育園が隣接しており、園児たちが老人大学に参加することも恒例の行事となっている。こうしたことから、老人大学は大阪教会の他の行事とまったく別個に存在しているわけではなく、むしろ機会があれば積極的に交流するようなものであることが分かる。

4. 地域社会に向けた教会の福祉活動

　2017年現在、老人大学は週1回、平日（火曜日）に実施されているが、夏期、冬期、年末年始などは休みとなる。参加人数は毎回、約100人程度である。参加者は登録してから2年で卒業することになっているが、再度申し込むこともできる。そのため2年以上、継続的に参加している人も少なくない。

　午前11時から始まり12時までは、礼拝堂で歌唱（讃美歌を含む）、体操、牧師によるメッセージなどが組まれ、昼食をとる。昼食後は、各々知り合いと話すか、食堂奥の部屋で行われている韓国舞踊の練習に参加する。午後1時からは、日本語班、韓国語班、英語班、美術班、韓国伝統芸術班[18]と目的別に講座が分かれており、午後2時頃まで活動し、各々解散する（**写真 5-2**）。

4.1. 老人大学の沿革

　老人大学の前身には、1991年頃から教会内の信徒組織である「ナオミ部」（70歳以上の女性信徒が加入するもの）が毎週火曜日に行っていた「さんびと聖書よみの集い」があった［大阪教会創立90周年歴史編纂委員会編 2013：102］。この活動をA牧師が2004年に地域住民にも開かれた地域福祉活動として発展させたのである[19]。

　財源については、当初から基本的に大阪教会が独自に出資している。これは

写真 5-2

韓国舞踊を練習する参加者たち（筆者撮影）

　大阪教会の信徒数が多くそれだけ献金額が増加することに加え、在日コリアンや定住化した韓国系ニューカマーといった固定的な信徒層の存在が、安定して財源を確保できる要因となっているのだろう。また2005年には大阪市社会福祉協議会による見学をきっかけに、その後、大阪市福祉局から食事の経費の補助を受けるようになった。現在は昼食が教会の財源に加え、大阪市福祉局と参加者から一部負担してもらうことで成り立っており、年間総予算の約3割が行政の補助金によるものである。

　初めは40人ほどの参加者であり、そのほとんどが大阪教会の信徒であったが、4～5年経つ頃には、口コミや紹介などによって地域の人々が多く参与するようになった。それにともない、当初は韓国語で行っていたプログラムをすべて日本語で行うようになった。また、参加者の要望に応じて上記にあげた様々なプログラムを設けるようになった。

では、なぜ教会の信徒向けの活動が、地域社会に向けた活動に変貌していったのだろうか。まずはこの活動を始めたＡ牧師の来歴から確認していきたい。

Ａ牧師の来歴

　Ａ牧師（60歳代、男性、韓国出身）は当初、在日大韓基督教会に所属する東京の教会で牧会をしていた。当時、同教会は韓国から来ている若者が中心だったそうである。大阪教会には2000年末に赴任した。当時の印象についてＡ牧師は次のように語る。

　　　大阪に来てみたら、大阪教会はすでに教会（の）歴史が80年（を）迎えてる。その時代ですでに在日一世の方々が少なくなるその状態のなかで、二世の方々がもうすでにお年寄りという。……65歳以上、たぶんその時30％ぐらいだと思うんです。それで自分自身が牧師として、どのようにこの大阪教会の全体的な牧会をみるべきなのか（と考えるようになった）。（2016年8月9日インタビューより）

　東京で赴任した教会とは異なり、Ａ牧師は高齢の信徒へ対応する必要に迫られた。さらに地域住民にも高齢者が多いことも踏まえ、大阪教会での牧会を次のように考えるようになった。

　　　教会というのは信徒だけじゃなくて、地域にいらっしゃる方々が教会との交わりを持つこと、教会は必ず何か宣教するというそこに目的を置くべきじゃなくて、自然に地域のお年寄りの方々と交わりをするなかで、本当に人間らしく生きる。それを目指していく。（2016年8月9日インタビューより）

　こうしたＡ牧師の考えを反映する形で、教会内のプログラムの一つにすぎなかった「さんびと聖書よみの集い」は、信仰の有無や国籍に関係なく、教会の近隣で暮らす高齢者も対象とする活動へと姿を変えていった。教会内のプログラムが地域社会に向けた活動に変容する過程では、Ａ牧師の牧会理念が大きく影響しているといえよう。

さらにA牧師は活動の当初から、老人大学の参加者に対して直接的な伝道（布教）はせず、信徒とすることは目的としないという方針をとってきた。これは、宗教組織がベースとなる社会的な活動を一般の人々に受け入れられやすくするための工夫の一つだと考えられる。2節で言及したとおり、在日コリアンの多くが「無宗教」を自認していることから、こうした配慮がなされているのだろう。

4.2. 老人大学の参加者およびボランティアの属性

もちろん、活動を支えるボランティアや参加する人々がいなければ、こうした活動は成り立たない。表 5-1 をみると、参加者数は 2006 年以降、基本的に増加傾向にある一方で活動を支えるボランティアの人数は横ばいであることが分かる。そのため、当初はボランティア 1 人で約 2 人の参加者を支えていたのが、2012 年以降は、約 4 人の参加者を 1 人のボランティアが支えるようになっており、担い手の負担が増していることは否めない。また近年の大阪教会の礼拝出席者数は 250 人弱であり、その約 10 分の 1 がボランティアとなっているともいえる。そういった意味で、老人大学は社会運動論的に言えば、「合意の動員」は達成できたが、実際にボランティアをするというレベルでの「行為の動員」には成功したとは言い難い状況であろう［樋口 2004］。平日の日中にボランティアとして参加するという行為が高コストであるのが、原因の一つだ

表 5-1 老人大学の参加者数・ボランティアの人数の変遷

	2006 年	2007 年	2008 年	2009 年	2010 年	2011 年	2012 年	2013 年	2014 年	2015 年	2016 年
実施回数（回）		43	42	41	38	39	39	40	38	36	39
参加者（人）	41	45	40	54	68	81	88	95	100	95	97
ボランティア（人）	19	16	15	19	21	23	23	26	24	22	23
参加者に占めるボランティアの割合（%）	46.3	35.6	37.5	35.2	30.9	28.4	26.1	27.4	24.0	23.2	23.7

出典:『公同議会録』より。筆者作成

124

と考えられる。

とはいえ毎週平日、それも日中の3時間をボランティアとして活動できる信徒が平均20人前後もいることは特異な点である。それだけの人材を集めることはそもそも、大阪教会のような大規模な組織でなければ難しいことだと考えられる。なぜこれだけの人数が参加したり、ボランティアとして供給できたりするのだろうか。以下では老人大学に参加する人々の属性とボランティアを担う人々の属性から、こうした活動が成り立つ背景を考えてみたい。

参加者の属性

筆者が見聞きする限り、参加者のほとんどは在日コリアンで、1割程度、韓国系ニューカマーがいる。日本人は数人程度である。2015年に大阪教会と大阪市社会福祉協議会が行った質問紙調査によれば[20]、参加者は女性が90.7%（68人）、男性が8.0%（6人）と圧倒的に女性の割合が高い。年齢は70歳代が最も高く56.0%（42人）、次いで80歳代が33.3%（25人）、60歳代が5.3%（4人）である。以上から、70歳代以上の在日コリアン女性が参加者の大半を占めていると推察できる。

また2012年に大阪教会が行った質問紙調査によれば、参加者の宗教は仏教が36.3%（33人）、キリスト教が34.1%（31人）とそれぞれ3分の1程度であり、クリスチャンがマジョリティというわけではない。実際、参加者のうち教会員は24%（48人）である一方、その他の地域住民は76%（152人）だとされている[21]。ここから、A牧師が掲げた地域住民の参加という目標は現状では、おおむね成功していることが分かる。

では彼／彼女らはどのようにして老人大学を知ったのだろうか。上記の2012年の調査では、知人の紹介で知った人が約半数、3割は教会で知ったと回答されている。上記のクリスチャンの割合とあわせて考えると、クリスチャンではない人々は知人の紹介で知ったのだと推察できる。また、在日コリアン同士の口コミによって広がったとも考えられよう。

続いて、老人大学の科目で関心を持っているものは、韓国語が最も高く35.2%（32人）であり、日本語が26.4%（24人）、英語が23.1%（21人）と続く[22]。さらに老人大学の特別行事の中でとくに良かったもの（複数回答）は、最も高いのが健康講座の31.9%（37人）、韓国舞踊が23.1%（24人）、歌が14.3%（16

人）であった。

　前述したように、在日コリアン高齢者は福祉サービスを十分に享受できているわけではない。そうしたなかで、教会が提供する地域福祉活動が、在日コリアン高齢者の生活上のニーズ（たとえば言語学習、健康問題の解消など）をある程度、みたすものとして受け入れられたのだろう。さらに孤立しがちな高齢者にとって毎週約 100 人の同胞が集う老人大学は貴重な場だといえる [23]。事実、ある在日コリアン女性は、自伝の中で老人大学へ参加し、「ひとときの寂しさをまぎらわすことができた」と記述している［柳 2014：165］。

　このように教会がベースとなる活動に多くの地域住民が参加する背景には、積極的な布教とみられるような要素をなるべく排除したうえで、地域性に応じた活動内容、すなわち地域に多く住む在日コリアン高齢者の置かれた状況を踏まえて、言語教育や韓国舞踊を行う場などを提供していることが挙げられる。

ボランティアの属性

　Ａ牧師は老人大学の取り組みについて信徒に対して次のように説明している。

　　　なぜ教会がこの老人大学をするべきなのか、たとえば宣教的なこととか、地域の交流とか、それと実際、老人をどのように理解して交わりをするべきなのか、そのような研修 [24] を重ねていって、教会の中で「ああこれは私たちがはっきり二つ分けて、宣教の課題としても、地域の交わり（としても）二つのことをしよう」と。（2016 年 8 月 9 日インタビューより）

　ここでは、老人大学が「地域の交わり」であると同時に「宣教の課題」であると言及されている。こうした説明によって、老人大学のボランティアを宗教活動として意義づけ、老人大学への同意と参与を促す意図があるのだと考えられる [25]。しかし先に述べた方針に従い、参加者へ直接布教するようなことは行われない。

　また、老人大学の準備は 2 年という期間を通して行われ、十分に周知させる機会があった。こうした宗教的意義づけや綿密な準備によって、信徒の理解が得られるようになったといえる。だが、前述したように信徒のすべてが活動に参与するわけではなかった。

写真 5-3

食事スタッフとして奉仕する韓国系ニューカマーたち（筆者撮影）

　ではどのような人々が活動を支えているのだろうか。ボランティアの社会的な属性を確認したところ、ほとんど中高年の女性であり、韓国系ニューカマー一世が3分の2を占め、残りが二世以降の在日コリアンであった。彼女たちの中には就労している人々もおり、老人大学のある火曜日は仕事を休んで活動に従事することもある。

　ボランティアはその活動によって大きく二つのグループに分けることができる。一つが食事を作るグループ、もう一つが参加者に様々な講義を行うグループである。どちらも信徒が関わっているが、後者は副牧師などの教役者が担当していることもあり、前者に関わることが多い（**写真 5-3**）[26]。

　ではなぜ在日コリアン高齢者が支援の中心となっている老人大学に、在日コリアンではなく韓国系ニューカマーの信徒が主に奉仕しているのだろうか。一つには韓国系ニューカマーが教会活動に熱心であることが挙げられる。その背

景には上述した韓国系キリスト教会の役割が指摘できる。すなわち、母国を離れて暮らす一世の場合、ホスト社会において社会的なネットワークを構築する機会が必ずしも多いとはいえず、教会はそういった人々にとって宗教を通した交際の場ともなっている。とくに教会内での社会関係が彼／彼女らの日常生活と切り離すことができないほどにリンクしていることが少なくない。そのため教会が行う活動へ参与することは、同胞との関係構築を図ったり、維持したりするうえでも重要な機会であり、日本で生まれ育った在日コリアンの二世や三世と比べれば、韓国系ニューカマー一世の方が活動に参与する傾向にあるのだと考えられる[27]。

このように、老人大学は韓国系ニューカマー牧師によって開始され、実質的に韓国系ニューカマーの女性たちを中心とした教会メンバーによって担われている。

5. おわりに

序章での議論を踏まえると、大阪教会の老人大学は、基本的に自教会の資源を用いて地域の（在日外国人）高齢者を支援するという多文化共生の取り組みに関与しているという点で、宗教組織外〈多文化共生〉に該当する。この類型には生野区における他のキリスト教系の活動も当てはまるだろう。しかしそれらの取り組みと比べると、老人大学は行政という公的機関と関わっている点が特徴的である。第9章でも指摘されているとおり、活動の財源を行政からの補助金に依存することによって、活動内容の自立性が制限されうる。大阪教会の場合、自教会で一定の財源が確保できているため、行政の補助金は必ずしも必要としない。にもかかわらず行政の補助金を得ているのは、さらなるサービスの向上や活動の信頼性を担保させるために、公的機関との協働が効果的であると考えたのだろう。こうした戦略は、白波瀬が指摘した「他機関との協働関係が乏しい」［白波瀬 2015: 149］韓国系キリスト教会にはみられないものだと考えられる。なぜならこうした戦略がとれるのも、自教会の信者形成が目的ではなく、信仰にもとづいた地域福祉活動だからである。大阪教会はこれまでも在日大韓基督教会に所属する一教会として人権獲得運動にかかわり、また独自に保育園を設立するなどして地域活動にも取り組んできた。そうした信仰にもと

第5章 高齢化問題に取り組む韓国系キリスト教会

づく社会活動の延長線上に老人大学も位置しているといえよう。

　最後にもう一つ老人大学の特徴を挙げるとすれば、しばしば「支援される側」として扱われがちな（韓国系）ニューカマーが、ここでは立場が逆転して、活動を「支援する側」としてその中心メンバーとなっている点である。指紋押捺拒否運動以降、在日大韓基督教会では多くの信徒を動員した社会活動を展開できずにいた。そうしたなかで、少なくとも老人大学では韓国系ニューカマーによる奉仕が活動を円滑に進めるうえで欠かせないものとなっている。ゆえに彼女たちは、「宗教組織外〈多文化共生〉」の一つである社会活動を積極的に展開する在日大韓基督教会にとって貴重な人材である。そのため、在日大韓基督教会が韓国系ニューカマーを教会内にどのように位置づけていくのか、言い換えれば「宗教組織内〈多文化共生〉」に対して、前述した宣教理念をもとに同教団がいかに取り組んでいくのかが今後、注目される[28]。

［付記］
本章は、2016 年度東洋大学井上円了記念研究助成および 2017 年度公益財団法人ユニベール財団研究助成による研究成果の一部である。

129

注

1) 内閣府、平成 29 年版高齢社会白書（概要版）（http://www8.cao.go.jp/kourei/whitepaper/w-2017/html/gaiyou/s1_1.html, 2017.11.30）より。

2) 1980 年代以降に来日した新来外国人、いわゆるニューカマーと呼ばれる人々の高齢化を扱った研究も、近年なされている。たとえば［高畑 2008］が挙げられる。

3) 先行研究で「韓国系キリスト教会」という語は、在日大韓基督教会という教団に対して、1980 年代以降に（韓国系ニューカマーによって）設立されたキリスト教会群を指す用語として用いられてきた。しかし中西尋子が指摘するように［中西 2016］、一教団と教会群の対比はレベルが異なるうえ、「韓国系キリスト教会」が在日大韓基督教会に加入するケースがみられるなど、両者を厳密に分けることは難しい。そこで、本章では両者を包含するより広い定義を用いた。

4) 2015 年時点で、在米コリアンは約 182 万人とされている。United States Census Bureau（https://factfinder.census.gov/faces/tableservices/jsf/pages/productview.xhtml?pid=ACS_15_1YR_B02018&prodType=table, 2017.11.30）より。

5) 法務省、在留外国人統計（2016 年 12 月末　表 16-12-02-1（https://www.e-stat.go.jp/stat-search/files?page=1&layout=datalist&lid=000001177523））より。

6) 法務省、帰化許可申請者数等の推移（http://www.moj.go.jp/MINJI/toukei_t_minj03.html, 2017.11.30）より。

7) 1970 年に日立製作所の採用面接に合格した朴鐘碩（在日コリアン 2 世）が在日コリアンであることを理由に後日採用が取り消しとなった就職差別事件で、1974 年に原告側の勝訴判決が出た。この事件では在日大韓基督教川崎教会の青年会会長らが「朴君を囲む会」を組織し、同教会の担任牧師も呼びかけ人の 1 人となった［川崎教会歴史編纂委員会編 1997：64-65］。

8) 1980 年代、外国人登録法の指紋押捺制度を拒否する在日コリアン 2 世、3 世が各地で現れるようになった。拒否者のなかには逮捕される者も出たが、拒否運動が高潮したことや地域住民の粘り強い交渉の結果、1992 年に外国人登録法が改正、翌年に永住者と特別永住者については指紋押捺が廃止された。さらに 2000 年になって、指紋押捺制度自体が全廃された［鄭 2010：221-222］。なお、この運動にも在日大韓基督教会は積極的に関わっていた［在日大韓基督教指紋押捺拒否実行委員会編 1986］。

9) KOSIS、성, 연령 및 종교별 인구 - 시군구（http://kosis.kr/statHtml/statHtml.do?orgId=101&tblId=DT_1PM1502&vw_cd=MT_ZTITLE&list_id=A11_2015_50&scrId=&seqNo=&lang_mode=ko&obj_var_id=&itm_id=&conn_path=K1&path=, 2017.11.30）より。

10) 金賛汀は在阪コリアン（済州島出身者）が工業労働者を指向したのは、工場労働者の

第 5 章　高齢化問題に取り組む韓国系キリスト教会

方が土工よりも労働条件や労働環境が良かったことだけではなく、すでに済州島で手紡ぎ家内工業の労働の体験のようなものが存在していたことをあげている［金 1985：96-97］。

11）東京都荒川区も戦前から済州島出身者が多く存在しており、生野区と同じような地域的な特徴がある。

12）在日大韓基督教会、宣教理念（http://kccj.jp/abst/rinen, 2017.11.30）より。

13）CHRISTIAN TODAY 「ヘイトスピーチをのりこえ、共生の天幕をひろげよう！」第 3 回「マイノリティ問題と宣教」国際会議、共同声明を発表（http://www.christiantoday.co.jp/articles/17894/20151130/3rd-international-conference-minority-mission.htm, 2017.11.30）より。

14）当時の名称は在日朝鮮人耶蘇教東部伝道所であった。

15）年によっては人数以外の表記もみられた。「〜」は中間値をとり、「餘」と「以上」に関しては無視した。

16）2017 年の『公同議会録』より。

17）『キリスト教年鑑 2017 年版』を参考に信徒の総数をプロテスタント教会の総数で割ると、一教会当たりの平均信徒数は約 81.1 人となる。

18）主にチャング（장구、杖鼓）やブク（북、太鼓）などの朝鮮半島を代表する楽器の演奏を行っている。

19）当初の名称は敬老学校であった。2006 年の大阪教会創立記念主日の際、老人大学に改称した。

20）大阪市に住む参加者を対象にしたものである。

21）2017 年度の『公同議会録』より。これは老人大学の活動に登録した参加者を対象としている。なお、参加者のうち、徒歩や自転車で来ている人が 8 割弱であり、生野区を中心に近隣の地域（東成区、西成区、平野区など）からも参加していることがうかがえる。

22）2016 年に始まった文化班は人気が高く、募集人数を上回るほど参加希望者が集まった。

23）食事代（200 円）を除けば、基本的に無料で活動に参加できるのも、経済的に厳しい状況に置かれている在日コリアン高齢者の参加を可能にする一要因だと考えられる。

24）韓国で行っている老人大学やシルバースクールに牧師やボランティアが出向いたほか、韓国で老人大学を行っている人を招いて役員会で 1 日研修をした。

25）ただし、参加者が洗礼まで至るケースはまれである。ほとんどの参加者（ノンクリスチャン）は、老人大学に参加するのみで日曜礼拝に出ることはない。

26）教役者以外のボランティアは、信者の有志によって集められているが、講師に関しては能力の有無を確認する必要があるため、牧師が自ら信徒と交渉して人材を集めている。

27）加えて、韓国系ニューカマー一世のなかには、参加者と故郷の両親（とくに母親）を

131

重ね合わせている人もいるとＡ牧師は語る。日常的に両親と会うことができない一世にとって、老人大学での奉仕は、故郷に残した両親に対する思慕の念や心苦しさを解消しようとする側面もあるのだろう。

28）前述したように、平日の日中に毎週のようにボランティアとして活動するのは容易なことではない。それにボランティアである韓国系ニューカマーも次第に高齢となり参加者側に立場が移り変わっている。彼女たちに依存した形態では、現在の規模を維持したまま活動を続けていくことはいずれ難しくなるだろう。

参考文献

鄭雅英 , 2010「指紋押捺拒否運動」国際高麗学会日本支部『在日コリアン辞典』編集委員会（代表・朴一）編『在日コリアン辞典』明石書店 . 221-222.

福本 拓 , 2017「在日朝鮮人集住地区の歴史的ダイナミズム──大阪市生野区」水内俊雄・福本拓編『都市の包容力──セーフティネットシティを構想する』法律文化社 . 66-76.

福岡安則・金 明秀 , 1997『在日韓国人青年の生活と意識』東京大学出版会 .

原尻英樹 , 2000『コリアンタウンの民族誌──ハワイ・LA・生野』ちくま新書 .

秀村研二 , 2012「韓国プロテスタント教会の社会文化的特徴──社会変化の視角から」『韓国朝鮮の文化と社会』11: 16-36.

樋口直人 , 2004「国際 NGO の組織戦略──資源動員と支持者の獲得」大畑裕嗣・成元哲・道場親信・樋口直人編『社会運動の社会学』有斐閣選書 . 97-112.

＿＿＿＿＿ , 2016「在日コリアンの参政権と国籍」小倉紀蔵・大西裕・樋口直人『嫌韓問題の解き方──ステレオタイプを排して韓国を考える』朝日新聞出版 . 219-246.

飯田剛史 , 2002『在日コリアンの宗教と祭り──民族と宗教の社会学』世界思想社 .

李 仁夏 , 1979『寄留の民の叫び』新教出版社 .

李 賢京 , 2010「宗教文化交流による日韓宗教市場の再編──日本の新宗教と韓国のキリスト教を事例に」（北海道大学大学院文学研究科 人間システム科学専攻博士論文）.

＿＿＿＿＿ , 2012「韓国人ニューカマーのキリスト教会」三木英・櫻井義秀編『日本に生きる移民たちの宗教生活──ニューカマーのもたらす宗教多元化』ミネルヴァ書房 . 193-224.

猪瀬優理 , 2011「朝鮮学校教員家族における祖先祭祀の変容」李元範・櫻井義秀編『越境する日韓宗教文化──韓国の日系新宗教 日本の韓流キリスト教』北海道大学出版会 . 209-236.

石川久仁子 , 2015「外国人集住地区における居住支援実践モデルの開発──民間非営利団体

による 3 つの実践の比較検討から」『大阪人間科学大学紀要』14：1-9.

魁生由美子, 2005「大阪市生野区における福祉ネットワークの形成——在日コリアン高齢者の社会保障と生活支援」『立命館産業社会論集』41(1)：153-170.

川崎教会歴史編纂委員会編, 1997『川崎教会 50 年史』在日大韓基督教会川崎教会.

木下麗子, 2014「在日コリアン高齢者の福祉アクセシビリティ——地域包括支援センターによる夜間中学校へのアウトリーチ実践から」『ソーシャルワーク学会誌』28・29：1-15.

キリスト教年鑑編集委員会編, 2017『キリスト教年鑑 2017 年版』キリスト新聞社.

金 賛汀, 1985『異邦人は君ヶ代丸に乗って——朝鮮人街猪猪飼野の形成史』岩波新書.

Kim, Kwang Chung and Shin Kim, 2001, "Ethnic Roles of Korean Immigrant Churches in the United States", In *Korean Americans and Their Religions: Pilgrims and Missionaries from a Different Shore,* edited by Ho-Youn Kwon, Kwang Chung Kim and R. Stephen Warner, 71-94, The Pennsylvania State University Press.

中西尋子, 2013「民族の教会としての教会形成——在日大韓基督教会を事例として」『コリアンコミュニティ研究』4: 42-61.

―――――, 2016「韓国キリスト教の日本宣教——在日大韓基督教会と韓国系キリスト教会群の連続性」『宗教と社会』22: 33-41.

二階堂 裕子, 2007『民族関係と地域福祉の都市社会学』世界思想社.

荻 翔一, 2017「エスニック・チャーチとしての存続と葛藤——戦後期における在日大韓基督教会を事例に」『東洋大学大学院紀要』53: 1-21.

大阪教会創立 80 周年史編纂委員会編, 2001『大阪教会創立 80 周年記念誌』在日大韓基督教大阪教会.

大阪教会創立 90 周年歴史編纂委員会編, 2013『創立 90 周年記念誌　2001–2011』在日大韓基督教大阪教会.

梁 愛舜, 2004『在日朝鮮人社会における祭祀儀礼——チェーサの社会学的分析』晃洋書房.

白波瀬 達也, 2015「韓国系プロテスタント教会のホームレス支援の特徴とその効用」『宗教の社会貢献を問い直す——ホームレス支援の現場から』ナカニシヤ出版.117-149.

外村 大, 2004『在日朝鮮人社会の歴史学的研究——形成・構造・変容』緑蔭書房.

庄谷怜子・中山 徹, 1997『高齢在日韓国・朝鮮人——大阪における「在日」の生活構造と高齢福祉の課題』御茶の水書房.

杉原 達, 1998『越境する民——近代大阪の朝鮮人史研究』新幹社.

高畑 幸, 2008「在日フィリピン人と加齢——名古屋の高齢者グループを手がかりとして」『国際開発研究フォーラム』37: 59-75.

竹中理香, 2015「戦後日本における外国人政策と在日コリアンの社会運動」『川崎医療福祉

学会誌』24(2): 129-145.

田村紀之, 1984「戦後在日韓国・朝鮮人人口の推計」『経済と経済学』55: 67-103.

吉中季子, 2006「在日コリアン高齢者の無年金問題の実態──大阪・生野における在日コリアン高齢者調査から」『大阪体育大学健康福祉学部研究紀要』3: 45-62.

柳 東植著, 金 忠一訳, 1975『韓国の宗教とキリスト教』洋々社.

柳 海慶語り, 韓我路編, 2014『海慶打令』風来舎.

在日高齢者調査委員会編, 2004『在日コリアン高齢者生活実態調査報告書』在日高齢者調査委員会.

在日大韓基督教会指紋拒否実行委員会編, 1986『日本人へのラブコール──指紋押捺拒否者の証言』明石書店.

在日大韓基督教大阪教会, 1979『在日大韓基督教大阪教会55年史』在日大韓基督教大阪教会.

在日大韓基督教大阪教会, 『公同議会録』(1977 ～ 2015年度、2017年度) 在日大韓基督教大阪教会.

在日本大韓民国民団在日韓国人意識調査委員会, 2001『在日韓国人意識調査──中間報告書2000年度(アンケート意識調査)』在日本大韓民国民団.

第6章

被差別部落／在日朝鮮人コミュニティにおけるキリスト者の実践[1]
―「地域化」と「内部化」という相互作用―

山本　崇記

1. はじめに――スラム・貧困地域と社会福祉事業

　社会福祉、あるいは、地域福祉という言葉が登場する以前から、実質的には社会福祉・地域福祉の実践は行われてきた。その多くは、キリスト者によるセツルメント活動が発端になっている。とくに、「特殊部落」「細民地区」と呼ばれたエリアは、江戸時代まで続いた旧身分制度を引きずった被差別部落と符合する[2]。近代の部落問題やスラム対策に影響を与えた人物として、内務省嘱託として部落改善政策に正負の両面で大きな役割を果たした留岡幸助や、『貧民心理の研究』の著作がある賀川豊彦などを想起することができる。

　その淵源は、キリスト教の牧師であったサミュエル・バーネットによるロンドンのトインビーホール（1884年）、ジェーン・アダムズによるシカゴのハルハウス（1889年）にある。日本では、宣教師アリス・アダムスによる岡山博愛会（1891年）やキリスト教社会主義者である片山潜による東京のキングスレー館（1897年）が挙げられる。これらのセツルメント運動は、日本の文脈では隣保館・隣保事業として展開し、とくに米騒動以降の都市部の社会事業の一環と

135

しても展開されていった。米騒動の温床とされた被差別部落には集中的に隣保館・隣保事業が投下され、同和行政の起源とも理解されている[3]。

ところで、キリスト者がキリスト者としてスラムや貧困地域と呼ばれるエリアで活動することができるというのは至極当然のことなのだろうかという疑問が浮かぶ。どこかしら、宗教に対して一歩距離をとりたがる心性が強い日本社会のなかで、キリスト者が十全に信仰と布教を展開できたとは考えにくい。とくに、伝統的・保守的な慣習や規範が残る地域社会ではなおさらその点が当てはまるのではないだろうか[4]。

本章では、民間発のセツルメント（隣保事業）が展開していく在日朝鮮人（本章では歴史的・地理的文脈を重視しこの語を用いる）集住地域（スラム地域）と「上から」行政的に隣保事業が展開されていく被差別部落（同和地区）という二つの舞台を行き来したキリスト者の足跡を辿ることで、キリスト者と地域社会の相互作用のありようと、その際に宗教性がどのように発現され／されなかったのかについて明らかにしてみたい。

2. スラム／同和対策から多文化共生事業への「離陸」

今、京都市最大の被差別部落（部落）である崇仁地区では、大きな社会実験が行われている。それは、京都市立芸術大学が崇仁地区内に移転するというプロジェクトである。被差別部落内に大学が移転するというのは珍しい。もちろん、大阪市立大学や佛教大学など、大学と部落が隣接しているという事例は少なくない。今回のケースは、地区内にある元崇仁小学校跡地を中心にした利活用の流れと、2009 年から始まった京都市の同和行政改革の最終段階という流れとが「合流」したという背景を持つ。現在それは、「エリアマネジメント」という手法をもって展開している［山本 2014]。

もちろん、大学の移転となれば、崇仁地区のみならず、北側に隣接する下京区内の各地区や、南側に隣接する在日朝鮮人集住地域（東九条地域）を含む南区内の各地区などにも、大きな影響を及ぼす。

崇仁地区と東九条地域は、1951 年に起こった「オールロマンス闘争」とその後の京都市同和行政の積極的展開によって大きく分断され、「部落」と「在日」という対立軸を形成してきたと理解されてきた。その対立を乗り越えよ

第 6 章　被差別部落／在日朝鮮人コミュニティにおけるキリスト者の実践

図6-1　崇仁・東九条エリアマップ

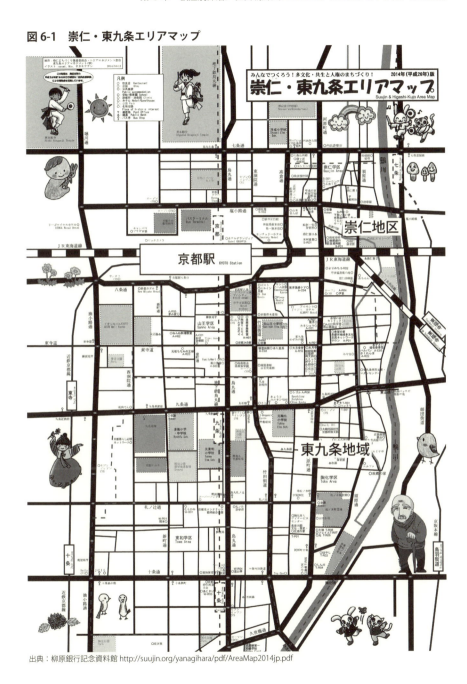

出典：柳原銀行記念資料館 http://suujin.org/yanagihara/pdf/AreaMap2014jp.pdf

うとする文化的な実践やまちづくりもまた旺盛に展開されてきた。たとえば**図 6-1** は、「崇仁・東九条エリアマップ」と銘打ち、崇仁まちづくり推進委員会（自治連合会に相当）・エリアマネジメント部会と東九条エリアマネジメント（準）による共同制作となっている。

崇仁地区では、芸大移転の方針を受けて、「京都市立芸術大学を核とした崇仁エリアマネジメント」というまちづくり組織を結成している。この取り組みには、南側の東九条地域からの参加者も少なくない。また、一方で「京都駅東南部エリア活性化方針」が出されており、該当する東九条地域では、崇仁地区におけるまちづくりとの連携を視野に入れている。

ところで、これらの実践には多くの部外者＝「よそ者」も関わってきた。京都駅に隣接し、スラムや不法占拠地域といったエリアを抱え込んできた両地域は、きわめて流動性の激しい地域でもある。そのことを考えれば、「よそ者」とは一体誰なのか、翻って、真の当事者や地域住民とは誰なのか、という問いそのものがナンセンスにも響く。ジンメル的「よそ者」を前に、シュッツ的「よそ者」への視点は無効化されてしまいそうである[5]。しかし、両地域のまちづくりを観察し、また、コミットするなかで垣間見えてきたのは、執拗なほどの「地元」の正当性の主張と、裏返しとしての「よそ者」の「排除」である。

まちづくりや地域福祉の正当な担い手とは誰か。その線引きをするためのレトリックとして「よそ者」という言葉が持ち出されてきた。しかし、一体、いついかなる流入・定着を経れば、真の担い手となり得るのだろうか。現住所がある、本籍地があるといったところまでがラインであろうか。ボランティアや学生といった立場は完全に「よそ者」と識別できるが、たとえば、近くに引っ越していった「元」住民はどうなるのか。「マルチステークホルダー」や「関係人口」という考え方を導入すれば、地域に関わるすべての人が利害関係者であり、担い手の一部を構成していることになる[6]。しかし、このような機械的な議論が通じないのも地域社会である。その都度、担い手をめぐる真／偽のポリティクスをおさえなければならない。

このような文脈を踏まえつつ、本章では、崇仁地区と東九条地域という舞台において、自ら「よそ者」としてコミットメントを試みてきたキリスト者の実践を取り上げたい。このキリスト者の実践に「戦略」を読み取り、単なる部外者という立場から、地域に緊張をもたらす宣教活動を差し控え、社会福祉実践

を通じて地域に寄与し、自ら住民となることを通じて、段階的に「地域化」して
いくプロセスを跡づけてみたい。この「地域化」の戦略は、地域社会における
町内会役職層やラディカルな地域青年たちとの相互作用を通じて形成され、
住民側が「よそ者」を地域社会に「内部化」する過程であったともいえる。つ
まり、地域化＝内部化という相互作用である。本章では、「地域化」とは地域
福祉やまちづくりの担い手として地域社会に承認されていくプロセス・指向性
を意味し、「内部化」とは地域社会側が「よそ者」を地域福祉やまちづくりの
担い手として受け入れていくプロセス・指向性を意味するものと考えている。

　崇仁地区や東九条地域において、1959年から社会福祉事業を展開し、重要
な地域福祉拠点となってきたのがキリスト教（カトリック）社会福祉施設であ
る希望の家である。本章では、希望の家を事例に、キリスト者の「地域化」と
地域社会による「内部化」という相互作用の実践を分析してみたい。

3.「地域化」の段階的展開

3.1. 地域社会への関わり（1960年代）──「地域化」の端緒

　前述した「オールロマンス闘争」以降、京都市の同和行政は本格的に開始さ
れ、崇仁地区をはじめ、いくつかの地域では改良住宅も建設されはじめていた。
それに対し、東九条地域は、同じような生活状況にありながら、政策的に放置
されてきた。その代わり、東九条地域に対する行政施策が行われる以前におい
て、実際に地域の社会福祉事業を担ってきたのが希望の家であった。希望の家
は、1959年4月、九条カトリック教会に所属していたディフリー神父（初代希
望の家所長）と、当時の東九条保育園後援会長や地元住民の相談により開所し
た。入所施設をともなわない第二種社会福祉事業団体である希望の家は、「家
庭的に恵まれず、十分な学習もできない気の毒なこどもたち」のために、被差
別部落である崇仁地区に建設され、学習支援などが開始されたことに始まる
（『京都新聞』1959年5月2日付）（**写真6-1、写真6-2**）。

　その後、建物は崇仁地区と地続きである東九条山王学区北東部に移設され、
施設・事業の規模も徐々に拡大していく（**写真6-3**）。双方の境界は意識されて
いない。布教を目的とするものではなく、あくまで地域の子どもたちのために
献身しようとする神父の熱意に、地域関係者が動かされたという経緯は重要で

写真 6-1

むかしの崇仁①
出典『地域と共に 50 年―希望の家創立 50 周年記念誌』

写真 6-2

むかしの崇仁②
出典『図説部落問題 人間みな兄弟』

写真 6-3

むかしの東九条に移った希望の家
出典『地域と共に 50 年―希望の家創立 50 周年記念誌』

あり、希望の家の成り立ちを規定する基本的な背景である（『京都新聞』1959年4月17日付）。ディフリー神父と保育園後援会長の交わした「約束」は、「キリスト教の伝道活動として利用しない」「児童の福祉活動を主体とする」という点であった［社会福祉法人カトリック京都司教区カリタス会 1987：16］。

具体的には、目と内科の診療所、貯蓄を促す貯蓄信用共助会、職業訓練、物資の配給などが行われていく。さらに、学童に対するカギっ子教室の委託事業（1965年）、保育園の開設（1967年）、児童館事業の委託事業（1977年）と続く。保育園の開園式には、東九条地域を選挙区にする梅林信一市議（社会党）も出席し、歴代市長との関わりも強い[7]。

一方、1965年には宣教会の人事でディフリー神父は京都を離れ、同じ宣教会に属するマンティカ神父が第二代目の所長として就任し、地域と施設の共同運営を行うという方針を維持・徹底する。具体的には、「組織的に住民と共に希望の家の運営を担う」（傍点は筆者）ために、地域代表とカトリック関係者により理事が構成されたのである［社会福祉法人カトリック京都司教区カリタス会 1987：18-19］。この時期は、宗教活動を控えつつも、地域の改善にとって最も良いあり方を模索する希望の家による「地域化」の端緒だったといえる。

3.2. スラム対策と自主的な社会福祉事業（1970年代）──「地域化」の維持

1967年に当選した革新勢力の富井清京都市長の時代になって、ようやく東九条地域における本格的な対策が行われるようになる。基本的人権としての福祉施策の必要性を強調し、実態調査からパイロットプランの作成にまで至る。しかし、富井市政は1971年に終了する。富井市政期の助役であった舩橋求己が次期京都市長に当選し、スラム対策は引き継がれ、生活館（1972年）、市立浴場（1978年）、保育所（1978年）、老人福祉センター（1982年）の設置などが実現した。とくに、生活館は東九条地域における隣保事業の拠点であった。しかし、「準同和地区」という扱いも受けてきた東九条地域における行政施策は、同和地区に比べると十分ではなかった。それにもかかわらず、同和行政の整理のなかで同和地区に立地する隣保館が廃止されることになると、同じように生活館も廃止されるという憂き目に遭ってしまったという経緯も重要である。

1976年4月19日に起こった大火にみられるように（被災者138人、『京都新聞』1976年4月19日付）、不良住宅の密集、貧困世帯の滞留、人口の過密など、

東九条地域に存在する基本的な問題は十分な解決をみていなかった。そして、何よりも差別問題が正面から問われることはなく、その点を徹底して問うた地元の青年たちの差別行政糾弾闘争が、町内会との間に鋭い緊張を生むことになる［山本 2009］[8]。

　1960年代を通じて形になりはじめた希望の家の社会福祉事業は、京都市のスラム対策が十分な効果を持たなかったのに比して、実質的に東九条地域の社会福祉を支えてきたといえる。また、マンティカ神父を中心に、希望の家はしばしば町内会長とともに協議を重ね、運営の共同化を図り続けていた。希望の家のスタッフや町内の役職者なども参加して、地域福祉施設としての希望の家のあり方が熱心に議論され、後々に本格化する社会福祉法人化についても議論されはじめている。

　一方で、在日朝鮮人の集住地域であるという点に関して、希望の家が最初から意識的であったわけではなかった。町内会役員は在日朝鮮人からも構成されていた。しかし、卒園式に日の丸が掲げられ、民族名で保育園や児童館に通うということに関しても周囲の壁は厚かった。その点が、1970年代半ばから、当時の差別解放運動の影響も受け、徐々に問題化されていく。1978年度の卒園式には日の丸が掲げられなくなり、在日一世の女性たちに識字教育を保障する「オモニハッキョ」の活動が在日大韓基督教京都南部教会（保育園に隣接）の一室で始められたのも1978年からであり、保育園職員も深く関わることになる。

　この気運を推し進めたのは、山王保育所の二代目所長に東九条出身の在日朝鮮人牧師が就任したことにある。当時の保育園園長（神父）と希望の家所長（神父）の積極的な勧めもあり、南部教会の設立や「オモニハッキョ」に積極的に関与していた前述の在日朝鮮人牧師が抜擢され、その後、カトリック保育園の七代目園長（1984 ～ 2014年）にもなっている。彼の就任は在日朝鮮人集住地域という東九条地域の特性に対する理解の深化と保育実践を通じた具体化を促進し、献立・名乗り・挨拶・文化活動・保育士採用・学習活動などを通じて、民族差別の解消につながる実践がなされていく。たとえば、保育実践の特徴は次のように規定されている。

　　部落、障害者、朝鮮人差別が残っている今日、0歳児から共に支えあい、

第6章　被差別部落／在日朝鮮人コミュニティにおけるキリスト者の実践

仲間を大切にしていくことが差別を許していかない第一歩になっていく。
それぞれが持っている民族性や文化を認め大切にしていくことが人間愛を
つくっていくことである。とくに、在日朝鮮人が多数在園している事実を
ふまえ、依って来た不幸な歴史観、朝鮮人観をまず保育園から克服し、地域
へ波及できうる質を着実に積み上げていくことが要求されている。[社会
福祉法人カトリック京都司教区カリタス会 1987：39、傍点は筆者]

　この方針には、人間愛（信仰）、地域化、反差別という指向性の統一を図ろ
うとする問題意識が垣間見える。もちろん、人間愛から（1959〜1960 年代）、
「地域化」（1960 年代〜1970 年代前半）、反差別（1970 年代後半〜1980 年代）の重
視という流れが、直線的に進行したのではなく、内部に緊張を抱えながらも、
キリスト者の実践を通じてその統一化が絶えず模索されていたというべきであ
ろう。

3.3. まちづくりの拠点化（1980 年代以降）──「地域化」の徹底（1）

　上記の実践は施設の内外で取り組まれる。1980 年代になると、地域のまち
づくりが活性化する。それは、1982 年に結成される「東九条改善対策委員会」
（以下、「改善」）の活動を通して具体化する。地域の町内会長と希望の家、学識
者や市議会議員などによって構成され、停滞していたスラム対策を推し進める
ための住民側の体制が整えられた。それにあわせるように、行政側も「東九条
改善対策協議会」を設置し、実態調査、住環境整備事業計画の練り直しを図る
ことになる。

　希望の家は、地元住民組織である「改善」に参加し、とくに「園をあげて、
改善委員会に協力しつつ、この困難な生活環境を安心して住める町づくりのた
めに働いていかなければならない。そして次代のこの地域を担う子育てをして
いく大きな課題を保育園は担っている」とし、「東九条を担う子育て」という
保育園の方針を有機的に関連づけていく[社会福祉法人カトリック京都司教区カ
リタス会 1987：28]。希望の家所長、希望の家カトリック保育園園長、ならび
に希望の家所員などが「改善」の常任理事および事務局に名を連ねている。当
時の希望の家所長（神父）は、「改善」の事務局長を担い、積極的に関与して
いた。「地域化」を図ろうとする強い指向性がここにもうかがえる。

143

その過程で、地域福祉の拠点としてだけではなく、まちづくりの拠点として
も期待がかけられていた希望の家は、宗教法人であるカトリック京都司教区の
管轄から、保育園とともに、独自の社会福祉法人として新たな装いを整えよう
としていた。「改善」では熱心な議論がなされ、京都司教区や「カリタス会」
（社会福祉法人）の了承を得て、法人申請書の提出にまで漕ぎつけていた。法人
化の動きには、単に法制度上の優位性を得るという事業面のメリットからだけ
ではなく、理事長を地元代表者に任せ、これまでの単なる共同運営から、希望
の家を文字どおり地域に還していくような指向性までが含まれていた。それは、
地域の主体性が強く求められることを意味する。しかし、この点は実現しなか
った。

　しかも、熱心に法人化を進めていた「改善」の担い手の交替などもあり、
1980年代後半になると、まちづくりの勢いは失速し、法人化さえも実現しな
かった。1984年度から法人として再出発するために、事業内容から理事の構成、
規約・定款等の変更もすでに整っていただけに、まちづくりの動きは暗礁に乗
り上げてしまったといえる。

3.4. 若手クリスチャンの台頭（1980年代以降）——「地域化」の徹底（2）

　一方で、若手の育成として希望の家は重要な活動に着手する。それが、「東
九条キリスト者地域活動協議会」（Higashikujo Ecumenical Action and Training、
HEAT）の結成である（以下、「HEAT」）。正式発足は1987年であるが、1981
年に結成された「京都キリスト者現場研修委員会」（以下、「研修委員会」）によ
る研修活動（1982年〜1997年）の過程のなかですでに組織体は形成されつつあ
った。"Ecumenical"（エキュメニカル）の用語からも分かるように、カトリッ
クとプロテスタントの違いを超えた組織体でもあった。

　研修活動の開始は、東九条地域にある日本基督教団洛南教会の牧師による、
「（東九条の問題は——引用者補足）関心をもっている人がやればよい」という発
言に端を発している（1980年）。この発言を受けて、教会が地域のなかでどの
ような役割を持ち得るのかという話し合いや学習会が「東九条地域キリスト者
連絡会」で行われ、「研修委員会」の結成につながっていく［東九条キリスト
者地域活動協議会 1987：1］。

　しかし、現場研修に際して、日本基督教団京都教区関係者と地域キリスト者

の間には温度差があった。京都教区内社会部を中心として着手された現場研修には、洛南教会の牧師による発言に端を発する教会と地域の関係という課題を、京都という地域にこだわることで捉え返すという問題意識が存在した。「将来において東九条地域以外（――具体的には、西陣地域）でも現場研修をやれる可能性を残しておきたい」という目標を持っていたのである［東九条キリスト者現場研修委員会 1983：3］。そして、「教会の中で、問題を担い責任を負いうる青年の育成」が目指された［同上：3］。

　一方で、「東九条に固執しつつ希望の家を拠点にし、現場研修を重ねることを決定し」、「日本の差別構造の縮図ともいえるこの地域、東九条の地域に関わるものが、この地に根をおろし」ていくことを目したのが希望の家であった［社会福祉法人カトリック京都司教区カリタス会 1987：138-139］。そして、希望の家を軸に、より東九条地域の実態（差別問題）に即した現場研修が、前述の保育園長（在日朝鮮人牧師）の助言・関与を通じて第二回目（1983年）から行われる［東九条キリスト者現場研修委員会 1984：2-3］。

　この目標の違いは、「学生が地域で成長するのは認めるが、それをまた地域に返すことがないと地域をモルモットにしていることになる」「地域の問題を考える時、地域の立場でとらえていない」という批判への応答を繰り返し問うてきた現場（東九条地域）のキリスト者が置かれた独自の文脈がある［社会福祉法人カトリック京都司教区カリタス会 1987：139；東九条キリスト者地域活動協議会 1987：1］。

　この批判は、1970年代に東九条地域で活動していたセツルメントの学生に対して、地域青年たちが投げかけたものでもあった。その言葉を、主体的に受け止めるキリスト者たちにより「HEAT」が運営され、キリスト者であると同時に地域で活動する者でもあることの意味が問われ続けてきたのである［東九条キリスト者地域活動協議会 1994：4］。ある意味では、「改善」が距離を置いた急進的な青年たちの問いに応じる形で、地域への視点は深められていったといえる。そのため、「HEAT」を軸とした現場研修には、地域青年から町内会を含む地域出身者に現場研修の講師・カンパなどを依頼するといった「バランス」をとることを可能にした。そして、現場研修を担った若いキリスト者の幾人かは、東九条地域に仕事の場を得、住民となり、パートナーを見出し、自らの子を育て、さらなる「地域化」を果たしていく。つまり、「よそ者」性をい

145

っそう薄めていく。そして、若手キリスト者の実践は、宗教性をできる限り相対化しようとする実践ともいえた。

4.「地域化」という戦略の評価

希望の家を軸としてキリスト者がスラム地域で活動を展開するための戦略を、以上の検討から整理するならば**図 6-2**、**図 6-3** のように示すことができるだろうか。図 6-2 では、希望の家にみられる戦略的重点の変化を示した。宗教法人に規定されているという点でも（1964 〜 1995 年）、また、キリスト教施設であるという点でも、何よりもその核心には「信仰」があり、それは何度も確認されている。たとえば、初代所長のディフリー神父からバトンタッチされた二代目所長のマンティカ神父は、希望の家の目的を次のように確認している。

> 希望の家の目的は、すべての人に神のお望みのまま自由に生活する機会を与えること。［希望の家創立 50 周年世話人会編 2010：8］

そして、同年定められた定款（第三条）にも、「この施設は社会福祉の一つとしてカトリック京都教区およびメリノール会の神父によって経営維持されているものである」と規定されている（同上）。

このことがなければ、そもそも東九条地域との関わりも存在しない。しかし、それを全面に出さずに宗教活動を「控える」という一見したところ消極的な立場は、より重視すべき「地域性」というものによってオブラートに包まれ維持される。積極的には地域との施設の共同運営を通して、関係性を維持していた。この点が「地域化」の端緒といえよう。しかし、ミサや聖書研究などは継続して行われ、宣教・信仰と地域の間には緊張関係が絶えず存在していた。

一方で、この関係性にも変化が生じる。地域課題である差別問題は、キリスト者と地域との関係性を安定化させるために、正面から問われることが憚られていた。その点を正面から問うた地域青年たちは、町内会役員と激しく衝突する。とはいえ、キリスト者内部においても、問題意識を持った若い信徒たち（「HEAT」）によって、差別問題が徐々に焦点化され、対立し合う地域出身者（青年会と町内会）をも包摂する形で、まちづくりの活性化に寄与することにな

る。その意味で、「地域化」と反差別の間には緊張が存在しつつも、信仰を軸にそれらを包摂する役割を希望の家（キリスト者）が果たしていたといえる。

これらの過程は、キリスト者・キリスト教関連施設の内部的な状況から考えると、図6-3のような変遷をたどってきたと考えられる。本章では、この過程を「地域化」と表現してきた。前節でみたように、1970年代から1980年代にかけて差別の問題化を通じた「地域化」があり、1980年代以降は、スラム改善の担い手の育成が現場研修と保育園の子育てを通じて行われる。その先に、自らが住民となり、子育てをしていくという実践が重なる。この段階的な「地域化」は、キリスト者のなかで、信仰・「地域化」・反差別の統一的把握（「地域化」の昇華）を通じて模索されてきたものといえる。

その意味で、第一に、媒介・調整役としてのキリスト者（「よそ者」）の存在があってこそ、地域社会の異なる性格の運動体が力を発揮しうる。第二に、それはただ単に第三者としての中立性によって可能になっているのではなく、巧みな「地域化」という戦略によってこそ可能になっている。それにより、地域社会の主体としてキリスト者は無視し得ない存在となってきた。ただ、一方で「地域化」の徹底は、キリスト教の実践としての布教という点を差し控え選び取られた戦略であったし、そのことにより、かつてほどキリスト者の存在やプ

図6-2　希望の家の戦略と地域社会との相互作用

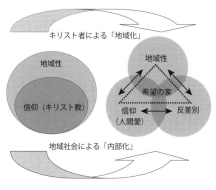

出典：山本2010

図6-3　希望の家の担い手の変化と「地域化」の段階

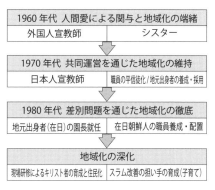

出典：山本2010

レゼンスが目立たなくなっていくという結果を生み出すことになったといえる。

5. おわりに──「地域化」後の今

　崇仁地区・東九条地域に関わるキリスト者は、ある意味で、究極の「よそ者」であり続けた。布教といった宗教活動を控えつつも、信仰そのものをやめているわけではない。地域社会に緊張をもたらす可能性を排さずに、その立場を堅持している。希望の家を住処とした神父や今現在も地域内に住むシスターたちも、決して、さらなる「地域化」を企図しているようにはみえない。しかし、カトリック／プロテスタントを問わず、少なくない一般信徒（平信徒）たちは、結婚などを通して、この地に定住し、働き、子育てを経験し、今現在、まちづくりや地域福祉の主要な担い手となり、「地域化」というプロジェクトを継続している。

　それだけではない。1990年代から本格化する住環境整備事業の過程で、特別養護老人ホームやデイサービス、地域包括支援センターといった事業を担ってきたのも、希望の家の大元であるカトリック京都司教区カリタス会である。その事業は、さらに、2011年より始まった「京都市地域・多文化交流ネットワーク促進事業」に発展している（事業委託形式）（**写真6-4**）。この事業は、2008年から始まった「京都市同和行政終結後の行政の在り方総点検委員会」により廃止された被差別部落における隣保館事業と好対照に、従来の地域福祉を「地域・多文化交流」という形で衣替えさせ、発展的に解消したことで始まっている。それは、行政側から提案されたのではない。地域の側は「隣保」の否定を一端は受け入れた。同和地区に比して「準」という形で政策的劣位に置かれていた状況を逆手にとり、「多文化」という表現を意識的・戦略的に選択したという特殊な経緯がある［山本 2013］[9]。この点は、東九条地域と相互に参照し合ってきた川崎市（社会福祉法人青丘社・ふれあい館）とは異なる点であり［富坂キリスト教センター編 2007］、被差別部落と在日朝鮮人の居住地域が重なりを示してきた関西圏や西日本地域に敷衍できる特徴といえるだろう。

　とはいえ、1990年代の自治体政策の流れの影響も確かにあり、京都市国際交流会館（1989年）や京都市外国籍市民施策懇話会（1998年～。2010年度以降は「多文化施策審議会」に改称）といった取り組みのなかで指摘され続けた多文

写真 6-4

現在の東九条にある「希望の家」(筆者撮影)

化共生の地域拠点形成の具体化という文脈が重ねられた経緯もある。

そして今、希望の家には、在日朝鮮人と被差別部落の人たちだけではなく、フィリピン人やボリビア人なども集っている。とくに、カトリックを母体にしたフィリピン人コミュニティ(PAG-ASA)の存在感は際立っている(詳細は第7章を参照)。その点で、希望の家の性格は、序章の指摘する「マルチ・エスニックな宗教組織」であり、それは宗教組織内〈多文化共生〉という側面を持ちはじめている[10]。同時に、京都市の事業を委託することで、宗教組織外〈多文化共生〉といったキリスト教的側面を超えた拡がりを強めてもいる。この点は「地域化」の戦略の延長線上にあり、その歴史的経過からすると、当然のことともいえるだろうか。

一方で、カリタス会は、崇仁地区において、デイサービス・地域包括支援センターから学童保育に及ぶ社会福祉事業を展開してもいる。設立当初から存在した両地域をまたいだ活動を展開し続けているのである(**写真 6-5**)。

もちろん、これらの事業のなかで、地元の部落出身者や在日朝鮮人が働き手として職を得ているし、また、地域外からの労働者やボランティア、学生なども受け入れてもいる。すでにその姿は、「地域化」を図る主体から、地域外の

写真 6-5

現在の崇仁地区（筆者撮影）

資源を「内部化」する中心的な受け皿になっているとすらいえるだろう。どれぐらいの地域住民たちがその点に意識的なのかとは別に、実態としてそのような役割を果たしているというべきである。ただし、意識は実態を凌駕する。今現在、このような実態が地域の人々の意識とぴたりと符合していないところに、冒頭で述べた恣意的な当事者性／「よそ者」の線引き（ポリティクス）が許容される局面が続いているのもまた、現実というべきだろうか。

　そしてこの「部落」と「在日」という関係性のなかに、第三項としてプレゼンスを示しはじめているのが、日本自立生活センター（JCIL）である。障害者による自立生活運動の流れを汲む同団体は、東九条地域に事務所を置き、20年以上にわたり、活動を展開している。これらの地域に住む障害者も増え、まさに今現在、「よそ者」という立場を脱するほどに「地域化」を潜行させている。このことは、「多文化共生」というこれまでのフレームをまた一歩違った方向（「多元的共生」[11]）へと導くポテンシャルを持っているといえるのではないか[12]。そして、冒頭で触れたように、完全なる「よそ者」としての京都市立芸術大学の大規模な到来が近日中に迫っているのである。このように考えた時、本章で扱った舞台には、様々な「よそ者」が、時代を追って、流入し、

150

「地域化」してきたといえる（**図 6-4**）。それは翻って、地域の側が外部の力を「内部化」してきた過程ともいえるのではないだろうか。

図 6-4 「よそ者」の変遷におけるキリスト者の位置

出典：筆者作成

注

1) 本章は、拙稿「スラム地域における住民主体とキリスト者の戦略——京都市東九条を事例に」『地域社会学会年報』第22号, 2010年を、その後の推移も踏まえて、改稿したものである。

2) 明治時代以降、身分・職業・土地の三要素が一体であった被差別部落は徐々に減少していく。

3) 京都市の隣保館は、米騒動直後の1919年、東三条の被差別部落に建設された公設の託児所に端を発している。

4) とくに仏教と被差別部落の関係は江戸時代を通じて強化されていくため、現在でも、浄土真宗本願寺派および大谷派の寺院が地区内に立地していることが多い。

5) まちづくりの議論のなかでしばしば登場する「よそ者」であるが、その含意は、ある地域に住んでいる住民には当たり前になっている歴史や文化を、外から入ってきた者が再発見し、新たな価値を見出すことを通じて地域活性化の資源を掘り起こす肯定的な存在として位置づけることができる。これは、シュッツ的な意味での「よそ者」であるが、ジンメルは近代化の過程で各地方から様々に集まってくる無関係の者たち同士が形成する都市的な社会を指し示す言葉として「よそ者」を使用した [シュッツ 1991; ジンメル 1999]。

6) 現代地域福祉におけるトレンドとして、ガバナンス論とともにマルチステークホルダー（複数利害関係者）論が注目されている。それは、地域福祉の担い手として、基礎単位である福祉コミュニティの住民だけでなく、幅広い市民や福祉活動を展開する社会福祉法人やNPO法人、ボランティアや企業家なども担い手として位置づける考え方と言える [杉岡 2006：352]。

7) 梅林は崇仁小学校の卒業生であり、崇仁地区出身者であることも注目に値する。

8) 地元の青年たちは、崇仁地区と東九条地域を越境していた。その証左として、自主映画『東九条』（1968年）は、日本共産党東九条支部、部落解放同盟七条（崇仁）支部、民主青年同盟東九条班、セツルメントによって作られていることが挙げられる。希望の家が設立された頃、セツルメントに集まったのはクリスチャンの学生たちであった。しかし、1960年代半ばになるとセツルメントは共産党系の学生運動の一サークルとなる。その頃、後の日本赤軍兵士・奥平剛士（京都大学学生）もセツルメントのメンバーであった。希望の家は、左傾化したセツルメントを施設から追い出すことになる。

9) この特殊な経緯もしかし、2016年12月に成立した部落差別解消推進法を受けて、修正を迫られるだろう。同法第4条第2項には、「その地域の実情に応じ、部落差別に関する相談に的確に応ずるための体制の充実を図るよう努めるものとする」とされている。

このことにどう向き合うか、早晩、問われることになるだろう。

10) 希望の家では、京都市地域・多文化交流ネットワーク促進事業を開始する前後から、「多文化ミサ」を開始している。

11) 「多文化共生」という言葉の窮屈さに対して、「多元的共生」という射程も提起されはじめている［尾関 2015; 菅沼他編 2014 など］。

12) 「居場所づくり勉強会第 49 弾『東九条と崇仁のいま・むかし』」2018『京都市地域・多文化交流ネットワークサロン』第 24 号.

参考文献

東九条キリスト者地域活動協議会, 1987『地活協ニュース』準備号.

_____ , 1994『地活協ニュース』14.

_____ , 2000『地活協ニュース』32.

東九条キリスト者現場研修委員会, 1983『第 1 回京都東九条現場研修・報告書』.

_____ , 1984『第 2 回京都東九条現場研修・報告書』.

希望の家創立 50 周年記念世話人会編, 2010『地域と共に 50 年──希望の家創立 50 周年記念誌』.

尾関周二, 2015『多元的共生社会が未来を開く』農林統計出版.

シュッツ, A., 1991（1976）『アルフレッド・シュッツ著作集第 3 巻 社会理論の研究』A. ブローダーセン編, 渡部光・那須 壽・西原和久訳. マルジュ社.

社会福祉法人カトリック京都司教区カリタス会, 1987『共に生きる喜び──地域に根ざした保育園の 20 年』.

_____ , 2007『創立 40 周年記念小誌 ともにいきるよろこび──多文化共生保育』.

ジンメル, G., 1999 （1908）『ジンメル・コレクション』北川東子, 鈴木 直訳. 筑摩書房.

菅沼 隆・河東田 博・河野哲也編, 2014『多元的共生社会の構想』現代書館.

杉岡直人, 2006「住民参加と地域福祉」日本地域福祉学会編『地域福祉事典』中央法規出版 : 350-353.

東上高志編,1965『図説部落問題 第 1 巻 人間みな兄弟』汐文社.

富坂キリスト教センター在日朝鮮人の生活と住民自治研究会編, 2007『在日外国人の住民自治──川崎と京都から考える』新幹社.

山本崇記, 2009「行政権力による排除の再編成と住民運動の不／可能性──京都市東九条におけるスラム対策を事例に」『社会文化研究』11: 159-181.

_____ , 2010「スラム地域における住民主体とキリスト者の戦略──京都市東九条を事例に」『地域社会学会年報』22: 143-156.

_____ , 2013「地方自治体における多文化共生事業のポリティクス──京都市を事例に」『コリアンコミュニティ研究』4: 28-41.

_____ , 2014「まちづくりにおけるエリアマネジメント導入過程の研究──崇仁地域の事例から」『世界人権問題研究センター紀要』19: 133-160.

第7章

宗教関連施設を通じた
フィリピン人移住者たちの
ネットワーク

―京都市・希望の家を事例に―

永田 貴聖

1. はじめに

　本章では、カトリックという宗教が、フィリピン人移住者同士のコミュニティを形成しつつ、他のエスニシティや出身国の人々と関係を拡大するということに果たす役割について議論する。ここでは、まずフィリピン人たちが日本に移住した経緯と現状を説明したうえで、カトリック教会にある「フィリピン人コミュニティ[1]」の人々が教会やフィリピン人の枠にとどまらない関係を形成する状況について考察する。フィリピン人たちの社会関係は、カトリック教会によるつながりに連動して、送り出し社会側のフィリピン政府、受け入れ社会側の支援団体や支援者などが交差して構成されている。
　京都市に住むフィリピン人移住者たちは、信仰の拠り所であるカトリック教会にフィリピン人コミュニティを組織している。本章では、フィリピン人コミュニティや関係する人々がカトリック教会系の社会福祉法人が運営する多文化交流事業での活動に参加し、地域の日本人や在日コリアンなど他の移住者につながっていく過程について論じる。注目する事例は、教会だけではなく、この

カトリック教会系社会福祉法人による多文化交流活動に集まる人々である。

白波瀬・高橋 [2012] は、現代の日本では、海外からの移住者たちが信仰の拠り所となる宗教施設に集まり、様々な社会活動を展開していることや、受け入れ社会だけではなく、同じ施設に集まる他の国や地域の出身者たちと関係を形成する可能性について論じている。

第 1 章において論じられているように、世界中に多くの信徒がいるカトリック教会は、複数の国・地域からの移住者が混在する「マルチエスニックな宗教組織」となりつつある。フィリピン人移住者側からみた時、教会はフィリピン人コミュニティの拠点となるとともに、地域社会や、受け入れ社会の支援者などと関係を形成する媒介的な役割を果たしている。つまり、教会が同じエスニシティや出身国の人々を結びつける場でありながら、異なるエスニシティや出身国の人々をつなげる場としても機能しているのである。序章と第 1 章において論じられている宗教組織内〈多文化共生〉が実践される場となっている。

第 9 章の議論であるように、戦後、日本における宗教団体による社会活動は、信仰の理念を基盤としつつ社会福祉法人等を設立し、実施するようになった[2]。本章では、特定の宗教が関係する社会福祉法人の活動の場が日本独特の事情によって形成されていることを視野に入れたい。

これまで、フィリピン人海外移住者、とくに、教会や宗教施設などを基盤とするフィリピン人コミュニティに関連する研究や宗教実践に関する研究が多く行われてきた [Espiritu 2008；Mateo 2000；Okamura 1998；Tondo 2014 など]。これらはフィリピン国外にあるカトリック教会をフィリピン人の社会関係形成の場として、さらにフィリピン人アイデンティティが形成される場として注目してきた。また、フィリピン人に限定した関係の検討に重点が置かれてきた。だが、フィリピン人移住者たちは自身以外の複数のエスニシティや出身国の人々との関係を同時に獲得する状況にある。このような状況を理解するためには、本書で論じるところの宗教組織内〈多文化共生〉に焦点をあわせる必要がある。本章では、カトリック教会において、フィリピン人として集まることを始点としながらも、そこにとどまることなく「多文化共生」の場が形成される可能性に注目する。さらに、序章と第 1 章において論じられている宗教組織内〈多文化共生〉と宗教組織外〈多文化共生〉が相互的に連続している可能性を視野に入れる必要があるだろう。

以下ではその事例として、フィリピン人たちが京都駅南部を拠点とする京都市地域・多文化交流ネットワークサロンにおいて活動し、日本人や地域に多く住む在日コリアンなどと関係を広げることに焦点を当てる。さらに、フィリピン人たちが施設だけではなく、地域での文化活動に参加するなど活動の範囲を広げる過程に注目する。

2. フィリピン人の社会関係の広がり

2.1. フィリピン人移住者の増加

まず本題に入る前に、現代における日本とフィリピン間での人の移動について説明したい。19世紀後半から20世紀初頭、日本人の出稼ぎがフィリピンルソン島北部の道路建設のために就労したことに始まるといってよいだろう［国立民族学博物館 2004］。

第二次世界大戦期の1941年から1945年敗戦まで、日本はフィリピンを占領した。日本軍政下の共和国期には、南部のミンダナオ島ダバオを中心として、アバカを材料とする繊維製品の生産のため、多くの中小企業家やそこで働く日本人が移住した［小林 2010］。戦前、一部のフィリピン人有力者が日本に滞在したことを除いて [3]、両国間の人の移動は「日本からフィリピン」という流れが主であった。

そして、戦後、人の移動は「フィリピンから日本」へという流れに転換することになる。1956年の日比賠償協定の締結による国交の回復、1973年マルコス政権の戒厳令下において日比友好通商航海条約が批准されて以降［ユー・ホセ 2011］、多くのフィリピン人バンドマンが来日し、横須賀や沖縄などの米軍基地周辺のライブハウスなどで演奏した［永田 2016a］。

1974年、フィリピンは、経済低迷の打開策として、フィリピン人出稼ぎ労働者の海外送り出しを斡旋する業者などを管理監督する政府機関として海外雇用庁（Philippine Overseas Employment Administration、以下 POEA）を設置した [4]。その後、多くのフィリピン人出稼ぎ労働者が世界中で就労することになる。

2013年時点で、1,023万8,614人のフィリピン人が海外に居住している [5]。これはフィリピンの人口の約1割に相当する。2015年、POEA が管理する海

外出稼ぎの契約数は 234 万 3,692 人であった [6]。フィリピン人出稼ぎ労働者は建設労働などの男性が担う仕事から、家事労働や看護・介護、接待を含む飲食サービスなど、ジェンダー格差が影響し、女性が担う場合が多いとされる業種に変化していった。その結果、移住労働者の「女性化」が急速に進んだ [小ヶ谷 2016] [7]。たとえば、2010 年、POEA 管理の海外出稼ぎの新規雇用契約数は合計 34 万 279 人であり、そのうち女性は 18 万 5,601 人であった。とくに 1980 年代後半からこの傾向は強くなり、海外出稼ぎ労働者の半数以上が女性である。

1980 年代以降、日本には、フィリピン人女性契約芸能労働者が急増した。女性たちの多くが、「フィリピン・パブ」と呼ばれる形態の店で、歌手やダンサーとしてだけではなく、ホステス役として客である日本人男性に接待する仕事に従事した。後に、その一部が日本人男性と結婚し、定住したと考えられている [佐竹・ダアノイ 2006]。

日本における夫日本人と妻フィリピン人の国際結婚数は、国籍別項目の調査が始まった 1992 年から 2015 年にかけて総計 15 万 5,918 組となる。これは同時期の日本における夫婦のどちらか一方が外国人である国際結婚数 75 万 2,844 組のうちの約 21％を占める。また同時期の夫日本人と妻外国人の国際結婚数 57 万 5,751 組の約 27％にあたる。一方、同時期における妻日本人と夫フィリピン人の国際結婚数はわずか 2,704 組であった。このことから国際結婚する日本人夫の多くがフィリピン人を妻としていることが分かる (図 7-1) [8]。2016 年 12 月現在で、日本における、フィリピン国籍の在留者は 24 万 3,662 人であり、そのうち女性は 17 万 7,205 人（約 72.7％）である [9]。

すでに、フィリピン人女性契約芸能労働者は大きく減少している。2004 年に米国国務省は、日本政府が「興行」在住資格を発給し、フィリピン人女性契約芸能労働者の就労を認めていることに対し、「人身売買」の疑いがあると指摘した [永田 2011：56-61]。以降、日本政府は、フィリピン人女性契約芸能労働者への「興行」在住資格の発給を厳格化した。ピーク時の 2003 年、約 8 万 3,000 人であった「興行」入国者数は、2006 年には、約 8,600 人に激減した [10]。

2011 年、日本全体の年間婚姻数が初めて 70 万組台を割り込み、60 万組台となった。それに比例して、日本人と外国人の国際結婚数が減少している。ピーク時の 2006 年には、年間 1 万 2,150 組であった夫日本人と妻フィリピン人の国際結婚は、2015 年には年間 3,070 組となった [11]。これは、同年における夫

158

図7-1 国際結婚数　2015年人口動態調査より作成

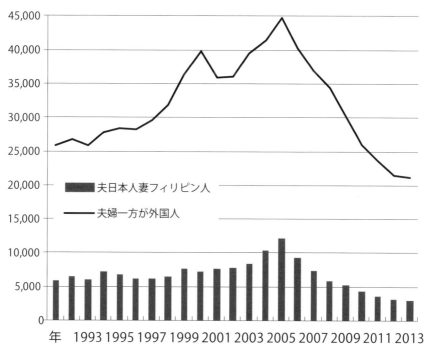

出典：政府の統計窓口 E-Stat「2015年人口動態調査」上巻表9-18 http://www.e-stat.go.jp/SG1/estat/List.do?|id=000001157966　2017年9月1日検索

日本人と妻外国人の結婚では、妻中国人5,730組に次ぐ数である。

　女性契約芸能労働者の来日や国際結婚数そのものは減少したものの、日本でのフィリピン人在住者数は決して減少しているわけではなく、むしろ徐々に増えている。近年、戦前にダバオを中心に移住した残留日系人の子孫やその家族、80年以降に日本人とフィリピン人の両親から生まれ、フィリピンで育った新日系の子どもや若者[12]、また、子どもとともに来日するフィリピン人の母親が増加しているからだ。

　これらの人々は斡旋業者などを介して、介護や食品加工などの業種で就労するために来日する。とくに、フィリピン人の母親とともに来日した就学年齢期の子どもたちは言語的なハンディキャップなどから日本社会への適応が難しい。また、就学や進学が困難で安定した生活の基盤を築く機会を得にくい状況にあ

る[13]。

　現在、日本に在住するフィリピン人移住者は、1980 年代前後から国際結婚のために定住している女性たちに加え、新規に渡航してきた日系や新日系の子どもや若者、子どもとともに来日するフィリピン人の母親たちなど多様化しつつある。

2.2. フィリピン人コミュニティとは？

　次に、フィリピン人移住者たちが社会関係を形成する基盤となるフィリピン人コミュニティ、さらに、コミュニティがどのような組織、個人と関係するのかについて考察する。

　1980 年代に来日し、定住しているフィリピン人女性たちは、家庭内において日本人に囲まれ生活し、とくに集住地域などを持つことはなかった。そのため、自身の信仰の場であるカトリック教会において、同じフィリピン人同士が集まるようになり、やがてそれらの多くが親睦や自助のための活動を展開するようになった。このような動きは同じカトリックの信仰を持つ日系のブラジル人やペルー人などが急増する時期とも重なっており、日本におけるカトリック信徒の多国籍化が急速に進んだ。

　カトリック教会を基盤として組織されたフィリピン人コミュニティには、フィリピン人や他地域出身の外国人、そして、日本人の聖職者、信徒からのサポートだけではなく、本国政府などと連携したり、関わりを強める機会を得るようになった。

　近年では、国際結婚の女性たちへの支援だけではなく、新規に来日する子どもや若者たちを視野に入れた活動を展開しつつある。フィリピンには政府機関として、海外フィリピン人委員会（Commission on Filipino Overseas、以下 CFO）が設置されている。CFO は、永住や定住を目的として海外に渡航するフィリピン人を対象として渡航先国のフィリピン人の現状を説明するオリエンテーションなどを実施している。現在、担当の職員が海外にあるフィリピン人コミュニティやコミュニティと連携している在外大使館や総領事館などを訪問して、移住先ごとのフィリピン人が置かれている状況や困難性などについて情報を収集している。

　日本においては、2013 年以降、CFO のスタッフが京都大学の安里和晃と連

携し[14]、安里やゼミの大学院生たちが受け入れ役となり、彼らが関わっているフィリピンからの新規来日児童が在籍している公立小学校などを訪問した。そこでは、日本語が母語ではない児童向けに設置されている日本語指導教室の担当教員と意見交換するなどしている。2017年3月には、CFOのスタッフたちは、京都、東京、大阪などの公立学校の日本語教室や、支援NGO、フィリピン人コミュニティを訪問し、在日フィリピン人や日本人支援者などの関係者とフィリピン人移住者が直面している問題を共有した[*Filipino Ties,* April-June 2017：23-25]。

このような送り出し側であるフィリピンの政府機関、カトリック教会、移住先のフィリピン人コミュニティ、移住先国の支援者などの連携は、フィリピン人移住者が一定数いる様々な国で展開されている[15]。フィリピン人移住者たちの社会関係は、信仰の拠り所であるカトリック教会を基盤とするフィリピン人コミュニティ、送り出し側の政府機関であるCFO、受け入れ先社会側の行政機関や支援者、そして、活動するために様々なグループに集まる個々のフィリピン人たちによって形成されている。

フィリピンは東南アジア唯一のキリスト教国であり、フィリピン人の8割以上がカトリックを信仰している[16]。フィリピンにおけるカトリックは、スペインからの征服者たちが持ち込んだものである。人々はそれを土着の信仰と融合させながら、「フォーク・カトリシズム」として継承している[東 2011]。フィリピン独特のものとしては、18世紀頃、聖週間におけるキリストの受難から復活までを記した「キリスト教受難詩（Pasyon）」がある。聖週間に詠唱され、人々に浸透した。それは、先スペイン時代における価値観を含んだうえで天地創造からキリストの復活までが記されている[イレート 2005]。そして、現代ではその受難詩に描かれている内容が、人々が直面してきた、約420年間におよぶスペインとアメリカ合衆国、日本による植民地支配や、独裁政権期の経験と結びつけられる形で、「フィリピン人」のネイション意識を形成している[清水 1991]。さらに、頻繁に行われているカトリック教会におけるフィリピン社会や政治への発言や介入が結果的にフィリピンにおけるネイション意識形成の根幹としてのカトリックの役割を位置づけている[宮脇 2006]。

そして、海外にあるカトリック教会を基盤とするフィリピン人コミュニティは、信仰と結びつけられる形で、人々が移住先においてネイション意識を構築

する場となっている［Espiritu 2008；永田 2017］。フィリピン人たちは移住先に
おいて、カトリックという同じ信仰を持つ受け入れ社会の信徒や、他国からや
ってきた移民の信徒たちとつながる可能性を有している。さらに、カトリック
教会を基盤とするコミュニティでは、カトリック信徒ではないフィリピン人も
宗教的な行事以外の場面では活動に関わっている。カトリック信徒ではない場
合でも、同じフィリピン人という意識のもと、そのネットワークを活用するこ
とができる。さらに、地域で活動する宗教系の施設や団体にフィリピン人コミ
ュニティや個々人が関与した場合、地域社会ともつながることがある。

　つまり、カトリック教会を基盤とするフィリピン人コミュニティは、他の移
民や受け入れ社会の信徒などと関係できる宗教組織内〈多文化共生〉が実践さ
れる場となっているのである。そして、その範囲はカトリック教会内にとどま
らず、外部に広がる可能性を有している [17]。

2. 3. フィリピン人移住者とっての信仰と地域でのつながり

　日本在住のフィリピン人移住者たちが信仰を通じて、地域とつながること
や社会関係を広げている事例についていくつかの先行研究がある。寺田勇文
［2013］は 2011 年 3 月に発生した東日本大震災以降におけるカトリック東京国
際センターとカトリック大船渡教会、カトリック仙台教区によるフィリピン人
信徒やそれ以外の多くの人々への支援活動とその後のフィリピン人による主体
的な動きに注目している。大船渡教会や仙台教区などそれまで決して多くのフ
ィリピン人が集まるわけではなかったところが東京からの支援物資を、フィリ
ピン人を含めた外国人住民などに提供するとともに、タガログ語や英語ミサを
実施した。これがきっかけとなり、大船渡教会ではフィリピン人コミュニティ
が形成され、コミュニティの中心メンバーが教会運営や仙台司教区内での信徒
間の社会関係形成を促進するための行事に関わっていることが考察されている。

　カトリック以外の事例を説明したい。三浦綾希子［2015］はフィリピン人夫
妻が牧師を務める日本にあるプロテスタント系 T 教会の役割に注目している。
ここには、日本生まれとフィリピン生まれ双方のフィリピン系の若者 20 人前
後が集まり、日曜学校においてフィリピン系 2 世たちのネットワークが形成さ
れつつあることが確認されている。あわせて、教会に集まる若者たちが日本人
の支援者によって作られた近隣の日本語学習教室に通い、日本における進学の

ための知識や補習を行う機会としていることにも焦点を当てている。教会において、若者だけではなく親同士も含めたフィリピン人ネットワークが形成され、地域の学習教室において日本における教育機会という資源が獲得されていることが分析されている [18]。

ここに集まる若者たちは、「フィリピン」という共通の背景を基盤として、フィリピン人が牧師を務めている教会に集まり、そこで信仰心を高め、「フィリピン人」を基盤にしたネットワークを形成した。そして、そのネットワークが日本語学習教室への参加を通じて地域につながったのである。

次に、川崎市ふれあい館におけるフィリピン人の母親たちとその子どもたちの活動に注目した研究がある［金 2012］。この地域には、戦前から在日コリアンが集住している。プロテスタントの信仰を基盤とする川崎市ふれあい館では、地域の在日コリアンが様々な共助活動を展開している [19]。1980 年代後半から在日コリアンを対象にしていた識字クラスにニューカマー外国人が増加した。このことを機に、フィリピン人女性が職員となり、それまで在日コリアンやその子弟たちを対象にした取り組みを応用する形で、フィリピン系の子どもたち向けの文化継承活動やフィリピン人の母親の地域交流を目的とするコミュニティ・カフェの運営が進められてきた。金侖貞はカトリック教会を基盤とするフィリピン人コミュニティとは違った地域を基盤とする活動として注目している［金 2012：7］。

これらはいずれも日本においても外国人移住者たちが信仰活動の宗教やその施設から地域へとつながりを広げつつある事例である。

3. カトリック教会を基盤とした活動から地域社会へ

本章の主題である京都市におけるカトリック教会を基盤とするフィリピン人コミュニティの活動のはじまりと地域につながる過程に注目する。

2016 年時点で、京都市には、4 万 3,067 人の外国人が在留している。そのうちフィリピン人は約 2.4％（1,017 人）である [20]。日本全国の在留外国人の割合から考えると、総数（238 万 2,822 人）のうちフィリピン人が約 10％（24 万 3,662 人）であるので、京都市はフィリピン人の割合が高い地域ではない [21]。京都市や周辺に住むフィリピン人の多くが国際結婚した女性である。これは日

本に在住しているフィリピン人の特徴と共通している[22]。さらに、1980年代から、その女性たちが中心となり結成したカトリック教会を基盤とするPAG-ASA（パグアサ、タガログ語で希望の意味）というフィリピン人コミュニティが存在している。同時期、日本において、国際結婚のために日本に移住するフィリピン人女性が増加し、様々な地域のカトリック教会にフィリピン人コミュニティが組織された。京都市におけるPAG-ASAコミュニティ（以下、パグアサ）もその一つである。そして、パグアサは日本全国にあるフィリピン人コミュニティのなかでも古参のグループの一つとして知られている［永田2017：317-324］。

近年、カトリック教会を基盤として活動するパグアサのメンバーが中心となり、フィリピン人たちがカトリック教会系の社会福祉法人が運営する委託事業の京都市地域・多文化交流ネットワークサロンで活動をはじめることになった。

3.1. 京都市におけるカトリック教会を基盤とするフィリピン人コミュニティ

1986年、京都市では、フィリピン人女性たちからの要望により、外国人神父たちが中心となり、教区の主管教会であるカトリック河原町教会に隣接する系列の幼稚園で英語ミサを行うようになった。以降、近隣の地域からフィリピン人女性たちが集まるようになった。やがて、集まりはパグアサとして組織された。

当初、パグアサには、国際結婚をしているフィリピン人女性、離婚してシングルマザーになった女性、繁華街で小規模なラウンジを経営している女性などが集まってきた。現在はより多様になり、日本人の夫、日本生まれ育ちの二世、技能実習生として就労するフィリピン人男性や、留学生なども集まっている。結成から数年が経過した後、組織の活動を支えるため、フランシスコ会からフィリピン人シスターが来日し滞在するようになった。しかし、パグアサは、教会の信徒委員会にはメンバーシップを持たず、あくまでもカトリック系のフィリピン人たちやその支援者などが集まるグループという位置づけをとっている。これはカトリック信徒以外のより多様な人々が集まりやすくするためである。

パグアサでは、フィリピン人同士が親睦を図るために定期的にティー・パーティーを行うとともに、イースターやクリスマス、黙想会などの信仰に関する実践や、フィリピン独立記念日など国家的な行事を開催している。このような

活動にはフィリピン人だけではなく、日本人の支援者、一時期は日本人の学生
ボランティアなども参加していた。さらに、主要メンバーの一部は他の支援団
体と連携して、離婚や DV 問題、子育てに関する悩み相談などにも応じ、支援
や自助活動も行っていた。

　パグアサの実行委員会メンバーとコーディネーターは、2 年に一度、会費を
納めた登録メンバーの選挙により選出され、様々な活動を実施する。活動はコー
ディネーターの意向が大きく反映される。結成後から、引退するまで通算で
約 15 年近くコーディネーターを務めた女性が社会活動に熱心だったため、数
年前まで、支援や自助活動は重要な位置づけであった。しかし、メンバーの加
齢化や、多忙などにともない、現在、親睦と信仰に関する活動に専念している。
活動は限定されているものの、パグアサが結成されたことを機に、同じ京都司
教区内のカトリック教会において、次々とフィリピン人コミュニティが結成さ
れた。現在、司教区内にはこれらのコミュニティの活動を支えるフィリピン人
神父やシスターが常時 2 ～ 3 人おり、地区ごとの担当がある。

　このようなことができるようになった契機は第 1 章において論じられている
とおりである。京都司教区のフィリピン人信徒に関する動きとしては、2000 年
に活動がすでに始まっている。司教区内のフィリピン人コミュニティが集まり、
「京都司教区フィリピン人コミュニティコアグループ（Kyoto Diocese Filipino
Community Core Group）[23]」の元となるグループが組織された[24]。関係者から
入手した内部資料によると、当時、フィリピン人コミュニティのメンバーが司
教区委員会と会合を行った。フィリピン人信徒間のネットワーク、コミュニ
ティ間の協力関係の構築、コミュニティの活動が活性化され、支援されることが
議題となった。2013 年 9 月に、再度司教区の司教と今後のカトリック教会内部
でのフィリピン人コミュニティのあり方が議論されている。京都司教区は京都
府、滋賀県、奈良県、三重県の 4 県が範囲であり、現在、そのなかに大小九つ
のフィリピン人コミュニティがある。京都には、市の南部とその付近を対象と
するコミュニティとカトリック宇治教会を拠点とするコミュニティがある。

3.2. フィリピン人移住者たちによる京都市東九条地域での活動
（1）活動のはじまり
　パグアサでは、多くの人が集まるクリスマス・パーティーなどのイベントで

教会の施設が使えないことが多く、とくに、2007年以降、委員会メンバーたちはイベント会場の確保に頭を悩ませていた。その時、京都駅の南側、東九条地域を拠点に活動する京都市地域・多文化交流ネットワークサロン（以下、サロン）は、パグアサがサロンの登録団体となり、施設を利用することを提案した[25]。

2011年以降、サロンは京都市から委託を請け、カトリック系の社会福祉法人「希望の家」によって運営されている。第6章において論じられているように、希望の家の拠点である当該地域は、在日コリアンと被差別部落の混住地域であり、インフラ整備の遅れや貧困など様々な問題を抱えてきた。そのため、多くの社会運動が生活環境向上や差別の解消のために努力をしてきた。長年、希望の家は地域を活性化させてきたといえるだろう。そして地域に住む日本人と在日コリアンのための活動が多く展開されている。そこにはカトリックとプロテスタントの垣根を越えたキリスト教徒のエキュメニカルな協働による関与がある。

1959年、希望の家は、カトリック教会京都司教区の外国人神父が中心となり、地域の生活環境向上のため「共助組合」として結成された[26]。活動の詳細は第6章で説明されている。後に希望の家カトリック保育園、希望の家児童館が開設された。ここには、カトリック信徒・関係者や地元の若年者層が集まっており、在日コリアンを中心とする地域の民衆文化活動「東九条マダン」とも深く関係している［希望の家創立50周年記念世話人会 2010］。

2009年以降、同和地区の地域支援事業に代わる形として、京都市の指定管理者事業として、サロン、高齢者向けの地域福祉センターが次々と開設された。それにともない、施設が建て替えられた。

現在、サロンの事業は、外国人住民向けの日本料理教室・子どものお弁当作り教室、日本語教師の資格を持った職員が開講する初級の日本語教室がある。地域福祉センターの事業として、配食サービス、ランチルームがある。その他、老人と保育園児が交流する異世代広場、映画会などが開催されている。サロンでは主に登録団体が無料で施設の部屋を借りることができ、関連の企画が実施されている。現在約50の団体が登録している（**写真7-1**）。

2012年、パグアサが登録団体となって以降、イベントは教会施設と併用して開かれている。たとえば、月1～2回新規来日フィリピン系の子どもを対象にして行われている学習教室や、クリスマス・パーティーではサロンが使用さ

第7章 宗教関連施設を通じたフィリピン人移住者たちのネットワーク

写真 7-1

サロンの建物（2013年11月10日　筆者撮影）

れている（**写真 7-2**）。現在では、コミュニティ自体が、この学習教室、親睦活動や信仰に関する活動に専念しているため、年に数回、イベント会場として利用する程度である。また、それほど多くないが、京都司教区フィリピン人コミュニティコアグループのミーティングなどにも使用されている（**表 7-1**）。

　パグアサの活動に参加するフィリピン人たちや近隣に住むフィリピン人たちがサロンに集まるようになった。それは、登録団体となった時期にパグアサの実行委員会メンバーであった2名がこの地域に居住し、事情をよく理解していたことが大きな要因である。彼女たちは子どもを地域の公立学校に通わせ、頻繁に希望の家のバザーや夏まつりに参加していた。また、フィリピン人たちが集まる英語ミサを担当するオランダ人神父が希望の家の活動をよく理解し、好意的であった。

　パグアサが登録団体になって以降、大使館も支援しているフィリピン人の英語教師を養成する団体の支部や、京都南部を拠点とするフィリピン人コミュニティも登録団体となっている。たとえば、サロンの企画やフィリピン人関係のイベントに来なくなった人が英語教師養成のワークショップに参加するために

167

表 7-1 2012 年 PAG-ASA コミュニティの主な活動

サロンでの開催	
4月	入管法改定のためのセミナー（京都教区フィリピン人コミュニティコアグループ主催）
5月	CFO による海外フィリピン人向け Financial Seminar 開催
6月	独立記念日
8月	フィリピン民放主催　歌謡コンテスト UTAWIT
12月	クリスマス・パーティー
2月	Filipinos Now!（サロンとの共催、一般向けの PAG-ASA コミュニティの活動を紹介する企画）
	その他、毎月 1 回開催される新規来日児童生徒のための学習会
カトリック河原町教会での開催	
4月	復活祭ミサ後のパーティー
5月	Flores de Mayo（花祭り）
	その他、月例　委員会ミーティング

写真 7-2

PAG-ASA コミュニティ・クリスマス・パーティー（2012 年 12 月 9 日　筆者撮影）

時々サロンを訪れ、サロンとの関係を継続しているということもある。

さらに、サロンで開講されている日本語教室は受講生の大半がフィリピン人たちである。通っていたフィリピン人たちが中心となりギター・コーラスグループが結成され、登録団体となった。日本語教室には、国際結婚した女性たちだけではなく、就労や技能実習生として来日したフィリピン人男性たちも集まっている。彼らは日本語教室だけではなく、サロンの料理教室などの企画にも参加している。ランチルームでは、フィリピン料理メニューが登場したこともある。サロンで開催されている季節ごとの祭りではそのギターグループが必ず演奏を披露し、パグアサはフィリピン料理などの出店販売に参加している（**写真 7-3、写真 7-4**）。

（2）サロンに集まるフィリピン人たちの社会活動──サロンから地域へ

それでは、フィリピン人移住者たちはカトリック系の多文化交流施設であるサロンの活動において、どのように社会関係を広げていったのかに注目したい。フィリピン人たちがサロンで活動するようになり、この地域に一定数のフィリ

写真 7-3

サロン春まつりに出店する登録団体の人々とフィリピン料理ブース
（2017 年 4 月 22 日　筆者撮影）

写真 7-4

サロン春まつりフィリピン人ギターグループ演奏で楽しむ地域の人々
（2017 年 4 月 22 日　筆者撮影）

ピン人がいることがみえてきた。その中には日本人と国際結婚したフィリピン人女性だけではなく、在日コリアンの男性と結婚しているフィリピン人女性もいる。併設する希望の家児童館にはこれらの人々の子どもたちも通っている。最近では、サロンは、様々な困難を抱えているフィリピン人の母親たちやその二世たちの教育、アイデンティティなどの問題に注目している。2．2．で取り上げた安里やゼミの学生たちとも深く関係している新規来日のフィリピン系の子どもたちと関わる研究者グループである「フィリピン系のこどもたちと学ぶ会（Sama Ka Batang Pinoy）」や、フィリピン人コミュニティの学習教室などが連携し、フィリピン系児童や生徒の言語やアイデンティティ問題に関する企画を実施している。

　長年この地域に居住する 2 人のフィリピン人女性たちは、イベント時での通訳ボランティアなどの経験を活かし、京都市教育委員会の通訳ボランティアや、公立学校の母語指導員として、新規来日したフィリピン人の親と子どもたちを支援している。そして、地域に住むフィリピン人女性たちの中には在日コリア

ン高齢者が多い老人介護施設で働いている人もいる。

　サロンを通じて積極的に地域と関わっていこうという試みがある。たとえば、あるフィリピン人夫婦は、自身の子どもをサロンの系列である希望の家カトリック保育園に通わせている。希望の家カトリック保育園では、現在、在日コリアンだけではなく、一部の保護者夫婦が海外出身である。2000年代、地域には、ペルーやボリビアなどの日系人労働者が多く存在し[27]、その子どもたちが入園するなどすでに多様なルーツを持つ園児や保護者たちと関わってきた。現在、5ヶ国のルーツ（中国、朝鮮半島、ネパール、ベトナム、フィリピン）を持つ子どもたちが日本人の園児たちとともに育っている。長年、保育園では、多文化共生保育を進めており、日本在住外国人などが講師となり、園児を対象にしたワークショップが開催されている。かつて、2人の子どもを保育園に通わせていたフィリピン人の母親によると、保育園の保護者仲間であったボリビア人夫婦とは現在でも親交があると話している[28]。

　2016年には、サロンに集まるフィリピン人たちは地域で開催される在日コリアンの民衆祭り「東九条マダン」に参加した[29]。東九条マダンは、年に一度、在日コリアンを中心として、多くのマイノリティが在日コリアンの文化や朝鮮半島の芸能などを表現の中心として開催されている祭りである。サロンの季節祭りの常連であるギターグループが自分たちの演奏を披露するだけでなく、グループのメンバーの一部は、プンムルノリの演奏にも参加した（**写真7-5**）。

　フィリピン人たちがサロンに集まるようになり、その存在が地域でも少しずつ認識されるようになりつつある。サロンを利用するフィリピン人たちはこれまでにも行政が運営する国際交流施設などを無料や低価格で利用できる機会があった。しかし、フィリピン人たちは、日本において長く定住しながらも、公共施設を活用することに消極的であった。かつて、パグアサはカトリック教会の施設を利用した時にゴミの処分方法を理解していなかったことから注意を受けたことがあった。それ以来、施設の利用には弱腰になっていた。そのため、カトリック系であるうえ、登録団体と職員たちの距離感が近く、イベント時の準備や後片付けの注意事項を気楽に質問できる施設は積極的に活用しようという意識を導いた。少なくとも、この事例ではサロンがカトリックを基盤とする団体によって運営されているということがあり、これまでつながりが少なかった人々同士が地域において連携するようになった。

171

写真 7-5

第 24 回東九条マダンで演奏するフィリピン人ギターグループ（2016 年 11 月 3 日　筆者撮影）

　サロンのランチルームに集まる地域の老人や、職員などが少しずつフィリピン人の存在を認知し、相互が気楽に会話を交わしたりする姿を頻繁にみかけるようになった。季節ごとの祭りでは、出店や音楽演奏だけではなく、準備などにも多くのフィリピン人たちが手伝うようになった。また、これまで多くの人々がほとんど意識しなったが、地域に住む日本人や在日コリアン男性とフィリピン人女性の夫婦を「そういえば」という感じで話題にすることも増えた。地域において自営業を営む住民がサロンで出会ったフィリピン人をアルバイトで雇うこともみられるようになった。

　サロンの職員の 1 人は、フィリピン人たちがサロンに集まり、様々な企画を行うようになってから「いつのまにかフィリピンの人たちに囲まれていた」と話している[30]。現在では、数名の職員がサロンに集まるフィリピン人たちの生活状況や様々な相談にものっている。もちろん、これらの中には簡単に解決できない問題が多い。しかし、まず聞いてくれる人がいるということが一種の安心感となるのは確かであろう。

　また、地域には、サロンの登録団体の活動やフィリピン人コミュニティなど

に属さず、表面上はなかなかみえにくいフィリピン人たちや、その２世の子ど
もたちがいることも分かってきた。サロンの職員たちや、地域住民の一部の中
にはこのような人々の存在に気づくようになった結果、フィリピン人母子の困
難性に向き合おうとする意識が形成されてきた。

　在日コリアンが人口の２割程度いるこの地域は、他地域と比較すると、多く
の社会運動が実践されてきたため、マイノリティである多様な背景を備えた
人々への理解は一定程度あるだろう。だが、地域に住むフィリピン人たちへの
より幅広い理解が進むのはこれからであると考えてよい。実際、地域に住む在
日コリアンの多くは、フィリピン人たちがサロンの季節祭りや東九条マダンに
参加し、その存在を認識しはじめたところである。それは、フィリピン人と同
じ信仰を持つ地域のカトリック信徒や、他のキリスト教徒にとっても同じであ
る。序章において論じられているように、宗教が包摂の「橋」となり、異なる
背景やエスニシティの人々が出会う起点として作用する時、地域における社会
関係の広がりがみえてくる。

4. おわりに

　本章では、カトリック教会を基盤とするフィリピン人コミュニティの人々が、
長年、社会的弱者が多い地域で活動を展開している社会福祉法人の地域多文化
交流活動に関わることにより地域の人々と関係を広げつつある事例に注目して
きた。これらの動向は、フィリピン人から在日コリアンや移住先社会のマジョ
リティである日本人という、「モノ」から「マルチ」のエスニシティ、さらに
宗教組織内部から外部に広がり、関係が形成される可能性を示しているもので
あろう。

　本章で論じたサロンの運営母体である希望の家は、長年にわたり地域におい
て被差別部落出身の人々や、在日コリアンの人々などを中心とするマイノリテ
ィと関係を形成してきた。そして、このことにより地域における様々な社会活
動の拠点として機能してきた。これは、宗教色が抑えられ、社会活動が前面に
出たことにより、カトリック信徒以外の人々が希望の家において容易に活動
できるようになったためと考えられる。さらに、第６章において検証されてい
るように、地域では行政や自治会、住民組織を巻き込む形で地域の貧困解消や

「まちづくり」という視点で様々な施策が実施されてきた。第9章において論じられているように、現在、多くの宗教団体が、宗教色を抑えつつ社会福祉法人を通じて社会活動を展開している。この場合、重要なのは、これらの社会福祉法人が宗教色を抑制しつつも、その看板を降ろしていないことである。東九条地域において、サロンはフィリピン人たちが宗教意識を高める場であるとともに、地域との関係の橋渡しになった場である。サロンがあくまでも「カトリック系」の社会福祉法人により運営されているため、フィリピン人を含む地域の人々が幅広く包摂され、関係を形成するきっかけとなっている。

この地域における社会活動には、地域を改良するという社会福祉的な視点と、カトリック信徒にとっての宗教実践の一部という視点がある。そして、フィリピン人とっては、フィリピン人同士の社会関係が形成される場の一つであり、日本人や他のエスニシティを持つ人々と関係を形成する場にもなっているのである。

つまり、この過程は、カトリック教会を基盤とするフィリピン人コミュニティという宗教組織内〈多文化共生〉の実践がカトリック系の社会福祉法人による多文化交流活動という宗教組織外〈多文化共生〉へと接続される過程として解釈することも可能である。

しかし、課題もある。京都市地域・多文化交流ネットワークサロンは社会福祉法人希望の家の事業の一つである。また、京都市の「指定管理者制度」による活動でもある。第9章において指摘されるように、「指定管理者制度」は1990年代以降続く不況の影響を受けた「行財政のスリム化」によるものである。さらなる量的な「スリム化」が求められた時、「多文化共生」の場が狭められる危険性がある。今後もこの動向に注目する必要がある。

[付記]
　本章は 2017-20 年度 JSPS 科研費 17K03310（基礎研究（C））「京都市東九条における日本人・在日コリアン・フィリピン人の関係形成についての人類学」（研究代表者：永田貴聖）での研究成果の一部である。

第 7 章　宗教関連施設を通じたフィリピン人移住者たちのネットワーク

注

1）とくに、カトリック教会に組織されるフィリピン人グループは多くの場合、フィリピン人の組織やグループと名乗らず、多くが「フィリピン人コミュニティ」としている。これは単なる組織ではなく、フィリピン人であることを基盤として関係を形成しているという意味から「コミュニティ」という表現を用いている。本章においてもそのような意味を理解したうえで、「フィリピン人コミュニティ」という表現を用いることとする。

2）第 9 章において述べられているように、戦後、宗教と国家・政治との関わりにおいて「政教分離」が原則となった。宗教団体はそのような流れに影響を受けている。

3）1910 年から 30 年代にかけての来日フィリピン人学生については木下［2012］を参照されたい。

4）設置当時は海外雇用開発局であった。

5）内訳は 486 万 9,766 人が定住、420 万 7,018 人が一時滞在、116 万 1,830 人が非正規滞在となっている［Stock Estimates of Overseas Filipinos, Commission on Filipinos Overseas（http://www.cfo.gov.ph/downloads/statistics/stock-estimates.html,2017.8.29）］。

6）新規雇用 61 万 4,748 人、契約更新 120 万 8,967 人　船上勤務 51 万 9,977 人である［OFW Statistics, Philippine Overseas Employment Administration（http://www.poea.gov.ph/ofwstat/ofwstat.html, 2017.9.1）］。

7）この傾向は、フィリピンから国外への就労目的の移住だけではなく、アジアから国外への海外労働移住にも当てはまる［小ヶ谷 2016：77-80］。

8）政府の統計窓口 E-Stat「2015 年人口動態調査」上巻表 9-18（http://www.e-stat.go.jp/SG1/estat/List.do?lid=000001157966, 2017.9.1.）。

9）外国人登録者総数は 238 万 2,822 人である。フィリピン国籍在留者の数は、国籍別在住者全体からみると、中国籍 69 万 5,522 人、韓国・朝鮮籍 48 万 5,557 人に次ぐ 3 番目に多い。以降、ベトナム籍 19 万 9,990 人、ブラジル籍 18 万 923 人となっている［政府の統計窓口 E-Stat「2016 年在留外国人統計 統計」表 16-12-02-1、法務省（https://www.e-stat.go.jp/stat-search/files?page=1&layout=datalist&lid=000001177523, 2017.9.2.）］。

10）『出入国管理統計年報』法務省　2005 年度版　2007 年度版。

11）太田［2017］は 2010 年頃から始まる日本人男性の生涯未婚率の上昇に比例して、国際結婚件数が減少していることを指摘している。

12）主に 1980 年代以降に日本人とフィリピン人の夫婦から生まれ、何らかの理由によりフィリピンで暮らす人々のことである。フィリピンには、10 万人以上いるといわれており、大多数がフィリピン人の母親と暮らしている。日本国籍がある場合や、フィリピン籍で

175

あるが、日本人の父親から認知を受けている場合がある。そのため、現在では、来日のための在留資格の手配、国籍の再取得などを行う国際人材派遣業者が多く存在する［原 2011］。

13）このような現状と支援活動については内田［2016］を参照されたい。

14）2014 年、安里はとくにフィリピンから日本における介護労働に関しての研究、さらに様々な支援活動への関与が認められ、フィリピン共和国大統領賞を受賞した［Filipino Ties, April-June 2017］。

15）日本と同様に多くのフィリピン人国際結婚移住女性と合法的な契約労働者が多くいる隣国の韓国ではより活発な動きが展開されている。ソウルにおけるカトリック教会を基盤とするフィリピン人コミュニティの事例については永田［2016b］を参照されたい。

16）その他、約 1 割が他のキリスト教、5% 程度のムスリムがいる。

17）近年では、フィリピンで始まった新興宗教であり、世界の様々な地域に拠点を置き活動しているイグレシア・ニ・クリスト（Iglesia Ni Cristo）などが日本においても活発に活動している。あくまでも私見ではあるが、こちらの関係者は関係を教会外部に広げることには消極的なようにみえる。詳しくは、三木［2017］を参照されたい。

18）教会に集まるフィリピン人たちは必ずしも初めからプロテスタントではなく、関係を形成したことを機にカトリックから改宗した人もいる。

19）運営する社会福祉法人の母体は在日大韓基督教会川崎教会である［金 2012：8］。

20）国籍別にみると、京都市における在留外国人数は、韓国・朝鮮籍 2 万 307 人、中国籍 1 万 521 人、ベトナム籍 1,261 人、台湾籍 1,318 人、米国籍 1,084 人、フィリピン籍 1,017 人、ネパール籍 353 人、ブラジル籍 146 人、その他 7,060 人となっている［「2016 年在留外国人統計」表 16-12-07（https://www.e-stat.go.jp/stat-search/files?page=1&layout=datalist&lid=000001177523, 2017.10.7）］。

21）「2016 年在留外国人統計 統計」表 16-12-02-1、法務省（https://www.e-stat.go.jp/stat-search/files?page=1&layout=datalist&lid=000001177523, 2017.9.2）。

22）2016 年 12 月時点、京都府におけるフィリピン人在留者数は 2,144 人であり、そのうち女性は 1,747 人（男性は 397 人）である［「2016 年在留外国人統計」表 16-12-06-4（https://www.e-stat.go.jp/stat-search/files?page=1&layout=datalist&lid=000001177523, 2017.10.7）］。

23）この名称になったのは 2013 年である。

24）フィリピン人移住者のグループやコミュニティは移住先において、地域ごとや世代ごとに普段は別々に活動している類似した趣旨を持ったグループが集まりネットワークを作る。フィリピン人の間では集まるグループを傘にたとえて「アンブレラ・グループ（Unbrella Group）」と呼んでいる。このグループもアンブレラ・グループの一つである。

176

25) この経緯についてはここでは説明しない。詳しくは永田［2017］を参照されたい。

26) 「共助組合」とは聖書の「コイノニア」、「交わり」という意味に基礎を置く社会運動である。

27) 2017 年 8 月 12 日　サロン職員（元希望の家カトリック保育園保育士）へのインタビューから。

28) 2017 年 9 月 2 日　インタビューから。

29) 1990 年代全国で多くの「マダン」が行われた。マダンは 1983 年、大阪の在日コリアン社会において民族文化の承認と継承のために行われたことに始まるとされている［山口 2016：22-23］。主題は民族文化、多文化共生、南北統一など多岐にわたっている。

30) 2017 年 8 月 12 日　サロン職員へのインタビューから。

参考文献

東 賢太朗 , 2011『リアリティと他者性の人類学――現代フィリピン地方都市における呪術のフィールドから』三元社 .

Espiritu, Y. L., 2008 *Home Bound: Filipino American Lives across Cultures, Communities, and Countries*. Ateneo de Manila University Press.

原 めぐみ , 2011「越境する若者たち、望郷する若者たち――新日系フィリピン人の生活史からの考察」『グローバル人間学紀要』4: 5-25.

イレート , R.C., 2005（1979）『キリスト受難詩と革命――1840 ～ 1910 年のフィリピン民衆運動』清水 展・永野善子監修 , 川田牧人・高野邦夫・宮脇聡史訳 , 法政大学出版局 .

希望の家創立 50 周年記念世話人会編 , 2010『地域と共に 50 年――希望の家創立 50 周年記念誌』社会福祉法人カトリック京都司教区カリタス会　地域福祉センター希望の家 .

木下 昭 , 2012「在日フィリピン人留学生と日本帝国のソフト・パワー政策」マイグレーション研究会編『来日留学生の体験――北米・アジア出身者の 1930 年代』不二出版 . 113-136.

金 侖貞 , 2012「フィリピン人女性の主体性確立とコミュニティ形成――地域教育活動を事例に」『人文学報　教育学』47: 1-20.

小林茂子 , 2010『「国民国家」日本と移民の軌跡――沖縄・フィリピン移民教育史』学文社 .

国立民族学博物館編 , 2004『多みんぞくニホン――在日外国人のくらし』千里文化財団 .

Mateo, Ibarra, 2000 "The Church's Nonreligious Roles Among Filipino Catholic Migrants in Tokyo." In C. J-H. Macdonald & G.M. Pesigan. (eds.), *Old Ties and new solidarities: studies on Philippine communities*. Ateneo de Manila University Press, 192-205.

三木 英 , 2017「在日フィリピン人とイグレシア・ニ・クリスト」三木 英編『異教のニューカマー

たち──日本における移民と宗教』森話社 . 305-326.

三浦綾希子 , 2015『ニューカマーの子どもと移民コミュニティ──第二世代のエスニックアイデンティティ』勁草書房 .

宮脇聡史 , 2006「フィリピン・カトリック教会の見る「フィリピン」──その歴史と文化の見方」『東京基督教大学紀要　キリストと世界』16: 81-105.

永田貴聖 , 2011『トランスナショナル・フィリピン人の民族誌』ナカニシヤ出版 .

_____ , 2016a「イロイロ　ぬくもりの記憶──シンガポールのフィリピン人女性家事労働者について」小長谷有紀・鈴木紀・旦匡子編『ワールドシネマ・スタディーズ──世界の「いま」を映画から考えよう』勉誠出版 . 271-278.

_____ , 2016b「日本・韓国のフィリピン人移住者たちによる複数の国家・国民とかかわる実践」黒木雅子・李恩子編『「国家」を超えるとは──民族・ジェンダー・宗教』新幹社 . 151-199.

_____ , 2017「巻き込まれてゆくことからみえる在日フィリピン人移住者たちの社会関係」渡辺公三・石田智恵・冨田敬大（編）『異貌の同時代──人類・学・の外へ』以文社 . 309-338.

小ヶ谷千穂 , 2016『移動を生きる──フィリピン移住女性と複数のモビリティ』有信堂高文社 .

Okamura, J. Y., 1998 *Imaginig the Filipino American Diaspora:Transnational Relations, Identities, and Communities.* Garland Publishing.

太田貴 , 2017『国際結婚に関する社会学的考察──フィリピン人女性と結婚した日本人男性の生活史から』静岡県立大学大学院国際関係学研究科国際関係学専攻 . 修士論文 .

佐竹眞明・ダアノイ、メアリー・アンジェリン , 2006『フィリピン - 日本国際結婚──移住と多文化共生』めこん .

清水展 , 1991『文化のなかの政治──フィリピン「二月革命」の物語』弘文堂 .

白波瀬達也・高橋典史 , 2012「日本におけるカトリック教会とニューカマー──カトリック浜松教会における外国人支援を事例に」三木英・櫻井義秀編『日本に生きる移民たちの宗教生活──ニューカマーのもたらす宗教多元化』ミネルヴァ書房 . 55-86.

寺田勇文 , 2013「日本のなかのフィリピン人──3・11 以後のコミュニティの状況」『福音と世界』2013 年 8 月号 . 新教出版社 : 17-24.

Tondo, Josefina S. F., 2014 "Sacred Enchantment, Transnational Lives, and Diasporic Identity: Filipina Domestic Workers as St. John Catholic Cathedral In Kuala Lumpur." *Philippine Studies: Historical & Ethnographic Viewpoints* 62（3-4）:445-470.

内田晴子 , 2016「日本で生きるフィリピン系の子どもと教育」大野拓司・鈴木伸隆・日下渉編『フィリピンを知るための 64 章』明石書店 . 387-389.

山口健一, 2016「在日朝鮮人の個人主義的な民衆文化運動と共生実践——内発的で普遍主義的な文化の研究」『ソシオロジ』61(2): 21-39.

ユー・ホセ, リディア・N., 2011『フィリピンと日本の戦後関係——歴史認識・文化交流・国際結婚』明石書店 .

（政府刊行公開資料）

・フィリピン政府

Filipino Ties., Commission on Filipinos Overseas 刊行

http://www.cfo.gov.ph/publications/cfo-informational-materials.html

2017 年 8 月 25 日検索。

・日本政府

『出入国管理統計年報』法務省　2005 年度版　2007 年度版

第8章 ムスリム・コミュニティと地域社会
―イスラーム団体の活動から「多文化共生」を再考する―

岡井 宏文

1. はじめに

　近年、日本国内におけるイスラームやムスリム（イスラーム教徒）への注目が高まっている。観光立国政策にともない、東南アジア諸国を中心とする訪日ムスリム観光客の増加によって、ハラール食などムスリムへの「おもてなし」提供に関心が集まり、「16億人のイスラーム市場」などを謳い文句にハラール認証を取得する動きも活発になっている。2008年には、インドネシアとの経済連携協定を通じた看護師・介護士候補者の受け入れが開始されたことによって、医療・福祉現場における宗教への配慮のあり方が話題となった。さらには、過激派の活動や中東、南アジアにおける日本人の殺害といった事件もまた、イスラームやムスリムへの関心を呼び起こした。一方、日本各地にはムスリムが構築した社会空間が生まれている。各地にモスク[1]が設立され、その周辺にはハラールショップやレストランなどを見ることができる。こうしたムスリムが構築した社会空間は、周辺社会とどのような関係にあるのだろうか。
　4,000万人以上のムスリムが生活している西欧を例にとると、移民や難民の

流入、社会統合、テロリズム、異文化理解、偏見・差別の克服などといった文脈において、また国家や地域はいかにマイノリティを包摂していくのかという議論のなかで、マジョリティが眼差す客体として、ムスリムやムスリムが構築した社会空間は定位されてきたようにみえる [2]。

　しかし、このような「ムスリム（マイノリティ）」に「非ムスリム（マジョリティ）」を対置するような見方は、上記のような課題を克服するうえで十分なものだろうか。

　確かに、イスラームを信仰している人を、「ムスリム」として、一つの大きな集団として措定することは可能だろう。しかし、それを同質的な集団と捉えるならば、多くの社会的現実を見過ごしてしまうことになる。私たち1人ひとりがそうであるように、人はそれぞれ異なる特徴を備えている。自らを「ムスリム」と考える人々は、それこそ後にみるように出身、言語、民族、性、世代、職業、法的・社会経済的地位、宗派、思想などにおいて多様である [3]。また、「ムスリム」を自認する過激派組織IS（通称イスラム国）の行動に対して、同じく「ムスリム」を自認する人々から批判が噴出したように、「ムスリム」がイスラームの名のもとに行う社会的実践も一様ではない。その意味で、「ムスリム」とは固定的な境界を持つ集団を指すのではなく、「ムスリム」というカテゴリーに依拠して立ち現れる無数の集団や社会的実践のありようとして捉え直すこともできよう。本章は、このような「ムスリム」カテゴリーの異質性や不均質性を踏まえつつ、主にイスラーム団体に注目し、その活動をみていく。そのうえで、周辺社会との関係について考えてみたい。なお、本章ではモスクを運営する団体を指して、イスラーム団体と称する。

2. 日本のムスリムとモスク

2.1. 日本のムスリム

　本題に入る前に、本節では日本のムスリムがどのような人々から構成されているのかという点を概観しておく [4]。まず、人口とその内訳について、在留外国人統計を用いた店田廣文の推計をもとに確認する［店田 2015, 2017］。

　2015年現在、日本のムスリム人口は、約14〜15万人とされている。これは、日本の総人口の約0.1％にあたる。もちろん、信仰は個人の内面の問題で

あるので、誰が本当にムスリムであるのかは判断できない。この中には、信仰の強弱や、実践の程度やスタイルが異なる人々が含まれるし、「自らをムスリムと考えていない人」までもが含まれている可能性がある。この点を踏まえつつ、あくまで一定の基準として「約14～15万人」という値に依拠してその内訳を概観する。まず、出身国についてみると、外国籍のムスリムが多数を占めている。人口が多いのは、インドネシア人（2万8,000人）、パキスタン人（1万2,000人）、バングラデシュ人（1万人）、マレーシア人（5,000人）、イラン人（4,000人）、トルコ人（4,000人）、その他のアラブ諸国（5,000人）、日本などで、全体の国籍構成は100ヶ国以上になる［店田2017］。東南アジアや南アジア出身者の存在感の大きいことが分かるが、もう一つの特徴として、性比の不均衡がある。上記の国々出身者では、マレーシアを除き男性の比率が7割前後となっている。

　外国籍の人々の在留資格に注目すると、各国の特徴がみて取れる。活動（就労）に制限のある資格については、インドネシアでは「技能実習」、「留学」、パキスタンでは「人文知識・国際業務」、「経営・管理」などビジネスに関わる資格が、バングラデシュ人では「留学」、「人文知識・国際業務」、マレーシア人では「留学」が特徴的である。また、いずれの国籍においても、活動（就労）に制限のない身分または地位にもとづく資格（永住者、日本人の配偶者等、永住者の配偶者等、定住者）での滞在が特徴的である。これらの資格による滞在は、先にみた主要国在留外国人全体の約4割を占めている。「技能実習」や「留学」など、比較的短期で成員が入れ替わる層が存在する一方、長期にわたって日本において生活を営んでいる層が増加傾向にある［店田2017］。この他、いわゆる「非正規滞在」の状態にある人々や、「難民」「特定活動」といった枠に属する人々にも注目しておく必要がある。

　日本国籍を持つ人々については、全容を統計的に把握することが非常に困難であるが、これまでの研究をみると、外国出身のムスリムとの結婚を機にイスラームに入信するケースや、女性比率の高さが指摘されている［Kojima 2006；工藤2008；福田2012など］。そこで、「日本人の配偶者等」、「永住者」資格を持つ人の配偶者がムスリムであると仮定すると、約2万～3万人の日本人ムスリムがいることになる［店田2017］。ただし、この推計では十分に掬いきれない層が存在している。結婚以外で自発的に改宗した人や日本国籍を取得した人、

家族形成にともなう子ども世代が増加している。また、国籍は一つの特徴にすぎない。民族、言語、思想といったカテゴリーでみることもできよう。ムスリムというカテゴリーに自らを同定する人々は、ムスリムとしての自己認識、実践の程度やスタイル、出身、職業、法的地位、社会経済上の地位などにおいて多様な人々で構成されていることが分かる。

2.2. モスクの設立とネットワーク

　ムスリムの日常生活において重要な施設にモスクがある。日本に最初にモスクが設立されたのは戦前だが、1990 年代に入るまでその数が大幅に増加することはなかった。モスクの設立が活発化したのは、ニューカマーの来日を経た1990 年代以降である。ニューカマー来日以後のモスクについて、初期に作られたモスクの資金集めの方法を参照すると、比較的狭い地域内のネットワークを基盤とする傾向があった。しかし、徐々に国内外を問わず、より広範な地域から金銭的なサポートを得て、開設に至るケースが多くなった。このケースを資金面でとくに強力に支えてきたのは、中古車輸出関連業などに携わるパキスタン人を中心とする、各地の「成功した」企業家たちからの寄付であった。モスクは基本的な宗教儀礼を司る場であり、立場の違いを超えて資金面での協力が得られやすい。インターネットや携帯電話の発達は、寄付金集めをさらに簡易かつ広範囲なものにしている。海外の個人や団体からの寄付も期待できる状況にある。そのため近年は、比較的資金力に乏しい留学生を中心としたモスクの設立も活発になっている。日本各地のモスクは、このような国内外の広範なネットワークに支えられて設立されてきたのである。2017 年現在、日本には96 ヶ所のモスクがあり、計画中のものを含めると 100 ヶ所を超える [5]。現在では、ムスリムの間でモスク設立のハードルが下がったことによるモスクの乱立を危惧する声すら上がっている。モスク設立自体が目的化しており、その後の維持管理や諸活動の充実など、最も重要な作業が閑却されるケースが出てきているからだ。

2.3. モスクに参集する人々と社会的活動の展開

　各地に設立されたモスクには、どのような人々が集まり、どのような活動を行っているのだろうか。モスクの数は急増しているとはいえ、全国に分散居住

するムスリムをカバーできるほどの数ではない。居住地や生活圏と、モスクの所在地が一致していない人も多い。ゆえにモスクには、運営団体の特徴の如何にかかわらず広範囲から様々な属性や考え方を持った人が集う。白波瀬達也によれば、移民が関わる宗教組織は、「モノエスニックな宗教組織」と「マルチエスニックな宗教組織」に分類され、イスラームのモスクは、カトリックと同様に複数のエスニシティが一つの宗教組織に混在する後者に分類されている[白波瀬 2016]。「エスニシティ」はモスクにどのような人々が参集しているのかを知る重要な要素の一つだが、これに少なくとも前節までにみたムスリムとしての自己認識や実践のあり方、属性、ネットワークなどの要素も加えることができるだろう。さらに、桜井啓子が、日本のモスクの内実を「多国籍、多言語、多法学派、多宗派」[Sakurai 2008]と表現しているように、各人の宗教的な志向も加わり、ある地域のモスクの特徴がおぼろげながら浮かび上がることになる。モスクは、同質的な人々が集う場ではなく、むしろ異質性や雑多性をはらんだ状態を常態とする場であるといえよう。

　モスクは設立以後、ムスリムにとってどのような場になっていくのだろうか。活動面から機能を概観しておく。日本のモスクが展開する活動は、運営主体の理念や方針、開設されたモスク特有の属性（建築形態・規模・設立状況・立地など）、当該モスクで礼拝を行うムスリムの属性（世代構造・在留資格・年齢・性別など）などによって様々である。それを踏まえたうえで、日本のモスクがどのような場となっているかについて、一般的な傾向を確認しておく。

　まず基本的な宗教儀礼の場であり、冠婚葬祭、大人や子どもを対象とした教育（クルアーン読誦とその解釈、イスラームの行動規範の学習、語学など）といった活動が展開されている。また、相互扶助や慈善活動の基盤ともなっている。たとえば、転職・起業の援助、困窮者への援助、遺族支援、学校・役所・不動産業者等との相談・交渉、精神的ケアなどが行われている。近年では経年的世代的変化にともなう課題（墓地の取得、若者のモスク離れ、宗教法人格の取得など）への取り組みなども展開している。これらを主としてムスリムを対象とした内部志向の活動とするならば、一部の団体やモスクでは、地域社会との関係構築活動など外部志向の活動も展開されている。モスクは、そこに集う人々の多様性やニーズを引き受ける場となっており、その役割は多角化している状況がある。なお、モスクはあくまでムスリムにとって利用可能な「空間」[三

木 2012b: 60] の一つであり、資源にすぎない。また、すべての人がモスクに来るわけではないし、ムスリムの活動はモスクに限定されるものではないのだが、ここではモスクに種々のニーズにもとづいた活動が集約される傾向がある点と周辺社会との関係のなかで立ち上がっている活動がある点を確認しておこう。次節では、こうした活動を展開する主体としてのイスラーム団体について、その特徴を概観し、周辺社会との関わりをみていくうえでの課題を確認していくことにしよう。

3. イスラーム団体と周辺社会

3.1. イスラーム団体：中心機関の不在とネットワーク、系列化

　ムスリムは、仏教の檀家のように宗教施設に帰属しているわけではないが、モスクの日々の運営は、主にその地域に住まうムスリムによって担われている。そして、モスクは個人運営のものもあるが、団体としての体裁をとることが多い。団体には、法人格（宗教法人、一般社団法人）を有するものと、任意団体のものとがある。このような団体の形成基盤について、福田友子は、出身国別に分かれる傾向を指摘している［福田 2012: 144］。前節でみたモスクの設立経緯を考えると、この指摘は妥当であるといえるが、近年では留学生が立ち上げたものや特定の思想にもとづく団体も出てきており、その形成基盤は多様化している。

　ところで日本のイスラーム団体には、カトリックのようにすべての団体（教会）を統括する中心機関が存在しない［店田 2015; 三木 2017b］。したがって、周辺社会との関わりにしても日本のイスラーム団体が共有する統一的な指針があるわけではない。では、各地のイスラーム団体は孤立した存在かというと、そうではなく、イベントを介した人的交流などを通じてつながっている［福田 2012: 154］。近年、各地のモスクの系列化も進んでいる。複数のモスクが一つの団体に属するものとして、後にみる「日本イスラーム文化センター」や、「ダル・ウッサラーム」のほか、「イスラミック・サークル・オブ・ジャパン」などがある。団体間・モスク間のネットワークは、地域を越えた広がりを有している。なお、移民社会のイスラーム団体の中には、トランスナショナルな性格を有するものが少なくない。日本においても、タブリーギー・ジャマー

アト（後述）のように参加者の出身国の宗教組織とのつながりを有するものや、明示的なつながりはなくとも、出身国におけるスーフィズム的宗教実践を踏襲した団体などが存在する。これまで日本では、こうした団体間の関係は、福田［2012］などを除いて積極的に論じられてはこなかったが、周辺社会との関係を読み解くうえでは、団体ごとの運営方針の違いや地域を越えたつながり、団体間の関係（いわば同一宗教内の宗教組織外〈多文化共生〉）にも注目しておく必要があるだろう。

3.2. 移民社会のイスラーム団体とその代表性

　次に、これまでイスラーム団体と周辺社会の関係が、どのようなものとして認識されてきたのか、そして現在何が課題となっているのかという点を確認しておく。日本において宗教と地域社会との関係に注目している研究の一つに、宗教を地域社会におけるソーシャル・キャピタルの源泉と捉えるものがある［大谷・藤本編 2012 など］。イスラームに関しては、同様の研究が欧米を中心にテロや安全保障、社会的分離の文脈と結合しながら展開されてきた［Vertovec 2010；McAndrew and Sobolewska 2015 など］。そのような研究では、多くのイスラーム団体——これにはモスク運営団体以外も含まれる——は、しばしば指摘されてきたような社会的分離を促進するものではなく、ムスリムの市民参加のための入り口として機能し、地域社会の関与を促進し、政治的関与への入り口を提供するもの、とみなされている［Jamal 2005；Ayers and Hofstetter 2008；Peucker and Ceylan 2017 など］[6]。これに従えば、イスラーム団体はホスト社会との関係性をみるうえで、「橋」（序章参照）とみることもできる。しかし近年、ホスト社会における団体の代表性を問い直す動きが出てきている。自らをムスリムと考えているが、イスラーム団体とは関わりを持っていない「『組織化されていない（non-organized）』ムスリム」のほうがむしろ多いとの指摘がなされているからだ。イスラーム団体や、その団体に参加する「『組織化されている（organized）』ムスリム」をみただけでは、その国のムスリムの特徴や周辺社会との関係などの現実は十分に把握できない、という批判がなされているのである［Jeldtoft and Nielsen 2011 など］。日本の事例においても、幅広い視野でムスリムを取り巻く現実をみていくことが求められよう。

3.3. 「モスクと地域社会」という問題の設定は十分か？

　では、日本においてはイスラーム団体と周辺社会との関係は、どのように記述されてきたのだろうか。このテーマに取り組んだ代表的な研究に、モスクの活動に注目した三木英［2012a, 2012b, 2017a］、店田廣文［2015］によるものがある。三木は、滞日ブラジル人教会との比較をもとに、日本のモスクの内閉傾向を指摘している［三木 2012a, 2012b］。一方、日本のモスクの社会的活動を網羅的に取り上げた店田によれば、「モスクにより対応は異なるが、地域の一員として地域活動に積極的に取り組んでいるところもある」［店田 2015：88］という。

　では、そもそも何を目的として、一部のモスクは地域社会と関係を構築しようとしているのだろうか。三木によれば、「彼らは住民の多くがステレオ・タイプのイスラーム観を有していると認識しているため、彼らの念頭には『誤解』を正したいとの思いが常にある。とりわけビジネス活動に従うムスリムは定住志向が強く、それゆえ日本人からの異質視を——とくに子どもたちの将来を考えると——矯正したいと念願している」［三木 2017a：36］、「彼らは地域社会に協調し、その上で自分たちのことを知ってくれるよう、要請している」［三木 2017a：39］として、ステレオ・タイプ解消やムスリム理解が動機であると論じている[7]。そしてその動機にもとづく具体的な試みとしては、インターネットを通じた日本語による情報発信、料理教室の開催、地域行事への屋台の出店、日本人向けのイベントや語学教室、イスラーム講習会、モスク見学会、イスラームの祭りの際の近隣住民へのお菓子の配布と挨拶などがある［店田 2015：89-90］。しかし、その効果について、三木は、「ムスリムのみがあついアンバランスなもの」［三木 2017a：40］と表現している。地域住民にしてみれば、交流を行うだけの必然的な理由はなく、たいていの日本人のムスリム（イスラーム）への姿勢は「黙認」レベルにとどまるという［三木 2017a：36-40］。一方、外部セクターからのムスリム・コミュニティへの働きかけについては、自治会や地方自治体が「多文化共生政策」の枠組みで行っている事業における働きかけなどがあるものの、緩慢であるとの評価がなされている［店田 2015］。このようななか、両者の新たな協働や関係構築のきっかけとなった（なる）可能性があるものとして、共通の関心に根差した「被災地支援」や「ハラール認証」が挙げられている［店田 2015；三木 2017a］。

　両者の議論の特徴として、モスクが地域社会に向けて行う働きかけを、偏見

第 8 章　ムスリム・コミュニティと地域社会

の克服やムスリム理解を促すことを目的とするものとして捉えている点、ムスリムと周辺社会との関係が、「モスクと地域社会」の二者関係から論じられている点が挙げられる。これらは、全国の事例を一般化したものとしてみる必要があるが、前節までの議論を参照するならば、団体ごとの活動方針の違い、地域を越えたつながりの存在や団体間の関係といった要素を加味することで、個々の事例を掘り下げることができるだろう。なお、団体の活動のみを参照していては、現実を捉えきれないという批判には、とくに留意しておく必要がある。以上を踏まえたうえで、次節では、イスラーム団体の具体的な活動をもとに、周辺社会との関係をみていく。

4. イスラーム団体の活動と「多文化共生」

4.1. イスラーム団体の活動

　ここからは、イスラーム団体とそれが運営するモスクを例に、その特徴と社会的活動、周辺社会との関係のあり方をみていく[8]。具体的には、「日本イスラーム文化センター」と「ダル・ウッサラーム」という二つの団体を取り上げる。両団体の活動を参照しながら、序章において示された宗教組織内〈多文化共生〉、宗教組織外〈多文化共生〉という理念型が、日本のイスラームの文脈においてどのように立ち現れるのかを確認する。なお、本節の記述には、両団体を対象に実施したインタビューの結果を用いる。また日本国内の一般的な傾向を補足する際には、第 2 回マスジド有識者会議（2017 年 2 月、早稲田大学）の会議記録を使用する。日本のムスリム・コミュニティの一端を記述するにすぎないという限界があるが、その点を踏まえつつ論じていく。

(1) 事例 1　日本イスラーム文化センターと大塚モスク
団体の概要

「日本イスラーム文化センター」（以下、JIT とする）は、東京都豊島区に本部を持つ団体である。池袋にある雑居ビルの部屋を借りて礼拝などを行っていた人たちが中心となって、1999 年に現在の場所に 4 階建てのビルを購入した。このビルは「大塚モスク」と呼ばれ活動の中心になっている。会長であるアキール・シディキ氏（1963 年来日）と事務局長のハルーン・クレイシ氏（1990

189

年来日）、日本に長く暮らすパキスタン人や日本人が中心となって運営が行われている［子島 2014］。モスクの 1 階には女性の礼拝スペースがある。団体の活動の運営には、女性が大きく関わっており、全体の作業量の「8 割」は女性が担っているとのことである。宗教法人日本イスラーム文化センター（文部科学大臣所轄）として文化庁に登録されている。なお JIT が所有、運営を行っているモスクには、大塚モスクに加えて、足利モスク、日立モスク、鳥取モスクがある。このほか幼稚園やインターナショナルスクール、墓地の管理運営、ハラール認証にも携わっている。団体の主な活動は、ホームページや SNS 等を通じて随時発信されている。

大塚モスク

都心部に位置する大塚モスクには、多様な人が訪れる。礼拝に訪れる人の国籍は 25 ヶ国ほどである。スンニ派のモスクであるが、シーア派の人も訪れる [9]。多様性は、エスニシティや職業、言語による棲み分けやトラブルなどの原因になることがある（そのため、モスク内で個々人の思想や実践をあえて顕在化させないようにしている事例もある）が、ハルーン氏によれば、大塚モスクではそれがもとで大きな問題が起こったことはないという。その理由としてハルーン氏は、皆をつなぐ「イスラーム」という大きな共通項の存在と、コミュニティの小ささを挙げている。

他のイスラーム団体とは、各団体の代表者が集まる会議、他団体のイベントへの相互訪問、講演の相互依頼などを通じて交流を行っている。また、東京都下のモスクとムサッラー（簡易礼拝施設）の代表が集まって情報交換を行う集会（あえて名前は付けていない）があり、そこに大塚モスクとして参加している。大塚モスクの中で、タブリーギー・ジャマーアトなど他の団体が活動を行うこともある。他団体の活動を容認するか否かは、日本のイスラーム団体の中でも対応が分かれるところであるが、JIT では、活動日や時間などの規則を守ることを条件に容認している。

以上の背景を踏まえたうえで、JIT が展開する活動を概観する。ここではすべての活動を詳らかにするだけの紙幅はないので、主に教育と社会支援に注目してみていくことにする。

JIT では、大人のための勉強会や子どものための教育が行われている。子ど

もの教育についてはこれまでクルアーン朗誦クラスや幼稚園の運営が行われてきたが、2017年にはインターナショナルスクールを開校した。加えて、サッカーチームやボーイスカウト／ガールスカウトの立ち上げが行われており、狭義の宗教教育にとどまらない活動が行われている（**写真8-1**）。こうした活動の背景には、全国的な現象でもある若者の「モスク離れ」が横たわっている。サッカーなどを通じて友達を作り、徐々にモスクに足が向くようになればということである。

次に、社会的な支援についてみていく。失業など何らかの困難に見舞われた人がモスクを頼ることは頻繁にあるという。その際、JITでは、モスクに参集する人々のネットワークを通じた職探しや、社会復帰するまでの間使用できる一時的な居住スペース（アパート）の提供などを行っている。これまでこうした支援を利用した人の中には、ムスリムではない人も含まれていた。国籍も日本を含め様々とのことである。このような社会的な支援は、JITだけで行われ

写真8-1

JITのサッカーチーム（ハルーン・クレイシ氏撮影）

るものもあるが、団体の垣根を越えて行われるものもある。イスラーム団体間の連携についてみると、先の職探しなどのほか、難民支援を通じた連携がある。たとえば入管に収容された人物（難民認定申請中）の仮放免に際し、保証金の支払い、住居の提供などを求める相談がJITの事務局長ハルーン氏に寄せられた。ハルーン氏は、別団体が運営するモスクの代表者に連絡し、モスク上階の居住スペースへの収容の便宜を図ってもらっている。イスラーム団体ではないNPO法人や地域社会との連携も行われている。同じく難民支援についてみると、入管に収容された人への差し入れや通訳の派遣などをボランティア団体やキリスト教など他の宗教団体と協力して行っている。ホームレスのための炊き出しもNPO法人（TENOHASI）との協力のもとに行われている。この炊き出しをきっかけにモスクの存在を知り、社会復帰までの支援を受けた人もいた（**写真8-2**）。東日本大震災の折には、国内外のイスラーム団体、地域住民、他宗教の関係者と協働して支援活動を展開した。

写真8-2

ホームレス支援の炊き出しの様子（ハルーン・クレイシ氏撮影）

次に、外部セクターからの接触について主なものを挙げておく。まず、公安・警察関係者がある。公安・警察関係者による国内のモスクやムスリム・コミュニティの監視は、1990年代半ばから各地で行われてきた。大塚モスクには金曜礼拝の時間帯に警察官が訪問しているほか、公安関係者との2、3ヶ月に一度のミーティングに応じてきた。警察とは、池袋に礼拝所があった時代からの付き合いである。消防署とも関係があり、大塚モスクが消防署に打診を行い、地域住民も交えて消防訓練を実施した。区役所からの働きかけとしては、苦情の取次ぎ（ラマダン時や幼稚園の騒音）、協力依頼（ボランティア、区発行の雑誌からの取材）、区の外郭団体（豊島区民社会福祉協議会）が実施する会合への参加等がある。主に企業を中心としてハラール認証に関する働きかけがある。各種メディアからの取材依頼にも頻繁に応じている。

なお、ハルーン氏はJITの活動が、メディア等で地域社会との関係構築を目的としたものとして語られる傾向に違和感を覚えている。あくまでもイスラームの教えが先にあり、その実践を行った結果、結果的に地域社会の人々とつながったり関係が良くなったりしたという認識である。

(2) 事例2　ダル・ウッサラーム（DS）と境町モスク

団体の概要

「ダル・ウッサラーム」（以下、DSとする）は、北インド発祥のトランスナショナルなイスラーム復興運動である「タブリーギー・ジャマーアト」（以下、TJとする）の団体である。TJは、ムハンマド・イリヤースが1920年代半ばに北インドで創始した運動である。信仰告白、礼拝などの基本的な宗教行為の日常生活のなかでの実践を説くほか、一般信徒が宣教の旅に出て、自らや同胞のイスラームへの回帰を促す活動が特徴となっている。イスラーム諸国だけでなく、アイデンティティの揺らぎにさらされやすい移民社会において支持を拡大している世界有数の運動である。その一方で、とくに移民社会において周辺社会との分離傾向を批判されるケースもある［Pieri 2015］。日本におけるTJの活動開始時期は1950年代にさかのぼるが、1980年代半ば以降、外国人ムスリムの増加を背景に支持を拡大した。

2010年に、境町モスクを主たる事務所として宗教法人「ダル・ウッサラーム」（文部科学大臣所轄）を立ち上げた。現在、DSが所有するモスクは全国に

19ヶ所存在し、国内最大規模の団体となっている。このうち、一ノ割モスク、境町モスク、海老名モスク、日向モスク、お花茶屋モスク、新安城モスクは、マルカズ（センター）と呼ばれる。全国は六つのエリアに分けられており、上記のモスクは各々のエリア内で行われる活動を統括する拠点となっている。一ノ割モスク（1991年設立）は、日本全国を統括する本部でもあり、世界本部（インド）や他国の支部との連絡窓口の役割を担っている。TJの基本文献の出版・翻訳活動や教科書の制作・翻訳、幼稚園、課外学校の運営に携わっている。JITが行っているようなホームページ等の運営は、TJ自体が情報技術やメディアと距離を置く方針をとっていることもあり行っていない[10]。JITがローカルなつながりを基盤として形成されたのに対して、こちらは運動を媒介としてつながる団体である。

境町モスク

　群馬県伊勢崎市に位置する境町モスク（1997年設立）での活動を、イマーム（礼拝導師）の1人であるムハンマド・ジャービル氏のお話をもとに概観していく。境町モスクに参集するムスリムは、バングラデシュ、パキスタン出身者が多数を占めるが、スリランカ、日本、インドネシアなどの出身者が混在している。ベンガル語とウルドゥー語が主要言語となっているが、講話や会議では他言語の通訳が置かれる。金曜日の集団礼拝には、群馬県南部や埼玉県北部を中心に、150-200名が集まる。ただし、すべての人がTJの活動に参加しているわけではない。女性のためのスペースは存在しない。

　境町モスクを特色づけるのは、TJ特有のプログラムの実施と、マルカズとしての役割である（**写真8-3**）。プログラムの内容は多岐にわたるが、地域を基盤とする活動の代表的なものとして、ムスリム世帯を訪問して講話とモスクへの招来を行うガシュトや、ジャマーアト（グループ）を作って宣教の旅（「アッラーの道」）に出ることなどがある。「アッラーの道」に出る期間は、毎月3日、毎年40日、生涯4ヶ月などとなっており、ジャマーアトは国内外のモスクなどに寝泊まりしながら巡歴する。こうしたジャマーアトの受け入れや身の回りの世話もモスクでの重要な活動となっている。

　境町モスクは、北関東・北陸エリアのTJの活動を統括するマルカズであり、エリア内のモスクや小規模礼拝所はもちろん、国内外から「アッラーの道」や

第 8 章　ムスリム・コミュニティと地域社会

写真 8-3

境町モスクの外観。看板にはモスクの正式名称と「TJ のマルカズ」である旨が書かれている（筆者撮影）

各種会合のために定期的に活動家が参集する場となっている。2016 年には世界本部から「長老 (elders)」と呼ばれる古参の活動家を招いた集会の会場ともなった。集会は全国 3 ヶ所で行われ、境町での集会には関東甲信越や北陸地方を中心に延べ「1,000 人」のムスリムが参集した。一方、女性は近隣のムスリムの居宅に集まって女性のためのプログラムを行っているが、参加者は男性ほど多くない。

　他団体との定期的な交流はないが、近隣のモスク周辺で TJ の活動を行う際には事前にイマームへの挨拶を行っている。かつては境町モスクに葬儀のための設備がなく、近隣のモスクにお願いして設備を利用していた。

　教育活動に力を入れており、幼稚園と課外学校を立ち上げ運営に関与している。

　社会的な支援については、外国出身のムスリムが多数を占めるため、市役所での各種手続きや相談・申請への同行・通訳、不動産業者との交渉、職探しなどを行っている。定期的に各地から活動家が集まって会合が開かれるため、広

範囲から援助を必要としている人の情報が集まるという。実際の援助はジャービル氏をはじめ各地の有志が連携して自発的に行っているが、モスクの活動とは位置づけられていない。援助の対象は、イスラームは万人のものであるという認識から、ムスリムに限定していない。

モスクと周辺社会との関係については、やはりイスラームは万人のものであるから、地域に根差したものであるべきという認識である。ただし、具体的な取り組みは、大人数が集まる集会やイード（お祭り）の際の事前の挨拶回り、食事のお裾分け、教育施設に日本語で標語を掲示する程度である。熊本地震（2016年）の折には、有志がTJのネットワークを通じて群馬県下を中心に希望者を募り、現地の市役所と連絡をとって支援に向かった。外部セクターからの働きかけは、警察や子どもが通う学校の関係者を除いてほぼない。仮に、モスクに対して外部セクターから地域のイベントへの参加などの働きかけがあっても、モスクがTJの活動を行う場として位置づけられていることや、組織がTJの活動に最適化されていること、様々な考えの人が集まることによる合意形成の難しさから、「モスクレベル」での対応は「マネジメントが難しい」とのことである。モスクの見学は常時可能であるが、とくに宣伝はしておらず問い合わせもない。

4.2. 団体の活動の実相

以上、宗教組織内〈多文化共生〉、宗教組織外〈多文化共生〉を念頭に置きつつ、二つの団体とそれが運営するモスクの特徴と社会的活動、周辺社会との関係の現状を概観した。ただし、これら二つの事例からみえるのは、何らかの「共生」の形ではなく、モスクの中や団体の活動を通じて取り結ばれる社会関係のありようと称したほうが適切だろうか。

ここでは、いくつかのポイントに絞って、両者の共通点と差異を確認しておこう。大塚モスクも境町モスクも、内部志向・外部志向双方の活動の基盤となっている点で共通している。また、団体間のつながりや、宗教活動のネットワークを基盤として、活動が地域を越えて展開している点、社会支援の対象が、宗教や出自などの枠組みを超えて展開している点も同様であった[11]。外部セクターとの関わりをみると、「偏見の克服」は必ずしも関係構築の目的とはなっていない[12]。

第8章　ムスリム・コミュニティと地域社会

両者の間の差異は、社会支援活動の位置づけと、外部セクターとの関係構築のあり方に顕著に表れている。大塚モスクの事例では、JIT のメンバーを基盤として各種社会支援活動が展開し、外部セクターとの連携や働きかけが多数認められる。協働の場は「被災地支援」や「ハラール認証」に限られない。一方、境町モスクの事例では社会支援活動が行われており、その展開に TJ のネットワークが活用されているが、あくまでそれは DS や境町モスクの活動ではなく「有志」の活動という位置づけとなっている。地域社会に対して閉じているわけではないが、外部セクターからの働きかけに対して、「モスク」として対応することの難しさが表明されている。前者の活動が比較的制度化され、外部からも認識しやすい形で展開しているのに対して、後者では、TJ の運営方針との兼ね合いから「有志」を基盤とするインフォーマルな形で展開しているため、(JIT と比較して) 外部からは認識もアクセスもしづらいものとなっている。

4.3. 団体・モスクに拠らないネットワーク

先の事例からは、団体やモスクと周辺社会の関係をみる際、制度化された活動や地域社会で展開する活動のみを参照すると、その関係が実態以上に乏しく映る可能性が示唆される。その意味で、団体内部の「有志」といったサブグループに注目していくことは重要であろう。だが、第3節でみた団体の代表性に関する批判を鑑みるならば、さらに既存の団体やモスクに拠らない集団にも触れておかねばなるまい。

たとえば SYM (Space for Young Muslims) は、大学生を中心に食事会やスポーツなどの活動を行っているムスリムのグループである。都内を中心に活動しているが、参加者は地方にまで広がりをみせている。発起人のクレシ愛民氏によれば、ヤングムスリムの中には親世代との価値観の衝突、ムスリムの友人の不在、学校での適応などに悩む人が少なくなく、悩みを共有したり自己肯定感を養ったりできる居場所づくりを目指しているという。そして、SYM の立ち上げの背景には、ヤングムスリムを取り巻く問題について、各地のモスクが必ずしも解決の場となっていなかったことがあったという。第2節でみたように、団体やモスクは確かに各地のムスリムのニーズを回収する基盤となってきた。しかし、本事例からは団体やモスクがいまだ回収し得ていない課題や現実があり、そこから新たなネットワークが立ち上がっていることがうかがえる。同様

197

のものとして、（必ずしも団体やモスクと無関係ではないが）TJ の活動をもとに、子ども世代と改宗ムスリムの仲間づくりや社会適応を支援することを目的として立ち上げられた「日本人ジャマーアト」[13] や、モスクの外で行われる女性の勉強会なども挙げることができるだろう。団体やモスクのみを参照すると閑却されうる活動や社会的現実があることを認識し、地域を越えたつながりや、それが生み出される背景を詳らかにみていくことは、ムスリムに内在する多様性や、周辺社会との関係性を考えるうえで、今後重要な作業となるだろう[14]。

5. おわりに

　本章は自らをムスリムと考える人々の多様性や社会的実践の事例を挙げ、「多文化共生」を再考する材料の一端を示した。最後に宗教と多文化共生を考えるという本書のテーマに従い、本章で明らかになった諸々の事柄を用いて、この点について考えていく。

　たとえば本書の第 1 章で示された課題を参照するに、「多文化共生」は社会経済的・政治的不平等を克服する回路となり得るだろうか[15]。そして、宗教施設や団体は、その基盤となりうるだろうか。先に我々は、難民支援の事例をみた。こうした支援では、JIT のハルーン氏をはじめ、ハルーン氏に連なるネットワークを基盤として、団体の垣根を越えた具体的な支援へと結びつけていった。これは、目の前にある課題に対して対症療法的に支援を行ったものとして理解できるし、外国にルーツを持つ人が多く、そういった課題に対する経験を備えたイスラーム団体が持つネットワークの力強い側面が発揮された事例としてみることができる。ただ、ここで考えておきたいのは、たとえばより大きな視点で、外国人の在留許可をめぐる構造的不平等をも克服していく動きを生み出す基盤となるのかという問いである。現状では、そのような動きは管見の及ぶ限り希少であるために、事例を限定した議論の域を出ないが、こうした事例はムスリムに限らず外国人一般において起こりうるものであり、逆に、ムスリム全体に共有・支持されるわけではない点に注意したい。イスラーム団体は、これまで「ムスリム」というきわめて大きな社会的アイデンティティおよびそれによる動機づけによって可能となる活動、たとえばモスクへの寄付や被災地支援などにおいて、威力を発揮してきた。しかし、その一方で、目的や志向が

細分化された場合や目的の意義が成員に十分に理解・共有されない場合においては、その目的の達成が困難になり、必要な資源が確保されないという事態も経験してきた［岡井 2007］。ある種の目的を持った行動や異議申し立てをムスリムという枠組みで起こしていく可能性はもちろんあるものの、他のマイノリティ集団や支援団体など外部の同様の課題を抱える集団との接合や、それによるアソシエーション形成も有効な選択肢となるだろう。

　次に、たとえばステレオ・タイプ、偏見、差別など「ムスリム」という大きなカテゴリーが関連する課題についてはどうか。とくに差別についてはこれまで日本でも警察による違法捜査と人権侵害などの形で顕在化してきた。またテロ事件などの折の、モスクや団体に寄せられた嫌がらせの電話や投書、およびその報道なども視野に入ってくるだろうか[16]。これについてもムスリムというカテゴリー内部の多様性や各人が置かれた社会状況が異なるものである以上、様々な意見・態度があり得るし、地域ないし団体を通じて運動を組織化していくだけの資源を確保できるかどうかも現状では不透明である。しかし、国家に限らず「ムスリム」というカテゴリーにもとづいた差別や人権侵害といった課題に関して、それを社会に対して問うていく姿勢は必要であるに違いない。そうであるならば、上に挙げたようにムスリムにこだわらず目的を同じくする集団と接合することが、一つの選択肢を成すだろう。さらに、ムスリム特有の課題に専門化して取り組まんとする場合であっても、先の現状認識を踏まえれば、地域や宗教団体にこだわらない目的にもとづいた結合は一つのオルタナティブとして考慮しておくべきだろう。たとえば、アメリカにおいて、ムスリムの権利擁護や調査研究を行っている非営利団体 CAIR（Council on American-Islamic Relations）のような団体はその好例といえよう。日本においても、近年同様の団体が立ち上がっており、今後の動向が注目される。

　もちろんこうした動きは、まだその緒についたばかりである。ここではごく限られた事例と可能性を検討したにすぎず、今後の動向を注視する必要がある。しかし、構造的不平等の克服といった課題に限らず、現時点で重要と思われるのは、双方の認知に関わる含意である。ごく当たり前ではあるのだが、ムスリムと非ムスリムを対置する理解の文脈でこれまであまり明示的には検討されてこなかった点を指摘しておきたい。

　すなわちムスリムやムスリム・コミュニティ、イスラーム団体などといった

大きなカテゴリーの有効性を認めつつも、その下位集団を認知し注目していくことの必要性である。たとえばそれは SYM や日本人ジャマーアトのような存在（彼ら自身の自己認識や抱えている問題の背景）に気づくことに一定の意味を与えてくれるし、教育関係者が「子どもの教育」について話を聞く場合、モスクの代表者と女性の勉強会参加者とでは、子ども観や望ましい教育方針、学校との関係構築の志向性に違いがあるかもしれないという想像力へとつながっていく。活動の基盤や集団としての枠組みを必ずしも団体やモスクに限定する必要はないのであり、仮に制度化された部分だけを参照しても、それは日本のムスリムの現実の一部分をみたにすぎないだろう。目的によってつながる多様な結びつきや、その可能性（換言すれば「橋渡し型」のソーシャル・キャピタルの存在）を認知することこそが、今後必要となってくるに違いない。そしてそれは逆もまたしかりだろう。ムスリムと非ムスリム、ムスリム・コミュニティや地域社会というカテゴリーの先にあるサブグループや社会関係に注目することは、あらゆる社会的な営みにおける、新たな認識にもとづく協働や関係構築へとつながる可能性を秘めているのである [17]。

　最後に、非ムスリム内部の多様性との関連についても簡単に触れておく。今後、日本社会でもムスリムが増加し、これまで以上に当たり前の存在になっていくことは確実といっていい。これまでの議論とは逆に、ムスリムとして生きる人々が、非ムスリムの「他者」の権利要求に向き合う局面も今後ますます増加するだろう。その際、「多文化共生」に関わらず、「平等」を志向し何らかの権利を社会に対して問うていく営みは、同時に他者の権利要求に対峙する可能性と一体であることに留意しておきたい。ムスリムもまた他者に内在する多様性を認知し、それと向き合うことを求められる機会が増えていくと考えられるのである。

[付記]
　本章は、2015-17 年度 JSPS 科研費 15K03886（基盤研究（C））「滞日ムスリムの生活世界の変容とムスリム・コミュニティの持続的発展」（研究代表者：店田廣文）、2016 年度早稲田大学特定課題研究助成費 2016K-299「日本におけるイスラーム復興運動の組織・ネットワーク構造の解明」（研究代表者：岡井宏文）による研究成果の一部である。

第 8 章　ムスリム・コミュニティと地域社会

注

1) イスラームにおける礼拝施設を指す。アラビア語では「マスジド」という。日本のムスリムの間には、「モスク」ではなく「マスジド」という呼称を使用していこうという動きもあるが、現状では双方の呼称が日常的に用いられている。本書では、便宜上「モスク」の呼称を用いる。

2) 地域社会は、宗教的マイノリティとホスト社会との関係構築を行ううえでの実践的なフィールドとなっており、事例の共有の試みも行われている。具体的な取り組み事例については、[Orton 2016] を参照。

3) [Allievi 2005] を参照。

4) [Kojima 2006; Sakurai 2008; 店田 2015; 三木 2017a など] を参照。

5) 日本のモスクの多くは中古物件をリフォームしたものなので、建物の老朽化が進んでいるものも少なくない。近年、モスクの改築も盛んに行われている。

6) ただしこうした研究では例外が排除される傾向がある。社会的な分離を志向する団体や個人として特定のサラフィー主義の集団やヒズブ・タフリールなどが例に挙がるが、それらを包括したうえでの説明は十分にはなされていない [Peucker and Ceylan 2017]。

7) 店田は、ステレオ・タイプから一歩進めて「ネガティブなイスラーム観・ムスリム観」への焦燥感が動機であるとしている [店田 2015：88]。

8) 団体やモスクの水準で記述することで、個人の意識や実践などが少なからず閑却されるという限界がある点には注意が必要である。

9) こうした関係からは、宗派間関係等に還元できない社会関係の存在を垣間見ることができる。たとえば、関東地方に位置するシーア派のモスクの設立の際には、近傍のスンニ派のモスクを利用する人々から寄付が行われた。これには、シーア派の人々がスンニ派のモスクを利用していたことや、友人関係にあったことが関係しているという。

10) インドやイギリスなど他国の状況をみると、近年この方針は SNS などの普及によって揺らいでいる側面もある。

11) ただしこうした社会活動には、要となる人物がいなくなるなどして機能不全に陥るリスクが付きまとう。こうしたリスクを回避しようとする動きもある。たとえば JIT では、ハルーン氏はいくつかの活動の運営を若い世代や女性に委ね、自らは意識的に手を引きはじめているという。

12) このことからは、「偏見」など既知のコンテクストを踏まえつつも、改めて各々の団体やモスクが活動を行う論理に接近していくことの重要性が示唆される。

13) 一ノ割モスクの元管理人で日本人ムスリムの大久保賢氏が立ち上げた活動である。月に 1 度、関東各地のモスクに集まり活動している。なお、これも DS の活動とは位置づ

201

けられていない。

14）本章では団体やモスクに水準をあわせたため十分に取り扱うことができなかったが、「組織化されていない」人々に目を向けていくことも重要である。

15）「多文化共生」批判の一つに「平等」をめぐる問いがある［樋口 2009］。「多文化共生」は、暗に支配集団と従属集団の力関係が含意されており、従属集団の適応は称揚されるが支配集団自体の変化要請には拒否的な態度を示す傾向があることが指摘されてきた。

16）ただしハルーン氏によれば JIT では差別に関する相談が持ち込まれることは稀だという。また差別事案が発生しても、案件ベースでのケアは行っているが人権侵害の訴えなどを広く社会に対して問う類の運動は行わない方針である。原因を宗教に求めたり、「ムスリム」差別を訴えたりすることが、逆にムスリムと非ムスリムという二分法の固定化や分断を促進してしまいかねないとの危惧があるという。

17）新たな関係構築は必ずしもポジティブな関係のみを生じさせるわけではない。ソーシャル・キャピタル論が示すように、何らかの目的による新たな結びつきが生まれたことで、そこから外れるものが出てくることにも注意を向けておく必要がある。

参考文献

Allievi, S., 2005 "How the Immigrant has Become Muslim Public: Debates on Islam in Europe." *Revue Européenne des Migrations Internationales* 21(2): 135-163.

Ayers, J. W., and C.R. Hofstetter, 2008 "American Muslim Political Participation Following 9/11: Religious Beliefs, Political Resources, Social Structures, and Political Awareness." *Politics and Religion* 1 (1): 3-26.

福田友子 , 2012『トランスナショナルなパキスタン人移民の社会的世界——移住労働者から移民企業家へ』福村出版 .

樋口直人 , 2010「『多文化共生』再考——ポスト共生に向けた試論」『アジア太平洋研究センター年報』7: 3-10.

Jamal, A., 2005 "The Political Participation and Engagement of Muslim Americans: Mosque Involvement and Group Consciousness." *American Politics Research* 33 (4): 521-544.

Jeldtoft, N., and J. S. Nielsen, 2011 "Introduction: methods in the study of 'non-organized' Muslim minorities" *Ethnic and Racial Studies* 34(7): 1113-1119.

Kojima, Hiroshi, 2006 "Variations in Demographic Characteristics of Foreign 'Muslim' Population in Japan: A Preliminary Estimation." *The Japanese Journal of Population* 4(1): 115-130.

工藤正子 , 2008『越境の人類学——在日パキスタン人ムスリム移民の妻たち』東京大学出版

会.

子島進, 2014『ムスリム NGO ——信仰と社会奉仕活動』山川出版社.

McAndrew, S., and M. Sobolewska, 2015 "Mosques and political Engagement in Britain: Participation or Segregation?" In T. Peace (ed.), *Muslims and Political Participation in Britain*. Routledge, 53-81.

三木 英, 2012a「移民たちにとって宗教とは——日本が経験する第三期のニューカマー宗教」三木 英・櫻井義秀編『日本に生きる移民たちの宗教生活』ミネルヴァ書房: 1-26.

————, 2012b「宗教的ニューカマーと地域社会——外来宗教はホスト社会といかなる関係を構築するのか」『宗教研究』85(4): 879-904.

————, 2017a「マスジドと地域社会」三木 英編『異郷のニューカマーたち——日本における移民と宗教』森話社: 21-47.

————, 2017b「韓国・台湾イスラーム事情」三木 英編『異郷のニューカマーたち——日本における移民と宗教』森話社: 108-125.

大谷栄一・藤本頼生編, 2012『地域社会をつくる宗教』明石書店.

岡井宏文, 2007「イスラーム・ネットワークの誕生——モスクの設立とイスラーム活動」樋口直人・丹野清人・稲葉奈々子・福田友子・岡井宏文『国境を越える——滞日ムスリム移民の社会学』青弓社: 178-209.

Orton, A., 2016 "Tackling Prejudice and Engaging with Religious Minorities: How Cities Can Make a Difference with an Intercultural Approach"(https://rm.coe.int/16806c84db, 2017.9.2).

Peucker, M., and R. Ceylan, 2017; "Muslim community organizations - sites of active citizenship or self-segregation?". *Ethnic and Racial Studies*, 40(14): 2405-2425.

Pieri, Z., 2015 *Tablighi Jamaat and the Quest for the London Mega Mosque: Continuity and Change*. Palgrave Macmillan.

Sakurai, Keiko, 2008 "Muslims in Contemporary Japan" *Asia Policy* 5: 69-87.

白波瀬 達也, 2016「多文化共生の担い手としてのカトリック——移民支援の重層性に着目して」関西学院大学キリストと文化研究センター編『現代文化とキリスト教』キリスト新聞社: 99-133.

店田廣文, 2015『日本のモスク——滞日ムスリムの社会的活動』山川出版社.

————, 2017「日本におけるムスリム移民・難民の現状と課題」『中東研究』528: 3-15.

Vertovec, S., 2010 "Towards post-multiculturalism? Changing communities, conditions and contexts of diversity." *International Social Science Journal,* 61(199): 83-95.

第9章

地域政策理念としての
「多文化共生」と
宗教セクターの役割

徳田 剛

1. はじめに

1.1. 日本の宗教セクターによる定住外国人への関わり

　日本社会における「宗教と移民」を主題とする本書では、まず序章において世界規模での人口移動の常態化と、その帰結として世界各地で多様な民族・文化を背景に持つ人々の接触やコンフリクトが頻発する事態を受けて、「宗教と移民」という主題が重要なトピックとなってきている動向が示された。そして、第1章以下の各章では現代日本における「宗教と移民」の関係性が様々なエスニック・グループや宗派ごとに取り上げられた。これらの事例を検証し評価していく際には、そうした取り組みが日本の地域社会との間の何らかのつながりのなかで展開しているのかどうか、多文化化が進む地域社会のローカル・ガバナンスの問題とどのような関わりを示しているか、さらには地域社会における「宗教」の役割や存在意義がどのようなものであるかが問われてくるだろう。

　「宗教」という言葉自体は多様な側面を持つが、本章ではそれを教義や信仰の位相ではなく、地域社会における活動体としてのありように着目するた

205

め、以下の論述では宗教セクター[2]という語をもって表記する。そのうえで、「多文化共生」に関連する諸課題の担い手である公的セクター（国や地方自治体、地域国際化協会[3]など）や市民セクター（NPOやボランティア団体など）とは異なる、宗教セクター独自の役割および他のセクターとの関係性を問うことが本章のねらいとなる。

ここではまず、日本における宗教セクターの位置づけとその変遷について確認する。欧米諸国の宗教セクターの場合、キリスト教系の諸団体が中心となってチャリティーやボランティアと称される社会活動において存在感を示してきた歴史がある。その一方で日本の宗教セクターは、第二次世界大戦前から社会福祉領域において一定の役割を果たしてきたが、GHQによる戦後改革において「国民の生存権に対する国家責任が明確になり、それを民間に転嫁することを禁ずる公私分離の原則が打ち出される」ことにともなって、その存在感は希薄化していく。宗教セクターが「社会福祉法人」の形態をとるようになると、活動内容や組織運営において宗教色がさらに抑制され、「宗教による社会的活動」はよりいっそうみえにくいものとなっていった［白波瀬2015：6-10］。

また、戦後の日本社会において宗教セクターが公的な領域において何らかの役割を果たしたり、社会貢献に志向したりすることが控えられた点についても考慮する必要がある。宗教と国家・政治との関わりにおける「政教分離」の原則が第二次世界大戦後に厳しく適用されたことが、宗教セクターの存在感の希薄さの基調を成しているといってよいだろう。そして、1995年のオウム真理教による地下鉄サリン事件などに代表される、いわゆるカルト教団の反社会的な活動や事件の影響によって「宗教的なもの」に対する世論のネガティブなイメージが形成されたことや、（伝統宗教や新宗教を含む）「制度化された宗教」に対する多くの人々の関心の低さ[4]も一因となっている。

このような傾向が散見されるなかにあって、日本の定住外国人に関わる社会的活動（とりわけ困窮者への支援）において、宗教セクターが一定の役割を果たしてきた事実がある。この点について白波瀬達也は、日本の定住外国人に関しては「社会生活上に深刻な困難を経験していても公的機関から援助を差し控えられたり、市民から『異質な他者』として無視されたり」したために、「社会制度の隙間」に置かれやすく社会的な支援の対象となりにくかった点を挙げている。それに対し、「宗教的な価値に立った場合、彼らの存在は他と等しく、

ときにそれ以上に重要であると認識される」ことから、定住外国人を宗教セクターの活動の対象として位置づけることが比較的容易であった［白波瀬 2015：79-80］。こうした事情から、宗教セクターが外国人支援活動の有力かつ希少な「担い手」となったのである。

1.2. 日本における外国人来住の経緯と宗教セクターによる支援活動の展開

次に、戦後の日本社会における定住外国人に関する諸活動の経緯と宗教セクターの関わりについて、時系列的に確認する。まず挙げられるのは、第二次世界大戦までの植民地支配と戦後の国際情勢の変化のなかで日本社会に留まった在日韓国・朝鮮人（在日コリアン）の存在であるが、本書の第5章で論じられたように、韓国系キリスト教会が日本における信仰の拠り所として支えてきた歴史がある。また、ベトナム戦争時のインドシナ難民についても、その定住や生活支援においていくつかの宗派が重要な役割を果たしている（第3章）。そして、ニューカマー外国人が急増した1980年代以降においては、不法就労・滞在と位置づけられた外国人労働者やフィリピンからエンターテイナー（興行）ビザで来日した女性たちに関するトラブルの頻発を受けて、問題解決や困窮者救済、さらには定住外国人の権利保障や地位改善を目指した市民運動が大々的に展開されるようになった。第1章で詳述されたように、こうした動きに対してはカトリック教会などのキリスト教系の諸団体が呼応し、一連の活動において重要な役割を果たしている。

そして、1990年の改定出入国管理法の施行による南米からの日系人移民の急増により、中部・東海や北関東などの製造業の集積エリアに、南米日系人の「集住地域」が形成されていく。2000年代に入ると、そうした地域において様々な地域課題が立ち現われ、対応に迫られた。リーマンショックに端を発する世界的な不況に際しては失業者や困窮者の支援、帰国者への対応等を迫られる一方で「多文化共生」が新たな地域政策理念として位置づけられ、地方自治体、地域国際化協会、市民団体などが連携・協働しつつ対応していく体制が整えられていった。

こうしたなかには、宗教セクターが重要な役割を果たしていくケースが一部でみられるものの、2000年代以降に展開される一連の「多文化共生」による地域づくりのなかで宗教セクターの役割が明示されているわけではない。それ

はおそらく、「多文化共生」に関する諸課題への対応における公的セクターの役割が大きいために、「政教分離の原則」が強く働いて宗教セクターとの連携や協働については慎重にならざるを得ない事情があるためと推測される。

1.3. 本章の課題

　2000年代以降に「多文化共生」の名のもとに各地で進められた地域づくりは、一方で地域社会における定住外国人に関連する社会活動を"パブリックな課題"として可視化する効果を持ったが、それと同時に、それまでの活動時にはみられなかった、新たな課題や活動上の制約も散見されるようになった。

　樋口直人は、この「多文化共生」という語が欧米の「多文化主義」などとも違った「英訳するのが難しい日本独自の概念」であり、「論理的に脆弱な概念のまま使用」されるか、あるいは「定義や概念の検討を避けて単なるキャッチフレーズとして」使われる傾向があることを指摘している［樋口 2009：5］。この指摘から随分と時間が経過し、「多文化共生」について多くの論者が言及してきた今日でも、その分かりづらさや扱いづらさは解消されていない。

　日本における「宗教と多文化共生」の関係性のあり方を問う本書の議論において、この「多文化共生」という言葉の意味合いを読み解き、その政策効果や定住外国人をめぐる諸活動への影響を明らかにする作業はきわめて重要で、避けて通れないものといってよい。そこで本章では、「多文化共生」という語がどのような経緯で使われはじめ、今日のような意味合いや用法のもとに位置づけられるに至ったのかをまず明らかにする。そして、この語が地域政策のスローガンとされることで、定住外国人をめぐる諸活動にどのような影響をもたらしたか、そこに宗教セクターが参画することによって何がもたらされうるのかについて論究したい。

2.「多文化共生」概念の成立過程と意味変容

2.1.「多文化共生」という言葉の由来―― 1990年代

　これまでに「多文化共生」について言及した論稿の多くは、その含意にみられる問題点を指摘して批判的に論じるスタイルをとっている。それらの中には、同概念における原理的な問題点を厳しく追及するもの［岩渕 2010；樋口 2009 な

ど」や、日本の「単一民族神話」に対抗し文化的差異の相互承認を促すものとして一定の評価を下しつつ同概念を「鍛え直す」提案をするもの［塩原 2012など］等のバリエーションがみられる。いずれの立場をとるにせよ、「多文化共生」がどのような文脈で使われはじめたか、どのような来歴を経て今日の意味や用法を帯びるに至ったかを踏まえておくことが議論の出発点となる。

　山根俊彦は、「多文化共生」概念の立ち上がりと意味変容のプロセスについて、既存の刊行物等を対象としたデータベース検索を用いた分析に依拠しつつ、詳細に論じている［山根 2017］。山根によれば、「多文化共生」という語は 1990 年代初頭のいくつかの本や論文において使用されはじめているが、実質的には 1990 年代前後から外国人労働者の支援活動をしていた「カラバオの会」や「神奈川人権センターを構成する諸団体」等において「日本人や日本社会が変わることで差別をなくし、対等な関係をめざす」といった文脈で使用されるようになった［山根 2017：144］。そして、「在日韓国・朝鮮人の多住地域」である川崎南部の「おおひん地区」において、「おおひん地区街づくりプラン」が提起された 1993 年頃に、「多文化共生」が地域づくりのコンセプトとして使われるようになっていったという。こうした流れを受けて、1990 年代後半には川崎市の指針等において行政用語として「多文化共生」の語が使われはじめる[5]。以下は、この時期の「多文化共生」という語の含意を整理した箇所からの引用である。

　　　1990 年代の「多文化共生」の意味は、例えば川崎の地域や行政で使用された「多文化共生」のように、外国人と日本人の「共生」を目指したものであり、……マジョリティの日本人が差別や偏見を克服していくという明確な目標があった。ニューカマーの外国人が増え始めて JVC や横浜で使用されるようになった「他文化共生」や「多民族共生」も、同化にならないようにという問題意識や、日本社会の差別構造や排外的な社会を変えていこうという方向性を持ったものであった。［山根 2017：147］

2.2.「多文化共生」概念の意味変容―― 2000 年代以降

　ところが、2000 年代に入ったあたりから変化がみられはじめる。2001 年にニューカマー外国人の多い自治体が集まって「外国人集住都市会議」[6]が立ち

上げられ、様々な提言を行うようになった。こうした動きを受けて、総務省は「多文化共生の推進に関する研究会」を2005年に設置し、そこでの検討を経て2006年3月に『多文化共生の推進に関する研究会報告書』および『地域における多文化共生推進プラン』（以下「総務省プラン」と略記）が提示された。これらは、全国の都道府県や政令指定都市ごとに「多文化共生推進プラン」を策定することを促すものであり、それ以降各地の自治体で同プランが策定されていく。ところが、2005年から2006年にかけて、「『多文化共生』が全国的に使用されるようになる」と同時に、その「意味内容が変化した」という［山根2017：149］。

　この時期に生じた同概念の意味変容の要点について、山根は総務省プラン前後に策定された群馬県の「多文化共生推進指針」（2007年）や川崎市の「多文化共生社会推進指針」（2005年）の内容の検討を行い、「多文化共生」という語の意味内容の変化について、以下のように指摘している。一つに、施策内容において「オールドカマーは意識されておらず」、「日本語教育や適応教育」など「ニューカマーに限定され」たものとなっていること、二つに「日本社会における『偏見や差別意識』の解消や『同化と排外意識からの脱却』など、90年代の同語が有していた批判的な問題意識が希薄化している」点である［山根2017：153］。この変化について山根は、「実践的概念」から出発した「下からの多文化共生」が、2000年代に「官製概念」である「上からの多文化共生」に取って代わられたために、意味内容が変わったと説明する。

　　つまり、1990年代にはあった「日本人・日本社会が変わること」という問題意識が薄れ、「外国人支援」中心の「多文化共生」になってしまったのは何故か、「同化と排外意識からの脱却」「偏見や差別意識を取り除く」という視点が失われたのは何故か、……そこには単に対象がオールドカマーからニューカマーに移ったということに留まらない原因があるのではないかと考えられる。［山根2017：155、強調引用者］

　この山根論文の結語において示された、「多文化共生」の意味変容をいかなるものとして読み解いていくかという問いは、本章の論述においても重要なテーマとなる。同概念の意味変容が実際の定住外国人をめぐる諸政策や社会情勢

第9章 地域政策理念としての「多文化共生」と宗教セクターの役割

に与えた変化や影響を明らかにすることによって初めて、そのなかでの宗教セクターの独特の位置や役割を問うことが可能となるからである。

3. 意味変容の背景要因

3.1. 各地における外国人住民の増加と多様化

「多文化共生」の意味変容が何をもたらしたかを明らかにする前に、そのような意味変容をもたらした背景要因を踏まえておく必要があるだろう。まず挙げられることは、それまでは大都市のインナーエリアなどに限られていた外国人住民の集住地域が、1990年代から2000年代にかけて南米日系人が大挙来住することによって、東京や大阪などの大都市圏以外の、製造業が集積する諸地域に拡散していった点であろう。

1990年代の「多文化共生」概念をめぐる議論は、前節でみたように神奈川県などの在日コリアン住民の集住地域に端を発するものであった。そこでもニューカマー外国人の増加と彼ら・彼女らをめぐる様々な活動の展開が認められるものの、「多文化共生」や（その前段階のスローガンといえる）「内なる国際化」といった考え方を前面に押し出しながら、自らの社会的な地位の改善や権利保障、およびそれにともなって求められる日本社会の法や制度、人々の意識の変革を目指す社会運動として展開していった。こうしたスタンスは、在日コリアン住民の立場から「多文化共生」を論じた著書のあとがきで崔勝久が記した、「共生とは、『在日』にとって、日本社会の『同化』『排除』『差別』に抗して自己の尊厳をかけて求めるものです」［朴・上野ほか 2008：252］という文言に象徴的に表されている。

しかしながら、たくさんの南米日系人が流入した地域の多くは、北関東や東海・中部地方といった、在日コリアンの集住が顕著ではない地域であった。前節の山根の言及にあるように、2000年代に入って「多文化共生」が「外国人支援」の活動に傾斜していくのは、2001年に設立された「外国人集住都市会議」を構成する自治体の多くがそうであるように、1990年以降に（主に南米系の）ニューカマーの外国人人口が急増しその対応に迫られるなかで問題意識が醸成されていった背景にもとづくものである。2006年の総務省プランの策定・提示においても、こうした南米日系人の集住地域の経験や対応の影響を多分に

211

受けており、複雑な歴史的経緯から「特別永住」の在留資格を持つに至った在日コリアン住民を取り巻く状況とは、同語を用いる際の背景や文脈が大きく異なってこざるを得ない。

　さらには、2000年代後半の不況によって南米系の外国人人口が急減する一方で、2010年代に入ると中国・フィリピン・ベトナムなどのアジア諸国からやってくる技能実習生が急増する。南米からの日系人の場合、居住地や就労先の選択の自由が制度上認められているので、家族・親族のつてをたどったり人材派遣会社のネットワークを介したりしながら同じ国や言語圏の人々による集住地域が形成されていく。しかし技能実習生の場合は、在留期間が最長5年（2018年3月現在）であることに加えて、受け入れ機関や雇用主の所在地以外での就労や居住ができない。そのこともあって、地方に立地する農漁業や水産・食品加工業、地場産業や製造業などの現場が技能実習生を積極的に受け入れたため、外国人住民がわずかしかいなかったような全国各地の自治体において、外国人人口がにわかに増加することになった。かくして、これまでに外国人住民の集住をまったく経験していないような多くの地域において短期滞在の外国人の増加とそれへの対応が求められるようになり、こうした地域においても「多文化共生」の地域づくりが課題の一つとして挙がってくるようになったのである[7]。

　「多文化共生」という用語の意味内容の変化をもたらした要因の一つとして、このような対象地域の急速な広がりと、各地の外国人住民の構成の多様化を挙げることができるであろう。つまり、定住外国人の直面する課題や支援ニーズ、さらには1990年代の議論では中心的な主題であった定住外国人の権利保障や地位改善についても、出身国や在留資格、ホスト社会の地域状況の違いを鑑みれば、活動の内容や方針を一義的に規定することが格段に難しくなったのである。

3.2.「地域国際化」の政策理念としての「多文化共生」

　そして、「多文化共生」の意味変容を考察するにあたって、もう一点踏まえておくべきことがある。同概念が初発において定住外国人の権利保障や地位改善へと志向する社会運動の理念としての傾向を色濃く持っていたのに対し、2000年代に入るとこの語が行政サイドで主に用いられる政策理念の一つとして流通するようになったということである。とりわけ、2006年3月の総務省

プランの策定においては、同概念は「国際交流」「国際貢献」に続く、「地域国際化」政策の三つ目の主要概念として位置づけられている。これは、山根論文の表記を借用するならば、「上からの多文化共生」の最たるものともいえるが、「多文化共生」概念が編入されていくことになる「地域国際化」政策の特徴を、ここで確認しておく必要がある。

　以下の通知文は、総務省プランの本文の前に付されたもので、全国の都道府県および特別市の担当部課に対してその趣旨を説明するものである。

　　　外国人登録者数は平成16年末現在で約200万人と、この10年間で約1.5倍となり、今後のグローバル化の進展及び人口減少傾向を勘案すると、外国人住民の更なる増加が予想されることから、外国人住民施策は、既に一部の地方公共団体のみならず、全国的な課題となりつつあります。このような中、国籍や民族などの異なる人々が、互いの文化的差異を認め合い、対等な関係を築こうとしながら、地域社会の構成員として共に生きていくような、多文化共生の地域づくりを推し進める必要性が増しています。地方公共団体においては、１９８０年代後半から「国際交流」と「国際協力」を柱として地域の国際化を推進し、…（中略）…地方公共団体における外国人の活動しやすいまちづくりを促したところですが、今後は「地域における多文化共生」を第3の柱として、地域の国際化を一層推し進めていくことが求められています。［総務省2006：1、強調引用者］

　ここに明記されている「地域国際化」政策とはどのようなものであろうか。同政策の概要について整理した毛受敏浩によれば、一つ目の柱である「国際交流」の初発といえるのは、1955年に日本の長崎市と米国のセントポール市の間での姉妹都市提携の締結であった。この姉妹都市提携のそもそもの趣旨は交戦国間の関係改善を地方自治体間の交流において進めていくことであった［毛受2016：53］。その後、欧米やアジア諸国をはじめとする世界中の国々との間で自治体間の交流活動が展開されていく[8]。

　このように一連の「国際交流」に関する動きは、地方自治体の自発的な動きとして始まったものであったが、国際化が地域の発展や活性化に資するものとみなされるようになると、政府も地域国際化の推進を積極的に後押ししていく

ようになる。1987年に当時の自治省が示した「地方公共団体における国際交流の在り方に関する指針」はその嚆矢であり、その中では「地域レベルの国際交流」によって「世界に開かれた地域社会づくりを推進し、地域の活性化を図っていくこと」が推奨された。1988年には地方公共団体の国際化推進のための組織として「自治体国際化協会」（CLAIR）が設立され、1990年前後から国際交流を行う中核的な団体として地域国際化協会が各地で設立されていく。そして1995年には国際協力推進に向けた指針が示され、地方自治体が海外の地域や自治体の発展への援助・貢献を進めていく、という第二の柱となった。

　以上が、「地域国際化」政策の経緯と概要である。ここで留意すべきは、「地域国際化」政策の一環としての「多文化共生」がどのような政策内容を有しているのか、さらに言えば「誰に向けられた」政策なのか、ということである。総務省プランの第1項において示された「地域における多文化共生の意義」の内容をみてみよう。そこでは、(1) 外国人住民の受入れ主体としての地域、(2) 外国人住民の人権保障、(3) 地域の活性化、(4) 住民の異文化理解力の向上、(5) ユニバーサルデザインのまちづくりの五つが列挙されている［総務省2006：3］。これらのうち (1) と (3) は地域社会のあり方、(4) と (5) は国籍や民族が異なる地域住民同士の関係性に関わるものであり、日本に暮らす外国人住民に直接関係する項目は (2) のみである。このことから、1990年代の「多文化共生」の含意に比して、外国人住民が抱える諸課題の占める比重が決して高くないことに気づく[9]。

　こうして2000年代に入って「地域国際化」政策の理念へと再編された「多文化共生」概念は、1）対象となる地域が外国人住民数の増加やその属性の多様化に直面している、全国各地の自治体への適用が前提とされており、2）（定住外国人の地位改善や支援よりむしろ）「国際交流」等の地域の発展・活性化に主眼が置かれている、といった特徴を帯びることとなった。そして、「多文化共生」という言葉が地域政策の基本理念として用いられることによって、初発時にみられた社会の変革への志向性をともなった「批判的な性格」が弱まり、むしろ現行の社会制度や秩序の維持・発展に資するような「統治理念」としての性格を強めていく。この一連の流れを踏まえることで、以下において樋口直人が「事なかれ主義」［樋口2010：9］と評するところの、政策理念としての「多文化共生」が醸し出す政治的な性向の背景が浮き彫りとなってくる。

3.3.「多文化共生」理念の「脱政治化」作用

　当初は社会変革志向を有していた「多文化共生」をめぐる議論が、次第に既存の体制秩序を維持するような保守的イデオロギーとしての特徴を強めていく過程について、樋口直人は以下のように説明している。一つ目の批判点は、「多文化共生」という考え方が有する、「文化的な差異の承認」を強調しつつ、財や権利などの社会的資源の分配における「不平等」問題を不問にする傾向である。同概念においては、在日南米日系人をめぐって文化的差異の存在とその「共生」が過度に強調される一方で、（多くの南米日系人の「契約・派遣社員」という）不安定な雇用状態がもたらす不平等・不公正な状態などの「社会構造にたいするまなざしの欠如」が見出される。樋口によれば、“再配分の発想なき差異の承認”というのが現行の「多文化共生」施策の実態であり、「分配にふれない共生概念は、様々なエスニシティを背景に持つ人々どうしの『対等』な関係を実現する指針とはなりえない」［樋口 2010：7］という。

　もう一つの問題は、「多文化共生という言葉は様々な政治的対立を包含し、その内部で引き得る対立軸を結果的に隠蔽する」［樋口 2010：7］というものであり、樋口はこの特徴を「脱政治化」作用と呼称する。「多文化共生」施策においては、「移民に係わる事柄」が（法制度の変更も視野に入れた）政治的争点としては扱われず、「共生を政治化されない限りで適用し、それに即した課題の解決に問題を切り詰めることにより、無難な執行部分にしか切り込めない状況が生み出されている」というのである。こうして「多文化共生」という政策理念が「結果として現状を維持する機能をはたす」［樋口 2010：9］こととなる。このような論述において、「多文化共生」概念が内在していたラディカルな性質の弱化と、現行の社会秩序の維持に資するような性向が端的に示されているといえるだろう。

4. 行財政のスリム化がもたらす諸セクターの隘路

4.1.「行財政のスリム化」による影響

　前節においては、「多文化共生」という語が、定住外国人をめぐる諸課題の改善・解決とそれに必要な社会変革を志向する「運動の理念」から、現行の制度や秩序の維持を前提としつつ地域の発展・活性化へと志向する「統治の理

念」へとその意味を転じていく過程とその内実について概観した。続いて、総務省による「多文化共生推進プラン」にも列挙されている同政策の諸課題（コミュニケーション支援、生活支援、多文化共生の地域づくり、多文化共生の推進施策の整備等）を担う各セクターの状況を取り上げる。

　国や地方自治体が慢性的な財政赤字に悩まされ、少子高齢化にともなって今後さらなる収支の悪化が予想されるなか、「行財政のスリム化」として公務員数の削減や財政支出の縮小が叫ばれて久しい。とりわけ、「多文化共生」が「地域国際化」政策の柱の一つとして喧伝され、地域づくりの取り組みが全国的に進められた2000年代は、小泉純一郎内閣のもとで遂行された郵政民営化や国立大学の法人化、「平成の大合併」とも称される地方再編といった「小さな政府」を目指す諸施策が大々的に進められた時期と重なる。「多文化共生」に関する諸施策を担うのは、地方自治体の国際交流担当部署、各地の地域国際化協会やNPO・ボランティア団体等であるが、これらの部署・団体もその影響を強く受けざるを得なかった。

　「行財政のスリム化」に向けた具体策としては、直接的には人員・予算の削減と効率的な運用ということになる。これによって、各地の地方自治体の担当部署において業務遂行能力が低下し、地域国際化協会やNPO・市民団体等との連携や業務委託を増やさざるを得ない状況が生まれていく[10]。その一方で、行政からの予算が重要な財源となっていることが多い地域国際化協会や、寄付文化が十分に根付いていないなかでこちらも行政からの委託事業や助成金に頼らざるを得ないNPOやボランティア団体等も厳しい運営を迫られる。これらの諸団体でも、人件費の面から安定的に人材を確保・育成することが難しい、公募型の助成事業に申請して何とか運営資金を確保しようとするも、事前申請や成果報告などの事務作業に追われて本来の業務への支障を来している等の問題が起こっている。筆者による複数の地域国際化協会スタッフへの聞き取り（2017年8月実施）によれば、インバウンド対応といった地域経済の活性化に直結するとみなされる案件には予算が付きやすい一方で、定住外国人の日本社会への適応や定着などの中長期的な取り組みが必要な課題については、優先順位を下げたり、取り組みをあきらめざるを得ないものも出てきているという。

216

4.2. 国際交流施設の運営における「指定管理者制度」導入の影響

　以上のような「行財政のスリム化」が「地域国際化」や「多文化共生」の取り組みに深刻な影響を与えている最たる例が、国際交流のために設立された公的施設の運営における「指定管理者制度」の導入の問題であろう。この制度は、これまでにはその設置・運営を地方自治体が担ってきた「公の施設」（住民の福祉を増進するために設置され、住民にサービスを提供する施設）の運営について、規制緩和・行政の民営化・行政運営への民間の経営手法の導入などの観点から、民間事業者（NPOや企業など）に管理委託するという趣旨のもので、2003年9月の改正自治法の施行とともに発効した［成田 2005：9-12］。この制度の主眼は、各種の公的施設の管理コストの削減と運営・経営の効率化、当該施設におけるサービス内容の向上などとされているが、その背景要因として全国的な市町村合併の推進にあたって各自治体が抱える公的施設の数が増えることへの対応という側面があることも指摘されている［武藤編 2006：150］。その一方で、この制度の問題点として、総務省がこの制度を非常に短い期間で導入したために、実際の地方自治体の運用において少なからず混乱がもたらされたことや［武藤編 2006：92］、外郭団体の中には特定の公的施設の管理のために設立されたものもあり、そうした団体が「公募による競争に一回負けたら組織としてもう終わり」になってしまうといった不具合が指摘されている［武藤編 2006：125］。1990年代前半に行政主導で設立が促された地域国際化協会の中には、国際交流を目的として設置された施設の管理運営を前提として作られたものがあることから、この制度の導入は一部の地域国際化協会の運営・存続の大前提を大きく揺るがすものともなった。

　榎井縁は「近年自治体の財政再建の流れのなかで、地域国際交流協会などが取り組む『多文化共生』が後退している」と指摘し、その象徴的な事例として、2011年8月に神奈川県立地球市民かながわプラザ（あーすぷらざ）の運営を長らく担ってきた「かながわ国際交流財団」が、管理者候補から落選したケースを挙げている［榎井 2011：102］。同財団は「全国に先駆けて内なる国際化に注目し、とくに外国人住民の権利保障という歴史に向き合い多文化共生事業を展開していった経緯を持っており、地域国際交流協会の一つのモデルケース」であった。しかしながら、指定管理者選定の過程において行ってきた「ミッション・ステートメントや取り組む課題を明らかにし、事業のスリムアップ化を図

ってきた歴史や努力」などが同制度の評価指標において低い位置づけであった
ことが、その結果から明らかとなる［榎井 2011：102-103］。この指定管理者制
度の導入を象徴とするような、「質的な事業内容より量的なコストが優先」さ
れ、事業内容の見直しや縮小、さらには地域国際化協会の存続が危ぶまれるよ
うな状況が各地の現場で生じた。榎井が所属していたとよなか国際交流セン
ターの管理運営においても同様であったという［榎井 2011：107-111］。

　もちろん、「行財政のスリム化」に起因する諸活動の現場の逼迫化は、「多文
化共生」の現場にだけ起こっていることではない。しかしながら、以下の毛受
敏浩の指摘にあるように、「国際交流」や「多文化共生」などの政策課題の遂
行を根拠づける法律がないために、自治体の諸業務の中では優先順位が高いも
のとはいえず、縮小や削減の対象となりやすいことについては認識しておく必
要があるだろう。

　　　自治体の業務のほとんどはその施行が個別の法令によって規定されてい
　　るが、国際交流についてはその内容について明示的に規定した法律がない
　　点が挙げられる。そのため、自治体による取り組みの温度差が大きく、事
　　業の規模、予算、範囲において自治体間のばらつきが大きい。……自治体
　　にとり、国際交流は必須の事業として取り組むための基盤が弱く、……財
　　政難の時代を迎えて、事業の緊急性が優先されるようになると、成果が目
　　に見える形で表れにくい国際関連事業は予算削減の標的へと転化する懸念
　　が強まった。［毛受 2000：3］

　以上のような状況のために、地方自治体や地域国際化協会などの公的セクタ
ーにおいては行財政のスリム化による「多文化共生」に関する取り組みの縮
小がみられる一方で、NPO やボランティア団体等の市民セクターにおいては、
公的な補助金や助成制度への依存傾向と、活動の自由度の低さがみられる。こ
うしたこともまた、日本の定住外国人への支援活動の「低調さ」の一因となっ
ているといってよいだろう。

5. 宗教セクターの相対的自立性

　本章の役割は、「多文化共生」政策下の日本社会において外国人住民が直面している諸課題を、地域社会全体で取り組むべき課題として位置づけること、そして「多文化共生」の本義といえる、出自や文化的背景等の違いに関係なく、日本の地域社会に暮らす人々が不当な取り扱いを受けずに共に暮らしていけるようにする、という大命題に対して宗教セクターがどのような貢献や役割を果たしうるかを示すことであった。

　公的資金によって運営される国や自治体において顕著にみられるのは、活動内容や資源配分において「公益性」が重要視され、税の用途の正当性についての説明責任（アカウンタビリティ）が厳しく問われている現状である。そして、「行財政のスリム化」が強く求められるなかで、地域社会の発展・活性化に資するものや世論からの賛同が得やすい案件が優先的に進められ、マイノリティ住民に関わることや政策効果がみえにくい性質を持つ諸活動が取り組みづらくなっている。

　その一方で、公的セクターが取り組みにくい諸課題への対応を期待される市民セクターもまた、行政に依存せざるを得ないような財政構造を抱えるがゆえに同様の問題に苦慮している。加えて、市民セクターの基本的な活動原理である「自発性」（支えたい、関わりたい活動内容に「自らの意志で関与する」原則）という考え方には、課題や支援ニーズが「可視的」あるいは「公認」されたものであるか等によって、調達できる資金やマンパワーに偏りが出やすいという弱点も存在する（マスメディアやSNS等で周知されたかどうかによって、災害ボランティアによる被災地支援の過剰と過少が生じる問題を想起するとよい）。

　そのなかにあって、宗教的な価値理念や行動原理にもとづいて活動する宗教セクターは、「地域国際化」や「多文化共生」に関する諸課題の遂行において、上述のような各セクターが抱える諸事情とは一定の距離を保ちつつ、支援を要する定住外国人や外国ルーツの人々に対してコミットしていくことが、理論上は可能である[11]。その理由の一つとして、一定の規模を有する宗教セクターの場合には、活動に要する諸資源（人、モノ、お金など）を「自己調達」できることが挙げられる。すなわち、何らかの社会活動を行う際に「補助金」頼み

にならずにすむために、行政等による活動内容の規制をさほど受けずに事を進めることができる[12]。また、上述の諸団体は（日本語教室や文化交流イベントなどの）事業の遂行において自前の施設や設備を有しておらず、公的施設を利用する形が多いが、宗教セクターの場合は、当該の教団が有する施設（教会・寺院・教務所・道場など）を活動拠点として活用することも可能である。また、こうした宗教セクターによる活動の自立性は、それに所属する個人や集団の行動原理にも表れている。宗教セクターでは、宗教教義や信仰心にもとづきながらの行動や活動となるために、たとえばキリスト教の場合であれば「（イエス・キリストの実践にあるように）社会的に弱い立場にある人々に寄り添う」といった行動規範を立てることで、「国際交流」や「多文化共生」といった公定の活動理念に依拠せずとも社会活動の理由づけが可能である。

　しかしながら、宗教セクターが関与することによって、これまでにみてきた「多文化共生」政策下の隘路が突破できるというものでもない。課題ももちろんある。本書で取り上げるような、宗教セクターによる外国人住民等への支援活動への取り組みは、日本国内に立地するすべての宗教教団・宗派において担うことができるわけではない。

　国籍の違いにかかわらず、何らかの事情で異郷の地にやってきた者がまったくなじみのない教団・宗派の門を叩くことは考えづらい。彼ら・彼女らがそこで関係を構築しうるような「近さ」を有するのは、やはり郷里の地で元から信仰していた（あるいはそれに類似した特徴を持つ）宗教セクターに限られてくるであろう。そうした意味で、日本にやってきた外国人住民にとって「近い」存在であるのは、日本人住民の多くが関わりを持つ神道や仏教各派よりも、在日ブラジル人などが営むエスニック・チャーチ（第2章第2節）やイスラム教のモスク（第8章）等であろう。しかしながら、それらの教団は日本人信徒が少なく地域とのつながりが強固とはいえない場合が多く、ホスト社会での活動基盤や橋渡し機能の脆弱さがしばしばみられる。逆に、日本の伝統宗教（仏教や神道など）は自立的な活動を行うだけの諸資源は有しているが、外国ルーツの人々に関する問題意識や接点に乏しいために、（個々の施設や宗教者の単位での活動はみられるものの）教団全体でこの課題に取り組むところは多くない。

　また、日本にやってきた外国人住民のすべてが宗教的な問題関心や（祈り・参拝などの）生活習慣を保持しているわけではないので、個人の気質あるいは

出身国・文化圏などの違いから、宗教セクターが関与する可能性や影響力にも違いが生じてくる。宗教団体の中には信仰共同体としての側面を強調し、社会的活動に重きを置いていないところもあるし、宗教者や信者の高齢化や減少を悩みとするような団体や施設ではマンパワー上の問題で社会的活動に取り組む余裕のないところもある［徳田・二階堂・魁生 2016：74］。

とはいえ、こうしたいくつかの制約の存在を考慮に入れたとしても、「多文化共生」に関する諸課題への取り組みにおいて公的セクター、市民セクターともに資源の不足や活動の自立性が乏しい状況を鑑みれば、独自の人的・資金的な活動資源と定住外国人との関わりの歴史を有している宗教セクターが果たしうる役割は決して小さくない。地域社会の諸セクターとの連携・協働のあり方について多くの課題を抱えているものの、「多文化共生」に関連する諸活動の「担い手」としての宗教セクターが有する可能性は計り知れない。

6. おわりに

本章では、日本に暮らす外国人住民の生活状況、ホスト社会との良好な関係の構築等についての取り組み状況を概観し、それらに対して宗教セクターが果たしうる役割について考察してきた。「多文化共生」に関連する諸課題を地域社会で取り組むにあたっては、（とりわけ 2006 年の総務省による「多文化共生推進プラン」の提示以降）公的セクターと市民セクターの連携・協働を基本線として進められてきているが、昨今の時代状況のなかで各セクターが抱えている運営上の課題は大きい。先述のように、日本の外国人支援活動の領域においては宗教セクターが一定の役割を果たしてきた歴史があり、独自の活動資源とノウハウを有しているものの、とりわけ公的セクターと宗教セクターの連携や協働に関しては、「政教分離」の基本原則の存在や世論における宗教へのネガティブなイメージもあって、それを進展させるような機運はあまりみられない。

高橋典史は、「移住者たちにとって『宗教』が果たしうる機能」として、①狭義の宗教的救済、②エスニシティの文化資源の一つ、③社会的な支援の担い手の三つを挙げているが［高橋 2017：161］、いずれも移住後の外国人住民の「生活の質」を高める効果を持つと考えられる。宗教セクターが外国人住民に与えた影響等については、本書の各章で提示された諸事例が示したところであ

る。宗教セクターが外国人住民と地域住民や行政の双方から承認され、つなが
りや協力体制を有しているようなケースでは、外国人住民と地域社会との間で
の「橋渡し」や「仲介」の機能をも果たしうることが明らかとなっている。宗
教セクターは、外国人住民にとってはホスト社会を知ったりつながったりす
る「窓口」となり、地域社会の側からすればなじみのない文化やライフスタイ
ル、信仰生活などを理解したり問題状況を把握したりする際の「カウンターパ
ート」ともなり得るのである。

　そして、将来的には宗教セクターへの役割期待をより大きなものにする問題
領域が存在する。第二次世界大戦の前後に来日した在日コリアンの一世や二世
が直面しているところであるが、1980年代以降に大挙来住し定住したニュー
カマー外国人と呼ばれた人たちも、あと数十年ほどで一斉に「高齢化」する時
局を迎えることになる。それとともに、医療・介護・看取り・葬送などの各局
面において、彼ら・彼女らが信仰する宗教の助けが必要とされる機会は増える
ものと予想される。

　現世あるいは来世での人々の苦しみを減らしたり、幸せを増やしたりするこ
とに最終的な活動目標を置く宗教セクターにとって、何らかの苦しみに苛まれ
社会からも孤立しがちな人たちは、その教義あるいは行動原理からすれば「見
捨てることのできない」存在である。宗教セクターは、世俗における問題関心
の高さや「公益性」の有無などとは関係なく、「寄り添い」「支援すべき」対象
を規定することがしやすいために、生活困窮者や政治難民、支援を必要とする
外国人などの人たちへの支援活動に従事し、こうした人たちにとっての「アジ
ール」「駆け込み寺」としての役割をも果たしてきた［寺尾 2003］。

　宗教セクターの社会貢献の可能性については、災害時の対応や被災者支援の
領域においてすでに議論や実践が進んでいる。渥美公秀は、宗教を基盤とする
ボランティアグループにみられる「強み」として次の三点を指摘している。一
つに、それらには専従職員とともに、本職を別に持ちながらも宗教教団に所属
し活動する、多様な経験や職能を有する人材を抱えていること。二つに、信仰
にもとづいたそれらの活動においては、平常時の活動で蓄積されたノウハウ
と活動を真摯に振り返る姿勢がみられること。そして三つに、（資金や人員面で
の）動員力という強みがあり、災害現場での支援活動の従事者にとっては大変
心強い、とされる［渥美 2016：18-20］。

第9章 地域政策理念としての「多文化共生」と宗教セクターの役割

だが、このような宗教セクターのポテンシャルを日本の「多文化共生」の現場において発揮するためには、いくつかの残された課題がある。外国人住民と「近い」位置にあり関係構築が容易な宗教セクターの場合には、（カトリック教会などの例外を除くと）日本では信者数の少ないエスニック・チャーチなど、日本社会において社会活動を展開するほどの地域とのつながりや諸資源を有していないところが多い。その際には、日本において一定の規模と資源を有する他の宗教セクターとの連携・協働が望まれる。こうした宗派・教団の違いを超えた宗教者の連携については、2011年の東日本大震災後の被災地支援において結成された「宗教者災害支援連絡会」という先例がある［黒崎 2016］。

本章の冒頭で触れたように、日本の宗教セクターは、戦後の日本社会において主要な課題として位置づけられてはこなかった外国人住民に関わる活動に継続的に従事し、成果とノウハウを蓄積してきている。しかしそのありようは、活動対象となる人々の出自や社会状況、ホスト社会側の制度や意識の地域性などに応じて様々な形をとり得る。本章の考察を通じて明らかにされた、地域社会における宗教セクターの存在意義、およびその背景要因としての「多文化共生」政策をめぐる諸事情の把握と考察は、外国人住民と宗教セクターの関わりや活動を地域課題の一環として位置づけ、本書の各章で取り上げられた各事例を行政や市民団体、地域住民との連携や関係形成といった視点から検証していく際の一助となるであろう。

［付記］
本章は、2016-18年度 JSPS 科研費 16K04130（基盤研究（C））「人口減少時代の地方都市・中山間地域の多文化化と地域振興に関する社会学的研究」（研究代表者：徳田剛）、および2017-19年度 JSPS 科研費 17K02239（基盤研究（C））「多文化共生社会の構築における宗教の社会的役割に関する実証的研究」（研究代表者：白波瀬達也）による研究成果の一部である。

注

1） 本章では、「多文化共生」という用語を、何らかのあるべき状態を想定したうえで現状への実践や関与を一定の方向へと導いていくような「規範的な性質」を持つ概念として取り扱うが、初期の「多文化共生」の用法にみられたような社会変革への志向性を所与とするものではない。本章における同概念の考察の主眼は、1）定住外国人の権利保障や地位改善、それにともなう社会変革をリードする社会運動上のスローガンとして用いる立場と、2）地域社会の安定的な運営と発展・活性化へと促す地域政策上のスローガンとして用いる立場の双方に着目し、両者の〝対抗的で非対称な〟関係性を描出することにある。こうした捉え方については、「共生」概念を何らかの考え方や立場の正当化や合意形成のために用いられる「言説資源」とする上野千鶴子の立論に近い。上野によれば、「多文化共生」などの用語は「現実を定義し解釈するための言葉」であるがその言葉自体は「空っぽのシンボル」にすぎず、「文脈に応じて様々な解釈へと動員され、文脈に応じて異なる目的を持った象徴闘争の賭け金になる」［朴・上野ほか 2008：207-208］とされる。

2） 本章では「宗教セクター」という語を、（特定の宗教団体の外側に向けて行われる）社会活動の担い手としての側面を言い表す際に使用する。具体的には、そのような活動に従事する「特定の宗教的な教義によって設置・運営されている宗教団体」および「自身の宗教的信念や教義・行動原理等によって動機づけられた個人」を指す。同様の趣旨のもとに用いられる言葉としては、白波瀬達也による「宗教と結びつきのある組織（Faith-Related Organization あるいは FRO）」が挙げられる［白波瀬 2015：4］。白波瀬の用語がもっぱら組織・団体を指すものであるのに対し、宗教セクターは非組織的な個人レベルの社会活動従事者も含まれるため、定義上はより広義である。

3）「地域国際化協会」とは、自治体の国際交流・国際貢献を軸にした地域発展を下支えする組織として 80 年代末から 90 年代初頭にかけて設立され、各地で「国際交流協会」や「国際交流センター」などの名称で呼ばれている組織の総称である。行政と民間・市民との中間において諸業務を円滑に遂行することを目的とする組織であるが、財政面などで所管の地方自治体との結びつきが強いことから、以下の論考ではこれらの団体を公的セクターに分類している。

4） 石井研士が 2003 年に行った「日本人の宗教意識・神観に関する世論調査」の結果から、次のような宗教観の傾向が示されている（住民基本台帳による全国の満 20 歳以上の男女より、層化（二段）無作為抽出法により 167 地点、2000 サンプルを抽出、回収数 1417）。まず、信仰や信心の有無についての質問では、それらを持っているという回答が 29.1％ であり、生活上宗教は大切であると思うかという質問では、「そう思う」38.7

％、「そうは思わない」44.2％、分からない 17.1％という結果であった。ここから、回答者の 3 〜 4 割が信仰心や宗教へのポジティブな見方を有していると考えられるが、「特定の宗教団体に入っている」との回答は 8.8％にとどまっている。また、2004 年の「日本人の宗教団体への関与・認知・評価に関する世論調査」（調査方法は同上、回収数 1385）では、日本の主要教派の宗教団体への信頼度を問うている。「信頼できる」「まあまあ信頼できる」をあわせたポジティブな回答の割合は、神道 49.3％、仏教 66.5％、キリスト教 38.7％、新しい宗教 3.4％となっており、新興宗教への信頼度が極端に低い傾向が明らかとなっている［國學院大學 21 世紀 COE プログラム 2005］。

5) 山根によれば、川崎市の行政文書における「多文化共生」という言葉の初出は、1996 年の『仮称・川崎市外国人市民代表者会議調査研究報告書（答申）』であるが、1998 年の改訂により「川崎市外国人教育基本方針」の副題に「多文化共生社会をめざして」が付されたことをもって、実際に地方自治体の地域政策のスローガンとしてこの語が初めて用いられた事例としている［山根 2017：146］。

6) 「外国人集住都市会議」は、1990 年以降南米日系人の移住が増加し、言葉の壁や文化の違いに起因する様々な課題が顕在化した地域に立地する諸都市によって 2001 年 5 月に設立されたものである［池上 2013：184］。当初は浜松市の呼びかけに応じた 13 自治体によって構成されたが、2017 年 4 月 1 日現在の加盟都市は、群馬県太田市・大泉町、長野県上田市・飯田市、岐阜県美濃加茂市、静岡県浜松市・富士市・磐田市・掛川市・袋井市・湖西市・菊川市、愛知県豊橋市・豊田市・小牧市、三重県津市・四日市市・鈴鹿市・亀山市・伊賀市、滋賀県甲賀市、岡山県総社市の 22 都市となっている（外国人集住都市会議ウェブサイト http://www.shujutoshi.jp/ を参照）。

7) 筆者らは、外国人住民の集住が顕著でない「非集住地域」（その多くは地方の中小都市や中山間地域などに位置する）における外国人住民の生活状況や諸課題が大都市圏や外国人の集住地域とは異なる特徴を有するがゆえに、それらへの対応についても独自の視点から考察する必要があることを提唱している［徳田・二階堂・魁生 2016］。

8) これ以降、日米間の姉妹都市提携を中心に 1950 年代に 21 件が締結され、高度成長期を迎えた 1960 年代には 819 件と急増する。1960 年代の後半から 70 年代にかけては、韓国や中華人民共和国との国交回復などを受けてアジア地域での姉妹都市提携も増加した［毛受 2016：53-54］。

9) 加えて、以下の柏崎千佳子の指摘にもあるように、一連の「地域国際化」政策において想定されている「外国人」がどのような人たちなのかについても留意が必要である。「……外国人関連の施策は、様々な国際化事業を推進するなかで増えていくであろう訪問・滞在外国人にとって『活動しやすく暮らしやすい』環境を整えることが目標になっている。地域に定住する『住民』『市民』としての外国人を主に想定しているとは言い難く、…

日本に外国の文化を伝える人、日本人と交流し、『国際的』な要素を地域社会に持ち込んでくれる人たちとみなされているのである」[柏崎 2002：151-152]。

10) 近年の「行政と市民団体の協働」が抱える諸問題については、市民セクターの立場から論じた能勢桂介の論稿を参照 [能勢 2017]。同稿では、行政との連携や協働の難しさの要因として、いわゆる縦割り行政の弊害（セクショナリズム）がもたらす領域横断的な課題における関係調整の困難さや、市民団体の専任職員によって担われる専門性の高い諸業務が低賃金で雇用される女性スタッフ（収入の安定した配偶者を持つ高学歴女性である場合が多い）に多くを負っている現状などが指摘されている。「移民問題の解決と財政難の解消という難問は、高学歴で専門スキルを持つ女性支援者が低賃金労働を受容することによって解決されたかのように装われるのである」という能勢の指摘は、この分野における市民参画や協働というスローガンに潜在する問題の根深さを約言したものといえる [能勢 2017：178]。

11) とはいえ、公的セクターからの委託事業や「下請け仕事」に忙殺されるような、市民セクターが陥りがちな状況を、宗教センターがまったく免れているわけではない。「公的機関との協働に積極的」かつ「宗教活動への関与に消極的」であるような FRO が「財政的に自立できない場合、政府・地方自治体の『下請け機関』となるリスクを胚胎する」とする白波瀬達也の指摘を参照 [白波瀬 2015：12-15, 192]。

12) 「市民活動の場としての宗教施設」という観点については、地域との連携による寺院活性化の取り組みにその可能性を見出すことができる。たとえば、浄土真宗本願寺派による『寺院活動事例集　ひろがるお寺──寺院の活性化に向けて』[2013] や浄土宗による『いきいきお寺事例集　てら活のススメ』[2015] などを参照。また、宗教施設の公的目的による活用については、災害時における宗教施設の利活用のケースが挙げられる。2011 年の東日本大震災の被災地では、実際に多くの宗教施設に被災住民が避難している [稲場 2013：26]。また、災害発生時の避難場所や地域防災の拠点としての活用について、兵庫県多可郡多可町、東京都台東区などの自治体が地域の仏教寺院との間で協定を締結している例がみられる [稲場 2013：34]。

参考文献

渥美公秀 , 2016「はじめに──宗教団体による災害支援に期待すること」宗教者災害支援連絡会編『災害支援ハンドブック──宗教者の実践とその協働』春秋社：17-22.

榎井 縁 , 2011「地域国際交流協会と『多文化共生』の行方──地方財政再建の中で」『移民政策研究』3: 102-115.

樋口直人 , 2010「『多文化共生』再考──ポスト共生に向けた試論」『アジア太平洋研究セン

ター年報』7: 3-10.

池上重弘, 2013「外国人集住都市会議」吉原和男ほか編『人の移動事典——日本からアジア
　　へ・アジアから日本へ』丸善出版 : 184-185.

稲場圭信, 2013「総説　震災復興に宗教は何ができたのか」稲場圭信・黒崎浩行編著『震災
　　復興と宗教』明石書店 : 20-41.

岩渕功一, 2010「多文化社会・日本における〈文化〉の問い」岩渕功一編, 2010『多文化社
　　会の〈文化〉を問う——共生／コミュニティ／メディア』青弓社 .

柏崎千佳子, 2002「在住外国人の増加と自治体の対応——『国際化』を超えて」古川俊一・
　　毛受敏浩編『自治体変革の現実と政策』中央法規出版 : 141-172.

國學院大學 21 世紀 COE プログラム, 2005『日本人の宗教意識・神観に関する世論調査
　　2003 年・日本人の宗教団体への関与・認知・評価に関する世論調査 2004 年　報告書』.

黒﨑浩行, 2016「宗援連の歩み」宗教者災害支援連絡会編『災害支援ハンドブック——宗教
　　者の実践とその協働』春秋社 : 241-247.

毛受敏浩, 2000「地域レベルの国際交流と地域国際化協会の役割」自治体国際化協会編『地
　　域国際化協会のあり方に関する調査研究報告書』: 3-14.

――――――, 2016『自治体がひらく日本の移民政策——人口減少時代の多文化共生への挑戦』
　　明石書店 .

武藤博己編, 2006『自治体行政の「市場化」——行革と指定管理者』公人社 .

成田頼明監修, 2005『指定管理者制度のすべて——制度詳解と実務の手引』第一法規 .

能勢桂介, 2017「未完の多文化共生プラン——煩悶するローカル・ガバナンス」渡戸一郎ほ
　　か編『変容する国際移住のリアリティ——「編入モード」の社会学』ハーベスト社 :
　　160-181.

朴 鐘碩・上野千鶴子・崔勝久・加藤千香子編, 2008『日本における多文化共生とは何か
　　——在日の経験から』新曜社 .

塩原良和, 2013「日本における多文化共生概念の展開」吉原和男ほか編『人の移動事典——
　　日本からアジアへ・アジアから日本へ』丸善出版 .

白波瀬達也, 2015『宗教の社会貢献を問い直す——ホームレス支援の現場から』ナカニシ
　　ヤ出版 .

総務省, 2006『地域における多文化共生推進プラン』総務省自治行政局国際室 .

高橋典史, 2017「『多文化共生』と宗教をめぐる研究が切り開く地平」國學院大學研究開発
　　推進センター編『共存学 4 ——多文化世界の可能性』弘文堂 : 149-170.

寺尾寿芳, 2003「カトリック教会共同体の多文化主義的マネジメント——現代日本における
　　可能性」『宗教研究』77（2）: 369-391.

徳田 剛・二階堂 裕子・魁生由美子, 2016『外国人住民の「非集住地域」の地域特性と生活

課題——結節点としてのカトリック教会・日本語教室・民族学校の視点から』創風社
　　出版 .

山根俊彦 , 2017「『多文化共生』という言葉の生成と意味の変容——『多文化共生』を問い
　　直す手がかりとして」『常盤台人間文化論叢』3: 135-160.

あとがき

　1990 年代以降、日本では多文化共生にちなんだ実践や研究が積み重ねられてきた。そのなかで宗教はどれほど言及されてきたであろうか。本書はこれまで見落とされがちであった、宗教と多文化共生の関係に光を当てている。

　宗教社会学を専門にしてきた編者の 3 人が共同研究を始めたきっかけは、リーマンショック直後に実施した静岡県浜松市のカトリック教会の調査だ。編者たちは厳しい経済状況のなかで、失業にあえぐ移民たちを目の当たりにすると同時に、カトリック教会が国内外のネットワークを活用して、迅速に支援する様子をみてきた。そのなかで宗教が果たす役割の大きさを改めて実感していったのである。そしてこの調査の成果となる論考を、三木英・櫻井義秀編，2012 年『日本に生きる移民たちの宗教生活──ニューカマーのもたらす宗教多元化』ミネルヴァ書房にまとめた。

　この経験が土台となり、編者の高橋典史・白波瀬達也と文化人類学者の藤野陽平は、2012 年に「宗教と社会」学会公認のプロジェクト研究会「現代社会における移民と宗教」を立ち上げ議論を重ねてきた。同年 9 月の日本宗教学会第 71 回学術大会ではパネル報告「移民と宗教を結ぶホームランドへのノスタルジア」（代表者：藤野陽平）を、同年 11 月と 2013 年 1 月には地域研究コンソーシアム（JCAS）次世代ワークショップ（大阪大学 GLOCOL 国際協力・グローバル共生枠採択課題）「東アジアの境界を超える人々と宗教をめぐる諸問題──宗教社会学と公共人類学の対話から」（代表者：藤野陽平）を実施し、文化人類学者との対話も進めてきた。

　2014 年度から 2016 年度にかけては、科学研究費補助金（挑戦的萌芽研究）

「日本のカトリック教会による移住・移動者支援の実証的研究」（JSPS 科研費：26580010、研究代表者：白波瀬達也、研究分担者：高橋典史、星野壮）においてカトリック教会の移民支援の歴史的展開と全国的な取り組みを実地で学んでいった。この科研プロジェクトの大きな発見は、カトリック教会という統制のとれた組織であっても、実際の移民支援のありようは、全国一律ではなく、ローカルな文脈に大きく依存していることであった。

　以来、編者たちは従来以上に特定の地域やエスニシティを専門に研究をしている社会学者・文化人類学者との知的交流を深めていくことになった。2014 年 9 月には、その成果を日本宗教学会第 73 回学術大会のパネル報告「日本のカトリック教会の在日外国人支援にみる『多文化共生』」（代表者：高橋典史）で発表した。

　さらに我々は研究を進めていくにあたり、難民や移民を支援する実践者とのコラボレーションも積極的に図っていった。2014 年 11 月には、日本移民学会ワークショップ「移民と向き合う宗教 ――「多文化共生」を実践する信仰者たち」（代表者：高橋典史）を開催し、難民・移民支援の実践者と研究者双方の知見を共有していった。また、2015 年 11 月には同様の観点からシンポジウム「地域社会における『多文化共生』と宗教」（代表者：白波瀬達也）を編者たちの研究のルーツとなる浜松市で開催した。

　2017 年度以降は科学研究費補助金（基盤研究(C)）「多文化共生社会の構築における宗教の社会的役割に関する実証的研究」（JSPS 科研費：17K02239、研究代表者：白波瀬達也、研究分担者：岡井宏文、高橋典史、徳田剛、星野壮)」を開始し、カトリック教会のみならず、プロテスタント教会やイスラームなど、様々な宗教が多文化共生の取り組みに関与する事例にも目を向けて研究を進めている。

　本書の執筆者は全員が上述した研究会、学会、シンポジウム等で議論を交わしてきた関係である。2012 年からじっくり時間をかけて調査・研究を進めてきた研究チームの成果がこうしてようやく論集としてまとまった。

　では、本書の独自性はどこにあるのか。それは宗教と多文化共生に関する理論的枠組みを提示したこと、具体的な地域社会に焦点を当てて移民と宗教の関係を論じていることの 2 点に集約されるだろう。まだまだ荒削りな段階であることは承知しつつも、現時点での研究成果を世に問うことを優先した。

　本書では十分に扱うことはできなかったが、今後は移民の高齢化にともなっ

て終末期ケアや葬送に関する課題も顕在化するだろう。それゆえ多文化共生論に宗教の視点を導入し、その社会的役割を検討することは、ますます重要になると考えられる。本書がきっかけとなり、宗教と多文化共生に関する研究が、様々な学問分野において活発になることを願うばかりである。

なお、本書の刊行を快く引き受けていただき、編集者の立場から様々な助言をくださった神野斉氏に深く感謝する。多文化共生に関する書籍を数多く手がけてきた明石書店から出版できたことは、大変な光栄である。

最後に本書に収録された論文の調査に協力してくださった皆様にもお礼を申し上げたい。この本の知見が多文化共生の実践に活かされ、現場で生じている様々な課題を分析したり、解決したりするヒントになることを願っている。

白波瀬　達也

編著者・執筆者略歴

高橋 典史（たかはし のりひと）［編著者　まえがき、序章、第3章 執筆］
▼1979年生まれ▼東洋大学社会学部教授▼一橋大学大学院社会学研究科博士後期課程単位修得退学・博士（社会学）▼専門分野：宗教社会学▼主な著書・論文　2012『宗教と社会のフロンティア——宗教社会学からみる現代日本』勁草書房（塚田穂高・岡本亮輔との共編著）。2014『移民、宗教、故国——近現代ハワイにおける日系宗教の経験』ハーベスト社。

白波瀬 達也（しらはせ たつや）［編著者　序章、第1章、あとがき 執筆］
▼1979年生まれ▼桃山学院大学社会学部准教授▼関西学院大学大学院社会学研究科博士課程後期課程単位修得退学・博士（社会学）▼専門分野：宗教社会学、福祉社会学▼主な著書・論文　2015『宗教の社会貢献を問い直す——ホームレス支援の現場から』ナカニシヤ出版。2017『貧困と地域——あいりん地区から見る高齢化と孤立死』中公新書。

星野 壮（ほしの そう）［編著者　第2章 執筆］
▼1975年生まれ▼大正大学文学部専任講師▼大正大学大学院文学研究科博士後期課程単位取得退学・博士（文学）▼専門分野：宗教社会学▼主な著書・論文　2014, "The potentiality of Brazilian immigrants' religious communities as social capital: the case of Christian churches in Toyohashi under an economic depression", Hugo Córdova Quero and Rafael Shoji, (eds.) *Transnational Faiths: Latin-American Immigrants and their Religions in Japan*, Ashgate Publishing.

野上 恵美（のがみ えみ）［第4章 執筆］
▼1976年生まれ▼神戸大学国際文化学研究推進センター協力研究員▼神戸大学大学院国際文化学研究科博士後期課程修了・博士（学術）▼専門分野：文化人類学▼主な著書・論文　2016「『多文化共生』社会の実現の可能性に関する一考察——カトリック教会に集まる信者を事例に」白川千尋・石森大知・久保忠行編『多配列思考を読み解く　差異と類似を読み解く』風響社: 157-177。2016「ベトナム国チャビン省カウガン県の明徳儒教大道の宗教施設について　至善明寺・孔子聖殿の活動を事例に」『華僑華人研究』13: 61-69。

荻 翔一（おぎ しょういち）［第5章 執筆］
▼1989年生まれ▼東洋大学大学院社会学研究科社会学専攻博士後期課程▼東洋大学大学院社

会学研究科社会学専攻博士前期課程修了・修士（社会学）▼専門分野：宗教社会学▼主な著書・論文　2016「韓国系キリスト教会におけるエスニシティの多様化と組織的変容——新旧のコリアンの関係性を中心に」『宗教と社会』22: 17-31。2017「エスニック・チャーチとしての存続と葛藤——戦後期における在日大韓基督教会を事例に」『東洋大学大学院紀要』53: 1-21。

山本 崇記（やまもと たかのり）［第6章 執筆］

▼1980年生まれ▼静岡大学人文社会科学部准教授▼立命館大学大学院先端総合学術研究科一貫制博士課程修了・博士（学術）▼専門分野：地域社会学▼主な著書・論文　2015「部落問題と差別規制の課題に関する予備的考察——ヘイト・スピーチを中心に」『世界人権問題研究センター紀要』20: 137-154。2018「隣保館肯定試論——ソーシャルワークと部落解放の行方」『佐賀部落解放研究所紀要』35: 2-19。

永田 貴聖（ながた あつまさ）［第7章 執筆］

▼1974年生まれ▼国立民族学博物館外来研究員▼立命館大学大学院先端総合学術研究科博士課程修了・博士（学術）▼専門分野：文化人類学、移民研究▼主な著書・論文　2019「国流に集まる人々」牧里毎治監修・公益財団法人とよなか国際交流協会編『外国人と共生する地域づくり——大阪・豊中の実践から見えてきたもの』明石書店: 125-139。2019「送り出し社会と移住先社会の構造と規範のなかで生きるフィリピン移住者の戦術」大賀哲・蓮見二郎・山中亜紀編『共生社会の再構築Ⅰ——シティズンシップをめぐる包摂と分断』法律文化社: 129-145。

岡井 宏文（おかい ひろふみ）［第8章 執筆］

▼1980年生まれ▼共愛学園前橋国際大学国際社会学部専任講師▼早稲田大学大学院人間科学研究科博士後期課程修了・博士（人間科学）▼専門分野：社会学▼主な著書・論文　2018「日本とイスラーム——モスクから見る日本のムスリム・コミュニティ」小杉泰・黒田賢治・二ツ山達朗編『大学生・社会人のためのイスラーム講座』ナカニシヤ出版: 22-38。2018 "Intention to Migrate Among International Muslim Students in Malaysia," *Global Journal of Business and Social Science Review,* 5(4): 35-47（共著）。

徳田 剛（とくだ つよし）［第9章 執筆］

▼1971年生まれ▼大谷大学社会学部准教授▼神戸大学大学院文化学研究科博士課程単位習得退学・博士（学術）▼専門分野：地域社会学　▼主な著書・論文　2016『外国人住民の「非集住地域」の地域特性と生活課題——結節点としてのカトリック教会・日本語教室・民族学校の視点から』創風社出版（共著）。2019『地方発　外国人住民との地域づくり——多文化共生の現場から』晃洋書房（二階堂裕子・魁生由美子との共編著）。

現代日本の宗教と多文化共生
──移民と地域社会の関係性を探る

2018 年 4 月 28 日　初版 第 1 刷発行
2019 年 4 月 25 日　初版 第 2 刷発行

編著者　　高　橋　典　史
　　　　　白波瀬　達　也
　　　　　星　野　　　壮
発行者　　大　江　道　雅
発行所　　株式会社 明石書店
〒 101-0021 東京都千代田区外神田 6-9-5
電話 03（5818）1171
FAX 03（5818）1174
振替　00100-7-24505
http://www.akashi.co.jp/

進　　行　　　寺澤正好
組　　版　　　デルタネットデザイン
装　　丁　　　明石書店デザイン室
印刷・製本　　モリモト印刷株式会社

（定価はカバーに表示してあります）　　　ISBN978-4-7503-4668-7

JCOPY 〈(社)出版者著作権管理機構　委託出版物〉
本書の無断複写は著作権上での例外を除き禁じられています。複写される場
合は、そのつど事前に、(社)出版者著作権管理機構（電話 03-5244-5088、
FAX03-5244-5089、e-mail: info@jcopy.or.jp）の許諾を得てください。

異文化間教育　文化間移動と子どもの教育
佐藤郡衛著　◎2500円

多文化共生のためのテキストブック
松尾知明著　◎2400円

多文化共生キーワード事典【改訂版】
多文化共生キーワード事典編集委員会編　◎2000円

多文化共生のための異文化コミュニケーション
原沢伊都夫著　◎2500円

対話で育む多文化共生入門　ちがいを楽しみ、ともに生きる社会をめざして
倉八順子著　◎2200円

多文化社会の偏見・差別　形成のメカニズムと低減のための教育
加賀美常美代、横田雅弘、坪井健、工藤和宏編著　異文化間教育学会企画　◎2000円

多文化教育がわかる事典　ありのままに生きられる社会をめざして
松尾知明著　◎2800円

多文化共生政策へのアプローチ
近藤敦編著　◎2400円

異文化間介護と多文化共生　誰が介護を担うのか
川村千鶴子、宣元錫編著　◎2800円

3・11後の多文化家族　未来を拓く人びと
川村千鶴子編著　◎2500円

多文化社会の教育課題　学びの多様性と学習権の保障
川村千鶴子編著　◎2800円

人権と多文化共生の高校　外国につながる生徒たちと鶴見総合高校の実践
坪谷美欧子・小林宏美編著　◎2200円

多文化社会ケベックの挑戦　文化的差異に関する調和の実践　ブシャール＝テイラー報告
ジェラール・ブシャール、チャールズ・テイラー編　竹中豊、飯笹佐代子、矢頭典枝校訳　◎2200円

ヨーロッパにおける移民第二世代の学校適応　スーパー・ダイバーシティへの教育人類学的アプローチ
山本須美子編著　◎3600円

外国人と共生する地域づくり　大阪・豊中の実践から見えてきたもの
牧里毎治監修　とよなか国際交流協会編集　◎2400円

外国人技能実習生法的支援マニュアル　今後の外国人労働者受入れ制度と人権侵害の回復
外国人技能実習生問題弁護士連絡会編　◎1800円

〈価格は本体価格です〉

高校を生きるニューカマー 大阪府立高校にみる教育支援
志水宏吉編著
◎2500円

ニューカマーと教育 学校文化とエスニシティの葛藤をめぐって
[オンデマンド版]
志水宏吉、清水睦美編著
◎3500円

多文化ソーシャルワークの理論と実践 外国人支援者に求められるスキルと役割
石河久美子著
◎2600円

新 多文化共生の学校づくり 横浜市の挑戦
山脇啓造、服部信雄編著
横浜市教育委員会、横浜市国際交流協会協力
◎2400円

移民政策の形成と言語教育 日本と台湾の事例から考える
許之威著
◎4000円

現代ヨーロッパと移民問題の原点 1970、80年代、開かれたシティズンシップの生成と試練
宮島喬著
◎3200円

外国人の人権へのアプローチ
近藤敦編著
◎2400円

世界と日本の移民エスニック集団とホスト社会 日本社会の多文化化に向けたエスニック・コンフリクト研究
山下清海編著
◎4600円

産業構造の変化と外国人労働者 労働現場の実態と歴史的視点
移民・ディアスポラ研究7
駒井洋監修 津崎克彦編著
◎2800円

難民問題と人権理念の危機 国民国家体制の矛盾
移民・ディアスポラ研究6
駒井洋監修 人見泰弘編著
◎2800円

マルチ・エスニック・ジャパニーズ ○○系日本人の変革力
移民・ディアスポラ研究5
駒井洋監修 佐々木てる編著
◎2800円

「グローバル人材」をめぐる政策と現実
移民・ディアスポラ研究4
駒井洋監修 五十嵐泰正、明石純一編著
◎2800円

レイシズムと外国人嫌悪
移民・ディアスポラ研究3
駒井洋監修 小林真生編著
◎2800円

グローバル化する世界と「帰属の政治」 移民・シティズンシップ・国民国家
ロジャース・ブルーベイカー著
佐藤成基、髙橋誠一、岩城邦義、吉田公記編訳
◎4600円

多文化共生と人権 諸外国の「移民」と日本の「外国人」
近藤敦著
◎2500円

自治体がひらく日本の移民政策 人口減少時代の多文化共生への挑戦
毛受敏浩編著
◎2400円

〈価格は本体価格です〉

移民政策のフロンティア
日本の歩みと課題を問い直す
移民政策学会設立10周年記念論集刊行委員会編
◎2500円

移民政策研究
移民政策の研究・提言に取り組む研究誌
移民政策学会編
【年1回刊】

新 移民時代
外国人労働者と共に生きる社会へ
西日本新聞社編
◎1600円

世界の移民政策
OECD国際移民アウトルック(2016年版)
経済協力開発機構(OECD)編著
徳永優子訳
◎6800円

移民の子どもと学校
統合を支える教育政策
OECD編著　布川あゆみ、木下江美、斎藤里美監訳
三浦綾希子・大西公恵・藤浪海訳
◎3000円

在日コリアンの人権白書
在日本大韓民国民団中央本部人権擁護委員会企画
「在日コリアンの人権白書」制作委員会編
◎1500円

外国人の子ども白書
権利、貧困・教育・文化・国籍と共生の視点から
荒牧重人、榎井縁、江原裕美、小島祥美、
志水宏吉、南野奈津子、宮島喬、山野良一編
◎2500円

多文化教育の国際比較
世界10カ国の教育政策と移民政策
松尾知明著
◎2300円

異文化間を移動する子どもたち
帰国生の特性とキャリア意識
岡村郁子著
◎5000円

国際結婚と多文化共生
多文化家族の支援にむけて
佐竹眞明、金愛慶編著
◎3200円

フィリピンと日本の戦後関係
歴史認識・文化交流・国際結婚
明石ライブラリー148
リディア・N・ユー・ホセ著
佐竹眞明、小川玲子、堀芳枝訳
◎2800円

現代アメリカ移民第二世代の研究
移民排斥と同化主義に代わる「第三の道」
世界人権問題叢書86
アレハンドロ・ポルテスほか著
村井忠政訳者代表
◎8000円

日本人女性の国際結婚と海外移住
多文化社会オーストラリアの変容する日系コミュニティ
濱野健著
◎4600円

まんが　クラスメイトは外国人
「外国につながる子どもたちの物語」編集委員会編
20の物語　多文化共生
◎1200円

まんが　クラスメイトは外国人 入門編
「外国につながる子どもたちの物語」編集委員会編
みなみななみ　まんが
はじめて学ぶ多文化共生
◎1200円

日韓中でつくる国際理解教育
日本国際理解教育学会
ユネスコ・アジア文化センター(ACCU)共同企画
大津和子編
◎2500円

〈価格は本体価格です〉

宗教社会学
宗教と社会のダイナミックス

メレディス・B・マクガイア著
山中弘、伊藤雅之、岡本亮輔訳　◎3800円

移民と「エスニック文化権」の社会学
在日コリアン集住地と韓国チャイナタウンの比較分析

川本綾著　◎3500円

タイ上座仏教と社会的包摂
ソーシャル・キャピタルとしての宗教

櫻井義秀編著　◎5000円

仏教と差別
同和問題に取り組んだ真言僧 佐々木兼俊の歩んだ道

下西忠、山口幸照、小笠原正仁編著　◎2000円

中世日本の仏教とジェンダー
真宗教団・肉食夫帯の坊守史論

遠藤一著　◎5800円

女性たちが創ったキリスト教の伝統
聖母マリア マグダラのマリア ビンゲンのヒルデガルト アシジの聖クララ アビラの聖テレサ マザー・テレサ……

テレサ・バーガー著
廣瀬和代、廣瀬典生訳　◎5800円

女性はなぜ司祭になれないのか
カトリック教会における女性の人権

ジョン・ウインガーズ著
伊従直子訳　◎2800円

キリスト教・組織宗教批判500年の系譜
世界人権問題叢書53
ラス・カサスから現代まで

河野和男著　◎3000円

ユダヤ教・キリスト教・イスラームは共存できるか
一神教世界の現在

同志社大学一神教学際研究センター企画
森孝一編著　◎4000円

EUとイスラームの宗教伝統は共存できるか
「ムハンマドの風刺画」事件の本質

明石ライブラリー124
同志社大学一神教学際研究センター企画
森孝一編著　◎4000円

イランのシーア派イスラーム学教科書I・II
明石ライブラリー103

富田健次訳　◎各4000円

イスラーム世界事典
世界の教科書シリーズ22・36

片倉もとこ編集代表
加賀谷寛、後藤明、内藤正典、中村光男編集委員　◎2900円

イスラームとジェンダー
現代イランの宗教論争

ズィーバー・ミール＝ホセイニー著
山岸智子監訳　◎4500円

イスラーム信仰概論
水谷周著　◎2500円

シンガポールのムスリム
宗教の管理と社会的包摂・排除

市岡卓著　◎5500円

ダルク 回復する依存者たち
その実践と多様な回復支援

ダルク編　◎2000円

〈価格は本体価格です〉

叢書 宗教とソーシャル・キャピタル

【全4巻】四六判／上製

櫻井義秀・稲場圭信【責任編集】

宗教思想や宗教的実践はどのような社会活動や社会事業を生み出し、ソーシャル・キャピタル（社会関係資本）を構築してきたのか。アジアの宗教、地域社会、ケア、震災復興という四つのテーマを通して、宗教の知られざる可能性を多面的に捉える画期的試み。

1 アジアの宗教とソーシャル・キャピタル

櫻井義秀・濱田 陽【編著】

◉2500円

2 地域社会をつくる宗教

大谷栄一・藤本頼生【編著】

◉2500円

3 ケアとしての宗教

葛西賢太・板井正斉【編著】

◉2500円

4 震災復興と宗教

稲場圭信・黒崎浩行【編著】

◉2500円

〈価格は本体価格です〉